GRIECHISCHE ANTIKE

W0057972

Christoph Höcker, 1957 in Kiel geboren, studierte in Hamburg Klassische Archäologie, Alte Geschichte sowie Vor- und Frühgeschichte. Promotion 1990. Zahlreiche Publikationen, davon bei DuMont: Schnellkurs »Antikes Rom«, Kunstreiseführer »Golf von Neapel und Kampanien«, Kunstreiseführer »Griechisches Festland« sowie »Die Akropolis von Athen« (die letzten beiden Titel in Zusammenarbeit mit Lambert Schneider).

GRIECHISCHE ANTIKE

Christoph Höcker

DUMONT

Impressum

Umschlagvorderseite von links nach rechts und von oben nach unten:
Herakles im Ringkampf mit dem Riesen Antaios (Ausschnitt), Krater des Euphronios, um
510 v. Chr.; Paris, Louvre / Der Wagenlenker von Delphi (Ausschnitt), um 480 v. Chr.; Delphi,
Museum / Platte vom Ostfries des Parthenon, um 440 v. Chr.; Paris, Louvre / Eck-Akroter
aus Terrakotta, 5. Jh. v. Chr.; Tarent, Archäologisches Museum / Detail des Relieffrieses
vom Tempel in Assos, um 550 v. Chr. / Spätgeometrische Prunkamphora, 8. Jh. v. Chr.;
Athen, Archäologisches Nationalmuseum / Grabstatue des Kroisos, um 530 v. Chr.; Athen,
Archäologisches Nationalmuseum (Foto: E. Thiem, Lotos-Film) / Unvollendeter dorischer
Tempel von Segesta (Sizilien), spätes 5. Jh. v. Chr. (Foto: R. Hackenberg) / Alexandermosaik
aus Pompeji (Ausschnitt), 2. Jh. v. Chr.; Neapel, Archäologisches Nationalmuseum (Foto:
AKG) / Sphinx der Naxier, 6. Jh. v. Chr.; Delphi, Museum / Bronzedreifuß aus Olympia, 8. Jh.
v. Chr.; Olympia, Museum / Fresko der »Blauen Damen« aus Knossos, Spätphase der neuen
Paläste, ca. 1600–1400 v. Chr., rekonstruiert im Geist des Jugendstils, frühes 20. Jh.;
Heraklion, Archäologisches Museum (Foto: W. Spitta) / Laokoon-Gruppe, röm. Kopie einer
hellenistischen Skulpturengruppe, Gipsabguß in alter Rekonstruktion; Rom, Vatikan (Foto:
AKG)
Umschlagrückseite von oben nach unten:
Nike von Samothrake, Brunnenfigur, um 190 v. Chr.; Paris, Louvre / Parthenon auf der Akro-
polis von Athen, um 440 v. Chr. (Foto: IFA-Bilderteam) / Johann Joachim Winckelmann
(1717–1768), Gemälde von Anton Maron 1768 (Foto: AKG)
Frontispiz:
Die Tholos in der Marmaria von Delphi (Foto: R. Hackenberg)

Die Deutsche Bibliothek - CIP-Einheitsaufnahme

Höcker, Christoph:
Griechische Antike / Christoph Höcker. – Orig.-Ausg. –
Köln : DuMont, 1999
   (DuMont-Taschenbücher ; 506 : DuMont-Schnellkurs)
   ISBN 3-7701-4257-8

Originalausgabe
© 1999 DuMont Buchverlag, Köln
Alle Rechte vorbehalten
Satz: Greiner & Reichel, Köln
Druck und buchbinderische Verarbeitung: Editoriale Lloyd

Printed in Italy   ISBN 3-7701-4257-8

Inhalt

Inhalt

Vorwort

Die Klassische Antike, und hier ganz besonders das antike Griechenland, bildet neben der Ethik des Christentums die vielleicht wichtigste Wurzel im Selbstverständnis der abendländischen Kultur. Hell und rein strahlt hier ein vermeintlich europäischer Geist zum ersten Mal: Rationales Handeln mit Gemeinsinn, eine Kunst der klaren Linien und Strukturen, ein komplex und stringent organisierter Kosmos aus Religion, Politik und Gesellschaft grenzt sich hier ab von einer orientalischen Hemisphäre, als deren Kennzeichen das despotische Chaos, das verweichlichende Schwelgen in Opulenz und Luxus und ein erratischer Irrationalismus gelten. Die Wiederentdeckung des antiken Griechenland im 18 Jh. – bis dahin beherrschte die Kultur des antiken Rom die Vorstellung von Antike – hat diesem Gegensatz, den die antiken Griechen bereits selbst in dieser Weise gesehen haben, zu neuer, bisweilen fataler Aktualität verholfen: das antike Griechenland als Paradies der Freiheit und zugleich als Gegenbild zu einem despotisch-barbarischen Osten.

Diese Sicht ist indessen nicht nur wegen der bisweilen noch heute vorhandenen ideologischen Verbissenheit ihrer Protagonisten, sondern gerade auch angesichts der historischen und kulturgeschichtlichen Tatsachen hochproblematisch und korrekturbedürftig. Die Idee eines griechischen Ideals in Gesellschaft und Kultur ist ein Traum, ja ein regelrechtes Trugbild, das, ganz wie eine Fata Morgana, verschwindet, sobald man sich nähert. Die posthumanistische Altertumswissenschaft der Dekaden nach 1968 hat, unter bisweilen ausdrücklichem Verzicht aller zuvor gültigen Idealisierungen der ›alten Griechen‹, ein neues, sachlich-nüchternes Bild der griechischen Antike entworfen und sie dabei vor allem in den Kontext zu benachbarten Kulturen gestellt – ein relativierender Vorgang, der der griechischen Antike viel von ihrer einstmals gepriesenen Einzigartigkeit genommen hat.

Dieses neue Bild wird in diesem Schnellkurs mindestens in seinen groben Umrissen nachgezeichnet. Das grundsätzlich chronologisch orientierte Gerüst der Buchreihe bereitet hier einige Probleme. Denn nur zum Teil läßt sich die Aspekt- und Problemfülle der griechischen Antike entlang des Fadens historischer Chronologie schildern, vieles läßt sich nur in epochenübergreifenden Querschnitten seinem Wesen nach verständlich machen. Diese thematischen, nicht zeitlich ausgerichteten Kapitel sind wiederum in eine an der historischen Chronologie orientierte Kapitelabfolge eingefügt, so daß gleichermaßen ein systematisch wie entwicklungsgeschichtlich umfassender Überblick über die griechische Antike geboten wird. Die Wirkungsgeschichte der griechischen Antike bis in die Gegenwart wird dabei genauso berücksichtigt wie der Ertrag neuerer Forschungen.

Christoph Höcker

Die Hochkulturen des 4., 3. und 2. Jt. v. Chr.: Griechenland als Peripherie

Hellas als Nabel der Welt und Krone der Schöpfung – so sahen nicht nur die antiken Griechen des 6. und 5. Jh. v. Chr. sich selbst, sondern auch die abendländisch gestimmten Philhellenen, die ›Griechen-Freunde‹ des Klassizismus des späten 18. und 19. Jh. ›ihre‹ alten Griechen mit deren ewig gültigen Werten und Normen kulturellen Zusammenlebens – und nicht wenige Neuhumanisten teilen diese Sicht bis in die Gegenwart hinein. Die griechische Kultur, wie sie sich ab etwa 900 v. Chr. zu formieren begann, war indessen nicht autochthon oder isoliert entstanden, war nicht aus sich selbst heraus wie eine Kopfgeburt in einer Black Box erzeugt. So ungewöhnlich dies vielleicht klingen mag: Nur weniges von dem, was wir heute für typisch griechisch halten, ist im antiken Hellas wirklich unbeeinflußt von Vorbildern aus anderen Hochkulturen erfunden worden. Das antike Griechenland hatte mannigfache Vorläufer und Begleiter, die die griechische Kulturentwicklung in den unterschiedlichsten Bereichen wie z. B. Architektur und kunsthandwerklichen Techniken beeinflußt haben.

Betrachtet man die Welt des 4., 3. und 2. Jt. v. Chr. einmal aus der Warte des Vorderen Orients und Ägyptens, dann war die südliche Balkanhalbinsel zumindest im 4. und 3. Jt. v. Chr. Peripherie, ja beinahe kulturelles Ödland. Zahlreiche Hochkulturen existierten bereits im Vorderen Orient und in Ägypten und lebten teils in kriegerischer Auseinandersetzung, teils in friedlichem Austausch miteinander. Steinarchitektur und städtisch verdichtete Siedlungsformen, ausdifferenzierte gesellschaftliche, politische und religiöse Hierarchien, komplexe Schriftsysteme (Keilschriften, Hieroglyphen-Schriften, kyprische Silbenschrift, elamische Strich-Schrift, Rollsiegel-Schriften etc.), zentral organisierte Verwaltung und Wirtschaft waren hier bereits entwickelt worden und steckten damit einen Rahmen bis heute gültiger Kriterien für historische Hochkulturen ab.

In Mesopotamien, dem fruchtbaren Land zwischen Euphrat und Tigris, bestand seit dem späten 4. Jt. v. Chr. die Kultur der Sumerer (1). Zunächst in Stadtstaaten mit Tempelwirtschaft organisiert, bildeten sich um 2500 v. Chr. größere Flächenstaaten aus (Zentralstädte Uruk, Kisch und Ur). Konkurrenten und Rivalen der Sumerer waren im Zweistromland Babylonier und Assyrer, die zu Beginn des 2. Jt. dominant wurden. Im Gebiet des heutigen Iran existierte seit etwa 3300 v. Chr. das elamische Reich mit seiner Hauptstadt Susa. Ackerbau und Viehzucht, Bodenschätze und der enorme Holzreichtum waren die Basis eines Wohlstands, der zu weiten Teilen auf Fernhandel mit anderen Hochkulturen beruhte. Die mesopotamischen und iranischen Hochkulturen verschmolzen in einem langsamen, überaus kriegerischen Prozeß unter der zunehmenden Hegemonie der Assyrer seit etwa 2000 v. Chr. zu einer kulturell-politischen Einheit, die später zur Basis des Meder-Reiches bzw. des persischen Großreiches wurde.

Kleinasien war seit etwa 1700 v. Chr. das Herrschaftsgebiet der Hethiter, eines als Monarchie verfaßten Feudalreiches mit der Stadt Hattusa (heute Boğazköy in Anatolien/Türkei) als Zentrum. Daneben bildete, an den kleinasiatischen Dardarnellen gelegen, der Stadtstaat der Trojaner bis zu seiner Eroberung und Zerstörung um 1100 v. Chr. einen wichtigen Machtfaktor im nordwestlichen Kleinasien. Die Levanteküste dominierte ein Verbund von Stadtstaaten, der in wechselnden Konstellationen abhängig von den kleinasiatisch-orientalischen und ägyptischen Großreichen war. Auf mächtigen Hügeln (Tells) erhoben sich Orte wie Ebla, Hamath, Karkemisch oder Ugarit. Von den großen Tells in der Region des heutigen Libanon nahm der Kolonisationszug der Phönizier um 1100 v. Chr. seinen Anfang. Diese Händlerkultur, die zugleich ein ewiger Konkurrent wie auch ein wichtiger Katalysator der späteren altgriechischen Kultur war, drang bis in den äußersten Westen des Mittelmeerraumes vor (2). Den Tells der Levanteküste, aber auch den ägyptisch-

1700–1400 v. Chr.
Neupalastzeit auf Kreta; Linear-B-Schrift
1720–1530 v. Chr.
Hyksos-Zeit (zweite Zwischenzeit) in Ägypten (14.–17. Dynastie)
seit 1570 v. Chr.
Ab der 18. Dynastie: Neues Reich in Ägypten; Thutmoses III. (1484–1450 v. Chr.); Amenophis III. (1417–1379 v. Chr.); Tut-ench-Amun (1359–1350); Ramses II. (1298–1232); Ramses III. (1198–1167 v. Chr.)
seit 1550 v. Chr.
Mykene: helladische Kultur auf dem griechischen Festland (Schachtgräber)
1500–1000 v. Chr.
Shang-Dynastie in China (historisch bezeugt)
1400–1000 v. Chr.
Spät- bzw. Nachpalastzeit auf Kreta
1200–1000 v. Chr.
Altvedische Periode in Indien (erste Staatenbildung zwischen Indus und Ganges)

1 Männerfigur mit Zeremonial-Bart, einem künstlichen Schmuckelement; aus Uruk, frühsumerisch, um 3200 v. Chr. Bagdad, Archäologisches Museum.

2 Die Phönizier zwischen Ost und West: Kartierung wichtiger Fundorte und phönizischer Handelsniederlassungen an der Mittelmeerküste.

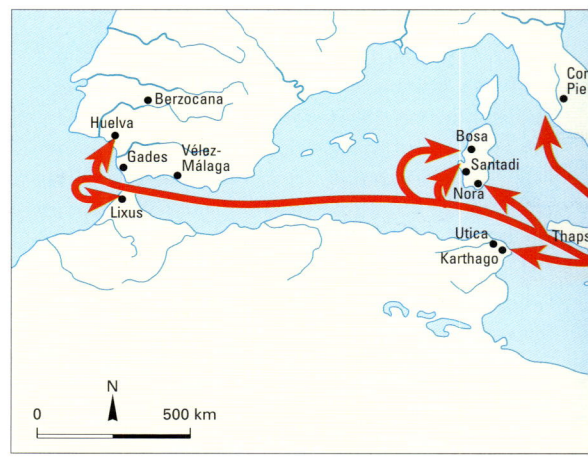

orientalischen Reichen eng verbunden war die Insel Zypern, zu allen Zeiten ein Schnittpunkt kultureller Einflüsse aus allen Himmelsrichtungen. Zypern war Drehscheibe des internationalen Metallhandels und des metallverarbeitenden Handwerks (3); die kyprische Silbenschrift war ein wichtiger Impuls für die spätere Entwicklung der altgriechischen Schrift.

Eine Ausnahmestellung im Konzert der vorgriechischen Hochkulturen beanspruchte schließlich das ägyptische Pharaonenreich, das seit etwa 3000 v. Chr. auf eine institutionalisierte Verwaltungsstruktur und Religion sowie eine uneingeschränkte Monarchie zurückblicken konnte. Zahlreiche Architekturformen, besonders auch Strukturen der ägyptischen Plastik (4) hat die altgriechische Kultur im 7. und 6. Jh. v. Chr. übernommen und in ihr Bild- und Baurepertoire integriert.

3 Kypro-phönizische Silberschale mit figürlichem Dekor, aus Athienou/Zypern, 9./8. Jh. v. Chr.; Berlin, Ägyptisches Museum.

Die neolithischen Kulturen Griechenlands
Die neolithischen Kulturen im Gebiet des heutigen Griechenland sind, verglichen mit der Besiedelungsgeschichte Anatoliens (Čatal Hüyük-Kultur mit Städtebau bereits im 6. Jt. v. Chr.), den hochentwickelten ägyptisch-orientalischen Zentralreichen und selbst im Vergleich zu den bäuerlich-provinziellen neolithischen

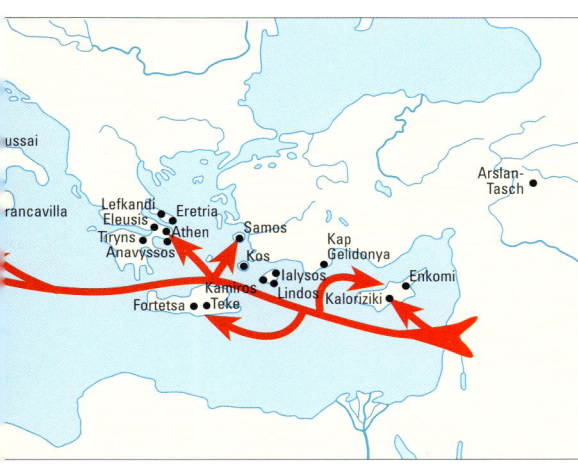

Siedlungskernen im nördlichen, jugoslawischen Bal-
kanraum (Starčevo-Kultur; Vinča-Kultur mit frühester
Metallverhüttung) vergleichsweise jungen Datums. Es
sind also gewiß keine Pionier-Kulturen, sondern eher
Nachzügler, gewissermaßen späte Erscheinungen am
Rande der Kulturentwicklung insgesamt.

Der Übergang vom Paläolithikum (Altsteinzeit) zum
Neolithikum (Jungsteinzeit) wird durch einschneidende und überaus folgenreiche Veränderungen in den
Formen des menschlichen Zusammenlebens markiert;
dieser Übergang wird deshalb nicht zu Unrecht als
»neolithische Revolution« bezeichnet. Die bis dahin
vorherrschende Sammelwirtschaft, die die Menschen
zu ständigem Nomadisieren zwang, wurde abgelöst
von der Hauswirtschaft. Die damit einhergehende
Seßhaftwerdung brachte fundamentale Wandlungen
mit sich: Stationär betriebener Ackerbau, Vieh- und
Fischzucht wurden nun zur Lebensgrundlage. Ein
gewaltiger Technologieschub hatte die Entwicklung
eines ausdifferenzierten Repertoires an Werkzeugen
zur Folge. Zahlreiche neue Materialien bis hin zu
ersten Versuchen der Metallverhüttung und einer groben, zunächst luftgetrockneten, später bei niedriger
Temperatur gebackenen Keramik hielten Einzug in
den Alltag. Vorratswirtschaft, Überproduktion und

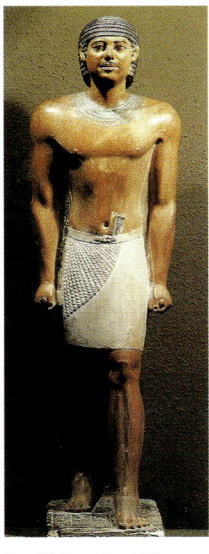

4 Statue des Adjema
aus der 5. ägyptischen
Dynastie (ca. 2200 v.
Chr.). Das Schema des
im späten 7. Jh. aufkom-
menden griechischen
Kouros-Typs (vgl. Abb.
40) ist solchen Statuen
entlehnt. Kairo, Ägyp-
tisches Museum.

11

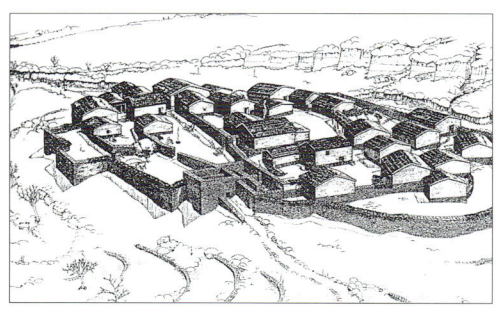

5 Die mit einer massiven Mauer befestigte Magula von Sesklo in Thessalien: Hypothetische Rekonstruktion des baulichen Zustands im 4. Jt. v. Chr.

Tauschhandel wurden auf diese Weise möglich, erste feste Hausarchitekturen entstanden.

Schon bald zeichneten sich die Schattenseiten dieses Entwicklungssprungs ab. Eine ausdifferenzierte Spezialisierung von Tätigkeiten, eine weit gefächerte Arbeitsteilung, eine damit aber auch einhergehende Unterschiedlichkeit von Prestige und Vermögen innerhalb eines Siedlungsverbandes führte bald zu innergesellschaftlichen Hierarchien, damit aber auch zu potentiellen Konflikten. Denn versorgte sich einst jede nomadisierende Sippe selbst, so wurde nun eine komplexere, die einzelnen Sippen übergreifende Arbeitsorganisation notwendig. Feldarbeit und Weidetätigkeit auf der einen, das Herstellen von Geräten, Textilien oder der Nahrung auf der anderen Seite wurden zu spezialisierten Ganztagstätigkeiten. Zugleich gab es erstmals in der Geschichte Kriege, bewaffnete Konflikte zwischen verschiedenen Siedlungen: Mißernten oder Feuersbrünste konnten einzelne Siedlungen an den Rand der Katastrophe führen; oft blieb keine andere Wahl, als Raubzüge gegen wohlhabende und gut bevorratete Siedlungen zu unternehmen. Erst in diesem neuen, durch Seßhaftigkeit und Hauswirtschaft geprägten Kontext entstanden die ersten Kriegswaffen, wurden die Siedlungen zuerst mit hölzernen Palisaden, später mit immer massiveren Befestigungen versehen.

Das Hauptzentrum neolithischer Besiedelung in Griechenland war das thessalische Becken um den Golf von Volos (7). Die Siedlungen lagen meist auf niedrigen Hügeln (Magulen), die einerseits gut zu verteidigen waren, andererseits einen kontrollierenden Überblick über das zur Siedlung gehörige Ackerland ermöglichten. Solche Magulen waren z. T. über mehrere Jahrtausende hinweg besiedelt – mit der Folge, daß sich die

Relikte einzelner Kulturen hier in Schichten übereinander abgelagert haben. So gestatten sie dem Archäologen einen präzisen Einblick in die Entwicklung früher Zivilisationen auf dem griechischen Festland.

Die bedeutendsten Magulen Thessaliens waren diejenigen von Sesklo und Dimini, beide nahe der heutigen Hafenstadt Volos, dem einstmals mächtigen Iolkos gelegen, von wo der Legende nach Jason und seine Gefährten mit dem Schiff »Argo« auf der Suche nach dem Goldenen Vlies in Richtung Kolchis aufbrachen. Die Magula von Sesklo (5) erstreckte sich über eine Fläche von ca. 10 ha Fläche und barg in ihrer Blütezeit im 5. Jt. v. Chr. ca. 800 kleine Häuser in einem verwinkelten Labyrinth. Typisch war in dieser Zeit eine markante, dünnwandige, mit geometrischen Mustern verzierte, bei niedriger Temperatur gebackene (und nicht im eigentlichen Sinne gebrannte) Keramik (6), die sich auch an anderen neolithischen Fundplätzen in der Region erhalten hat; sie gilt als Kennzeichen der frühgriechischen Sesklo-Kultur. Die benachbarte Magula von Dimini erlebte ihre Blüte in der Zeit zwischen

6   Neolithische Keramik aus der Magula von Sesklo; Volos, Archäologisches Nationalmuseum.

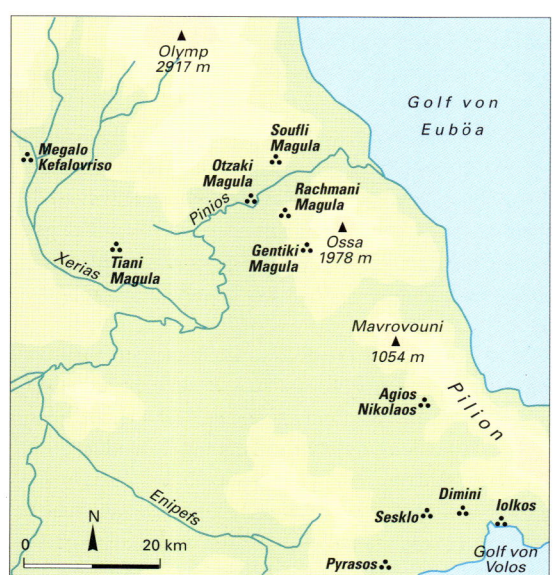

7   Prähistorisch-neolithische Siedlungsorte am Golf von Volos.

8 Weibliches Kykladen-Idol; 3. Jt. v. Chr.; Athen, Goulandris-Museum.

4000 und 3000 v. Chr.; auch sie entwickelte sich, zumindest aus heutiger archäologischer Sicht, zu einem kulturellen Zentrum, das die Region insgesamt dominiert hat. Mit 3 ha Gesamtfläche und wohl nur 300 kleinen Häusern wesentlich kleiner angelegt als Sesklo, war Dimini eigentlich kaum mehr als eine dörfliche Siedlung. Eine Sensation war indessen die Entdeckung des ersten technologisch entwickelten Hochtemperatur-Brennofens für Keramik – mitten in der Siedlung gelegen und aus merkantiler Sicht ganz sicher das Herz der Ortschaft. Die hier erzeugten Produkte fanden, wie Funde aus der Region zeigen, reißenden Absatz und wurden bis in entferntere Regionen exportiert.

In der Zeit zwischen 3000–2000 v. Chr. erblühte eine spätneolithische Kultur auf den Ägäis-Inseln Griechenlands, die heute noch die Aura des Geheimnisvoll-Rätselhaften umgibt. Diese Kykladen-Kultur ist hauptsächlich bekannt durch die zahlreichen plastischen Idole **(8)**, die sich auf den Inseln, meist als Grabbeigaben, fanden: überwiegend weibliche Gestalten in Statuettenformat, gearbeitet aus glattpoliertem Marmor, deren Körper in fast modern wirkender Abstraktion kubisch aufgebaut sind und denen die Skulpturen eines Amedeo Modigliani (1884–1920) verblüffend ähnlich sehen. Typisch für die Kykladen-Kultur sind neben weiteren Plastiken in der Art der Idole verschiedene Keramikprodukte, vor allem tönerne Pfannen, einst vermutlich zur Kultausübung bestimmt. Nur wenige Siedlungen sind bislang gefunden worden und ließen sich eindeutig dieser Kykladen-Kultur zuordnen, u. a. Phylakopi auf Melos und Hagia Irini auf Keos; weitere bedeutende Zentren waren die Inseln Naxos, Paros, Amorgos und Syros.

Minoer und Mykener: Die griechisch-ägäische Welt des 2. Jt. v. Chr.

Minoer und Mykener – das sind entsprechend heute weitverbreiteter Vorstellungen die Hochkulturen der ›Ur-Griechen‹: unmittelbare Vorläufer der späteren griechischen Kultur, schon seit alters her ansässig in den Kerngebieten des griechischen Festlandes und des Ägäis-Raums. Diese Vorstellung suggeriert Tradition und Verwurzelung der späteren altgriechischen Kultur in einem geschichtlichen Kontinuum, suggeriert die direkte Abstammung der altgriechischen Kultur von früheren Hochkulturen. Die Griechen selbst haben dies bereits so gesehen und ein Weltbild entworfen, das diesem Anspruch gerecht wurde: In immer neuen Varianten griffen ihre Mythen, ihre Sagen auf eine heroisch verfaßte, historische Frühzeit, auf die Ära der Mykener und Minoer zurück. Doch ist die historische Korrektheit dieser liebgewonnenen, bisweilen mit ideologischer Verbissenheit formulierten Vorstellung heute fraglicher denn je – ein Problem, auf das in diesem Buch noch mehrfach zurückzukommen sein wird.

Die minoische Kultur, benannt nach dem legendären kretischen König Minos, erstreckte sich im 2. Jt. v. Chr. über die südlichen Ägäis-Inseln; ein wichtiges Zentrum war neben Kreta vor allem auch die Insel Thera (Santorini). Kunst und Kultur, aber auch Gesellschaft und Religion der Minoer waren nicht auf das Festland der südlichen Balkanhalbinsel hin orien-

Knossos

9 Grundriß des minoischen Palastes von Knossos mit räumlicher Verteilung der Funktionen, Rekonstruktion.

■ Kult und Religion
■ Magazine
■ Werkstätten
■ Wohn- und Repräsentationsräume
■ ungeklärte Funktion

N

0   40 m

15

10 Der Palast von Knossos auf Kreta präsentiert sich heute, trotz des bisweilen ruinenhaften Anblicks, in der Rekonstruktion, die der englische Ausgräber Sir Arthur Evans seit 1900 durchgeführt hat.

tiert, sondern auf die benachbarten Hochkulturen im Süden und Südosten: Intensive Handels- und Kulturkontake bestanden nach Ägypten, in den kleinasiatisch-vorderorientalischen Raum und nach Zypern. Ob die Machtbasis der minoischen Kultur, wie dies der griechische Historiker Thukydides im 5. Jh. v. Chr. beschrieben hat, eine unumschränkte Seeherrschaft (›Thalassokratie‹) in der Südägäis war, gilt heute als fraglich. Sicher aber ist, daß es hochwirksame, politisch-militärisch stabilisierende Faktoren gegeben haben muß, die es der minoischen Kultur erlaubt haben, ihre wohlhabenden Paläste, Städte und Siedlungen gänzlich ohne Schutzmauern zu errichten.

Nabel der minoischen Welt war der Palast (**9, 10**). Ein geregeltes System der Palast-Wirtschaft prägte sich auf Kreta seit etwa 1900 v. Chr. in den Palästen von Knossos, Kato Zakros, Phaistos und Malia aus. Der Palast war ein multifunktionales Konglomerat verschiedenster Bauten; als ein mehrstöckiges, um einen großen Zentralhof herum angeordnetes, bisweilen fast labyrinthartig verschachteltes Architekturensemble barg er gleichermaßen Magazin- und Lagerräume, Werkstätten, Wohn- und Repräsentationsräume, aber auch dicht benachbarte Zonen für Kult und Religion. Alle wirtschaftlichen, religiösen und gesellschaftlichen Fäden des minoischen Reiches liefen im Palast zusammen – darin durchaus orientalischen Siedlungs- und Verwaltungsformen wie z. B. den großen Palast-Städten der Babylonier vergleichbar. Daraus erklärt sich auch die Entstehung eines Schriftsystems: Die kretische Linear-A- und später die Linear-B-Schrift waren, ähnlich der Keilschrift, Archivschriften im Kontext der Verwaltung einer Palastwirtschaft. Im Umkreis der Paläste, aber auch etwas abseits von ihnen, entstanden verschiedentlich städtische Siedlungen

wie auch großzügig-vornehme Villenanlagen; das jenseits von Architektur und Baukunst Erhaltene der minoischen Kultur – Fresken, Plastiken, Gemmen, Fayencen, Keramik, Metallgeräte und Goldschmuck – dokumentiert gleichermaßen einen enormen materiellen Wohlstand wie auch bis dahin unerreichte technische Fähigkeiten im Handwerk (11).

Von der minoischen Kultur mit ihrem anmutig-friedlichen Gesamteindruck, der die modernen Menschen immer wieder so fasziniert und angeregt hat, unterschied sich die nahezu zeitgleiche Kultur der Mykener auf dem griechischen Festland erheblich. Als ein Ableger mitteleuropäischer Bronzezeit-Kulturen war das Markenzeichen der Mykener eine hochstehende Waffentechnologie. Lange und kurze Schwerter, Dolche, martialische Rüstungen und Helme (12), alles aus harten Bronzelegierungen hergestellt, bilden neben einer rein an praktischen Erfordernissen ausgerichteten und somit wenig kunstvollen Keramik die Leitfunde der mykenischen Kultur, die aus zahlreichen Gräbern der Zeit zwischen 1800 und 1100 v. Chr. geborgen wurden.

In der Bündelung unterschiedlichster Funktionen waren die mykenischen Burgpaläste, wie sie heute aus der Argolis (Mykene, Tiryns), der Peloponnes (Pylos), Attika (Athen) und Böotien (Orchomenos, Theben, Gla) bekannt sind, den minoischen Palästen durchaus ähnlich. Auch sie waren, als Herren- bzw. Herr-

11 Produkte minoischen Kunsthandwerks wie die farb- und ausdrucksstarken Fresken aus dem Palast von Knossos wurden im Jugendstil als Vorbilder derart intensiv rezipiert, daß die *Art Nouveau* selbst rückwirkte auf die um 1910 vollzogene Restaurierung der Fresken im Palast.

12 Waffenstarrende Mykener auf dem Kriegszug: Szene von der ›Krieger-Vase‹, einem Mischkrug für Wein und Wasser. 13. Jh. v. Chr.; aus der Burg von Mykene. Athen, Nationalmuseum.

13 Die ausgegrabenen Ruinen der Burg von Tiryns in der Argolis: ein massiv befestigter, mykenischer Herrensitz auf einer Anhöhe, ideal geeignet zur Kontrolle des umgebenden Ackerlandes. Luftaufnahme.

schersitze, Zentren von Produktion und der Lagerung von Rohstoffen, von Handel, von gleichermaßen politischer wie religiöser Macht. Doch gab es wichtige Unterschiede. Anders als die kretischen Paläste, die über Jahrhunderte hinweg in einem friedlichen Miteinander verbunden waren, herrschte zwischen den mykenischen Zentren in der Regel ein Kampf um Prestige und Ressourcen. Daß die mykenischen Paläste mit ihren massiven, aus polygonalen Steinblöcken gefügten Wehrmauern (Zyklopenmauern) den Charakter hochgerüsteter Burgen aufwiesen **(13)**, lag nicht nur an der Bedrohung durch ein feindliches Außen, sondern auch und vor allem an dem permanenten Konfliktpotential, das die einzelnen Paläste untereinander entfacht hatten. Jeder Clan agierte zunächst für sich allein. Ein soziales System, etwa das der Burg von Mykene, wird man sich vorstellen müssen als eine vielleicht 100 Personen umfassende Sippe von privilegierten Aristokraten in der Burg und einer hiervon abhängigen, in dörflichen Streusiedlungen lebenden Landbevölkerung. Ein Umkreis von etwa 5–10 km war von der erhöht gelegenen Burg aus gut kontrollierbar; zugleich bot die Burg der Bevölkerung im Kriegsfall Schutz.

Der Untergang der minoischen Kultur Kretas ist nicht, wie immer wieder gesagt wird, ursächlich und unmittelbar zu verbinden mit einer alles verschlingenden Naturkatastrophe, nicht mit einem Vulkanausbruch und einer dadurch hervorgerufenen riesigen Flutwelle. Zwar gab es vermutlich um 1500 v. Chr. eine solche Naturkatastrophe auf Thera, doch war dies nicht der Grund für den Zusammenbruch der minoischen Kultur. Das Palastsystem des minoischen Kreta ist vielmehr in mehreren Schritten seit etwa 1400 v. Chr. von den Mykenern erobert und in ihr Kulturgebiet eingegliedert worden; die Spätpalastzeit auf Kreta, ab ca. 1350 v. Chr., ist bereits eine kulturhistorisch den Mykenern zuzuordnende Phase. Die Mykener waren dann vermutlich auch an der Invasion der »Seevölker« beteiligt, eines in ägyptischen Quellen des 13. Jh. v. Chr. vielfach genannten Aggressors aus dem Ägäis-Raum. Die blutigen Kriegszüge gegen die kleinasiatischen, syrisch-orientalischen und ägyptischen Hochkulturen stürzten die gesamte spätbronzezeitliche Welt in eine tiefe Krise; in diesem Zusammenhang wurde auch die Großstadt Troja, zu jener Zeit wichtigster Mittler zwischen Ost und West zerstört.

Unter dem Begriff »Ägäische Koiné« ist mehrfach versucht worden, eine kulturelle Verschmelzung von Minoern und Mykenern, eine homogene, eben vor- bzw. frühgriechische Kulturidentität im 2. Jt. v. Chr. nachzuzeichnen – gewissermaßen als ›Humus‹ für die Herausbildung der späteren griechischen Kultur, wie sie sich seit etwa 900 v. Chr. formierte. Für die Idee eines Abendlandes, das sich noch heute in zentralen Aspekten seines Selbstverständnisses auf Werte und Normen aus der griechischen Antike bezieht, ist diese harmonisierernde Sichtweise eine ideologische Notwendigkeit, die indessen historischen Tatsachen kaum standhält. Wie die minoische, so ist auch die mykenische Kultur um 1200 v. Chr. untergegangen. Auch ihre Burgen sind zerstört und geplündert worden. Egal, ob man hierfür eine Völkerwanderung oder eine Revolution der über Jahrhunderte unterdrückten Bevölkerungsschichten verantwortlich machen will: Tatsache ist, daß es im Umkreis der zerstörten Paläste und Burgen zwar kurzzeitig noch Nachfolgesiedlungen gegeben hat, daß es jedoch – insgesamt gesehen – keine durchgreifende Kontinuität zwischen der minoisch-mykenischen Zeit und der späteren griechischen Kultur gegeben hat. Und wenn später die Griechen in ihren Mythen und Sagen auf diese ›legendäre‹ Zeit bezug nahmen, dann war dies kaum mehr als eine geschickte Geschichtsklitterung.

Die »Dark Ages«, die »dunklen Jahrhunderte« waren das, was auf den kulturellen Zusammenbruch der minoisch-mykenischen Welt auf griechischem Boden folgte. Die Zeit zwischen 1100 und 900 v. Chr. bildet, addiert man alle archäologischen Erkenntnisse, tatsächlich eine gravierende Zäsur in der Kulturgeschichte der südlichen Balkanhalbinsel und der Ägäis. Das weitgehende Abreißen von Siedlungskontinuität, der Verlust wichtiger Kultur- und Handwerkstechniken wie z. B. der Schrift und der Töpferdrehscheibe, ein rapider Bevölkerungsrückgang, ein Wechsel von der Körper- zur Brandbestattung – all das sind Indizien für einen nahezu totalen Zusammenbruch aller politischen, ökonomischen, religiösen und sozialen Institutionen – erklärbar letztlich nur unter der Annahme eines durch Wanderungsbewegungen erfolgten, weitgehenden Bevölkerungsaustausches.

Die »dunklen Jahrhunderte« lagen tatsächlich lange Zeit im Dunkel. Die archäologischen Kenntnisse waren bis in die 70er Jahre des 20. Jh. hinein außerordentlich gering, was aber durchaus kein durch äußere Umstände verursachtes Schicksal war, sondern ein von der Archäologie mindestens z. T. sogar selbsterzeugtes Dilemma. Denn diese in ihrer historischen Konstellation recht faszinierende Phase, die prinzipiell an vielen Ausgrabungsplätzen durchaus mit Funden und Fundzusammenhängen vertreten war, galt unter kunstsinnigen Archäologen lange Zeit wegen der geringen Quantität und

14 Das Heroon von Lefkandi: ein hölzerner Bau mit Dachstützen, der an das Konzept des späteren griechischen Ringhallentempels erinnert; Querschnitt. Die frühe Entstehungszeit (um 1000 v. Chr.) verbietet jedoch einen unmittelbaren Bezug zu diesem ur-griechischen Bautyp.

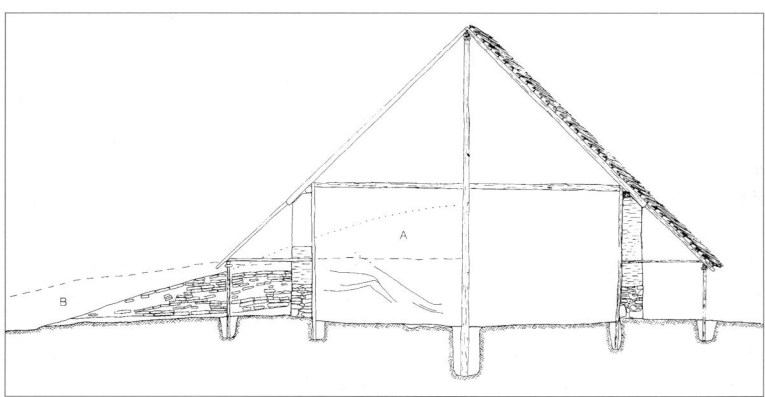

der eben aus kunsthisto-
rischer Sicht meist zweit-
oder drittrangigen Qua-
lität der Fundstücke als
wissenschaftlich uninter-
essant. Neuere Ausgra-
bungen, besonders in
dem Ort Lefkandi nahe
der Stadt Chalkis auf der
Halbinsel Euböa, haben
die Kenntnisse der Dark
Ages dagegen erheblich
erweitert. Bei Lefkandi
fanden sich 1964 Nekro-
polen und Reste einer
Siedlung, die hier von ca.
2600 bis etwa 800 v. Chr.
bestanden haben muß –

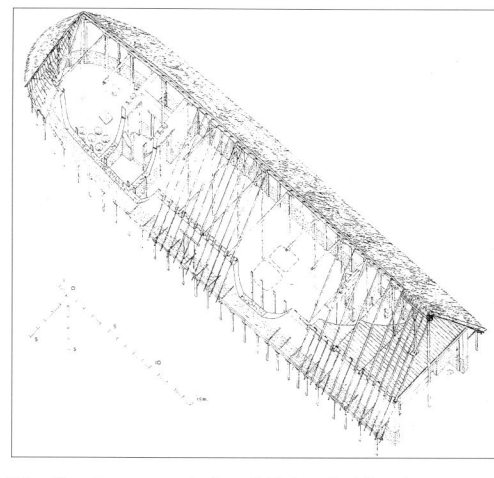

15 Das Heroon von Lefkandi: Rekonstruktion der Außenansicht.

einer Siedlung, die dann aufgegeben und mit einer kurzen zeitlichen
Lücke als das griechische Eretria in
unmittelbarer Nachbarschaft neu
gegründet wurde. Auch hier also
findet sich am Ende keine Siedlungskontinuität, aber dennoch in
bislang singulärer Weise ein Kontinuum aus mykenischer bis in grie-
chisch-geometrische Zeit hinein –
mit einem bislang unerklärlich späten Endpunkt. Drei Nekropolen
umgaben die Siedlung; die zahlreichen Vasen, die hier gefunden wurden, bilden insgesamt die einzige
bisher bekannte geschlossene Reihe
spätmykenischer und protogeome-
trischer Keramik. Die Siedlung
selbst bestand aus einer Ansamm-
lung einfacher Holzhäuser und wies
einen dörflich-bäuerlichen Charakter auf; Mittelpunkt des Ortes war

ein ca. 30 m langes Gebäude mit
einer Apsis als Abschluß (**14**, **15**),
das im Grundriß an einen griechischen Tempel erinnert und bislang der früheste Zeuge dieses mit
einer Ringhalle bzw. mit hölzernen
Stützen umgebenen Bautyps ist. Es
diente vermutlich nicht als Wohn-
haus, sondern als Heroon; es ent-
hielt Grabstätten einer fürstlichen
Familie mit reichen Beigaben, darunter zwei wertvolle, mitbestattete
Zuchtpferde. Auch in Lefkandi sind
die Umwälzungen der Zeit um 1100
v. Chr. indessen nicht spurlos vor-
beigegangen: Auf die Zeit um 1050
v. Chr. läßt sich ein markanter
Wechsel der Bestattungssitten datie-
ren, der wohl mit einer – hier offenbar friedlich verlaufenen – Ansied-
lung von Einwanderern erklärt werden muß.

Das Griechenland der Zeit von 900–650 v. Chr. war beileibe nicht der Nabel der Welt, sondern eine vergleichsweise randständige, im äußersten Westen gelegene Kultur-Facette in einem sehr vielfältigen Gefüge von Ethnien, Reichen und Wanderungsbewegungen.

1100–700 v. Chr.
Späthethitische Fürstentümer (Karkemis, Gurgum, Sam'al)
950–730 v. Chr.
22. und 23. Dynastie in Ägypten; Ende des Neuen Reiches
883–859 v. Chr.
Assurnasirpal II. herrscht im Neuassyrischen Reich, das von ca. 1000 bis ca. 600 v. Chr. Bestand hat
850/800 v. Chr.
Gründung der griechischen Faktorei von Al Mina an der Orontes-Mündung
ca. 850–610 v. Chr.
Zeit des Urartäischen Reiches
753 v. Chr.
Mythisches Datum für die Gründung Roms durch Romulus und Remus
746–727 v. Chr.
Tiglatpilesar III. dehnt das Assyrische Reich bis nach Nord-Syrien aus
750/700 v. Chr.
Phrygisches Reich in Kleinasien unter König Gordios; Hauptstadt: Gordion
701 v. Chr.
Beginn des Ausbaus von Ninive zur assyrischen Residenzstadt

Gehöft, Weiler, Stadt:
Die Entstehung der griechischen Polis.

Zählten städtische Siedlungsformen mitsamt der hiermit verbundenen ausdifferenzierten Arbeitsteilung und der komplexen sozialen Organisation zu den Kennzeichen von Hochkulturen des 2. Jt. v. Chr., so war die Stadt als soziale Organisationsform der griechischen Kultur des beginnenden 1. Jt. v. Chr. unbekannt. Im Gegenteil: Den auf den südlichen Balkan einwandernden Griechen der Zeit zwischen 1200 und 1000 v. Chr. verleiht die heutige Forschung eher den Ruf der ›Städtezerstörer‹; schließlich waren es die unmittelbaren Vorfahren der von uns kulturell so hochgeschätzten Griechen, die die mykenischen und kretischen Palaststädte oder Metropolen wie Troja dem Erdboden gleichmachten. Die allgemein verbreitete Siedlungsform der Griechen in den ›Dark Ages‹ war das ländliche Einzelgehöft oder die Gehöftgruppe. Dreh- und Angelpunkt einer solchen bäuerlichen Kleinsiedlung war die Großfamilie eines einzelnen Adelsclans, eine selten mehr als 30 Personen umfassende Gruppe, die zugleich Wirtschaft, Religion und soziale Strukturen des Weilers fast autokratisch prägten.

Der Weg zur griechischen Polis, zum selbständigen Stadtstaat mit einer befestigten städtischen Siedlung als Zentrum (*pólis*) und einem dazugehörigen, landwirtschaftlich nutzbaren, von kleinen Siedlungen gesicherten Umland (*chóra*; 17, 51) vollzog sich seit dem späten 9. Jh. v. Chr. in drei zeitlich z. T. parallel verlaufenden Entwicklungssträngen. Voraussetzung hierfür war die Erkenntnis, daß eine größere Siedlung schon allein wegen der höheren Anzahl der Siedler (= höhere gemeinsame Arbeitsleistung) bessere Möglichkeiten bot, sich durch Mauern und Palisaden vor Übergriffen der Nachbarn zu schützen (16), aber auch durch eine erhöhte Wirtschaftskraft (Handwerk, Handel) bessere Chancen auf Wohlstand eröffnete. Voraussetzung hierfür war aber auch die Erkenntnis, daß der enorme Bevölkerungsanstieg in jenen Jahrhunderten einen komplexeren sozialen Organismus wie eine Stadt letzt-

16 Eine befestigte Stadtmauer war nicht nur eine militärisch bedeutsame Schutzmaßnahme, sondern auch das weithin sichtbare Symbol einer autonomen, politisch unabhängigen Polis. Stadtmauer von Herakleia am Latmos/Kleinasien, Neubau des 4. Jh. v. Chr.

lich erzwang und dabei ein gewisses Maß an Konzessionen der daran Beteiligten, ein Minimum an Gesetzen und Regeln erforderlich machte.

Eher selten war es der Fall, daß sich im Umfeld einer ehemaligen mykenischen Burg- oder Palastanlage im Laufe der Zeit eine immer weiter anwachsende städtische Sieldung ausbildete, wobei die mehr oder weniger intakten Ruinen der einstigen Palastanlage zunächst wohl die Residenz des siedlungsbeherrschenden Aristokraten gebildet haben werden, dann aber oft entsiedelt und zum städtischen Heiligtum, zur städtischen Fluchtburg umfunktioniert wurden. Ein gutes Beispiel dafür ist Athen mit seiner Akropolis im Zentrum: einst ein mykenischer Herrensitz, später die Residenz eines Adeligen, dann, in unmittelbarem Zusammenhang mit dem Wachstum der Stadt, entsiedeltes Heiligtum und Fluchtburg. Auch wenn sich Städte dieses Typs wegen der kontinuierlichen Besiedelung eines Ortes immer wieder ihres hohen Alters, ihrer direkten Abstammung aus der ›Welt der Götter und Heroen‹ rühmten (wie etwa Athen dies ausgiebigst tat), so darf dennoch nicht übersehen werden, daß es sich üblicherweise um griechische Neubesiede-

696 v. Chr.
Tod des Midas und Ende des Phrygischen Reiches durch den Kimmerier-Einfall nach Kleinasien
689 v. Chr.
Zerstörung Babylons durch den Assyrer-König Sanherib
681–669 v. Chr.
Regentschaft des Assyrer-Königs Asarhaddon; Sieg gegen die Kimmerier (679 v. Chr.); Eroberung Ägyptens (671 v. Chr.)
680–645 v. Chr.
Lydisches Reich unter König Gyges
ca. 645/40 v. Chr.
Zerstörung von Susa
626–539 v. Chr.
Neubabylonisches Reich
614 v. Chr.
Zerstörung von Assur
610 v. Chr.
Eroberung von Urartu
605–562 v. Chr.
Regentschaft des Nebukadnezar II.

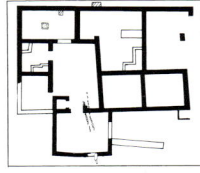

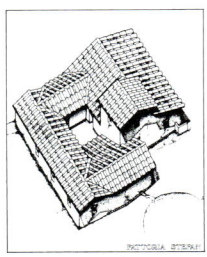

17 Die Chora, die landwirtschaftlich nutzbare Umgebung der Polis, war dicht bestanden von kleinen Dörfern oder Einzelgehöften. Rekonstruktion eines Gehöfts aus der Chora von Metapont in der Basilikata (Italien), um 550 v. Chr. (vgl. Abb. **51**)

18 Rekonstruktion der befestigten städtischen Siedlung von Alt-Smyrna (Izmir) im 9. Jh. v. Chr.

lungen der Zeit nach 1100 v. Chr. handelt, jedenfalls um einen sehr umfassenden Bevölkerungsaustausch. Den Wandel der Siedlung an der Akropolis zur Polis Athen macht die Entwicklung der Agora der Stadt deutlich. Noch bis etwa 600 v. Chr. wurde das Areal als Friedhof genutzt, und erst die sich ausprägende soziale und ökonomische Differenzierung der Polis sowie der Zusammenschluß mit anderen attischen Orten führte zur Nutzung des Platzes zu gemeinschaftlichen Treffen und förderte die Entwicklung zum Verwaltungszentrum (19).

Viele frühgriechische Städte Kleinasiens gehen auf direkte Gründungsakte im Zuge der ersten, ionischen Kolonisation der Griechen zurück. Siedlungen wie Emporion auf Chios, Milet oder Alt-Smyrna (Izmir; **18**) zeigten schon im späten 9. Jh. v. Chr. eine dichtgedrängte, quasi-städtische Bebauung im Schutze einer Mauer. In reiner Form findet sich in den Koloniestädten des Westens (vgl. S. 52ff.) seit dem 8. Jh. v. Chr. das Prinzip der Polis mit städtischer Siedlung und dazugehörigem ländlichen Umland im Kontext neuer Städtegründungen umgesetzt. Wichtigster Schritt zur Entstehung der Polis im griechischen Mutterland war jedoch das absichtsvolle Zusammenführen zuvor selbständiger Dörfer zu einer Gemeinschaftssiedlung (griech. *synoikismós* = »Zusammensiedlung«). Dieser Vorgang setzte ein hohes Maß an Organisation, aber auch an Einsicht der Gesamtbevölkerung in das

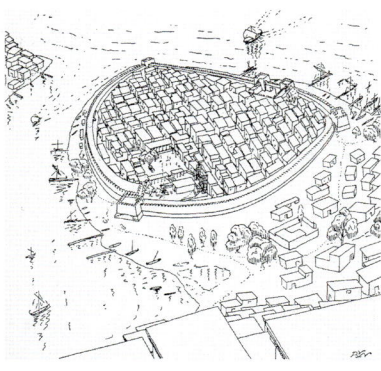

Gemeinwohl voraus und machte in vielen Fällen die Zurückstellung von Einzel- zugunsten von Gruppeninteressen erforderlich. Diese Gemeinschaftssiedlungen entwickelten sich bald auch zu ökonomischen Zentren – zu Orten, an denen Markt abgehalten wurde. Nicht selten genoß der Initiator und Organisator einer solchen Zusammenführung nach einigen Generationen als heroisierter Stadtgründer mythische Verehrung

(20). Der Synoikismos führte in der Regel zur Ausbildung eines städtischen Siedlungskerns mit Gemeinschaftseinrichtungen (Kulte und Heiligtümer; Versammlungsplatz, gemeinsam genutzte Friedhöfe außerhalb der Stadtmauer und Infrastrukturen wie z. B. Brunnenanlagen; 19). Die ursprünglich getrennten dörflichen Strukturen wurden dabei zunehmend unkenntlich. Archäologisch und historisch bestdokumentierter Synoikismos dieses Typus ist, obwohl außerhalb der griechischen Sphäre gelegen, die Entstehung der Stadt Rom in der Mitte des 8. Jh. v. Chr., wo sich sieben dörfliche Siedlungen auf sieben Hügeln zu einem Gemeinwesen mit Gemeinschaftseinrichtungen in den Tälern zwischen den Hügeln vereinigten. Nicht immer führte der Synoikismos jedoch zu einer siedlungsmäßig vereinigten Stadt. Der Synoikismos in der Erotas-Ebene inmitten der Peloponnes, bei dem sich um 800 v. Chr. die vier Dörfer Limnai, Kynosoura, Mesoa und Pitane zum Staat Sparta zusammenschlossen, führte erst im Hellenismus zu städtischen Strukturen; es war ein Wahrzeichen spartanischer Konservativität, daß trotz gemeinsamen Staatswesens die getrennten dörflichen Siedlungsstrukturen erhalten blieben. Eine Variante des Synoikismos vollzog sich im Umkreis der Stadt Athen, als sich um 750 v. Chr. die Dörfer Attikas mit der schon bestehenden Siedlung Athen vereinigten; Athen erwarb auf diese Weise den Rang einer zentralen Polis, Attika wurde Chora dieses Zentrums. Eine weitere Variante der Entstehung von Städten zeigte sich auf den meisten Ägäis-Inseln. Auf einer durch die Insel-Situation natürlich begrenzten, deshalb nicht notwendigerweise durch Dörfer oder Außenposten abzusichernden Chora entstand meist ein Hauptort; die wie ein Labyrinth strukturierten Siedlungen (Zagora auf Andros, Tsikalaria auf Naxos) folgten in ihrer Gestalt oft den Vorbildern kretischer Städte aus

19   Die Agora, das politische Zentrum von Athen, war im frühen 5. Jh. v. Chr. ein noch weitgehend unbebauter Platz, der wichtige Gemeinschaftseinrichtungen der Polis barg: Gericht (*helieía*), Altar, Brunnen und Gebäude für die politischen Instanzen (am Fuße des Kolonnos Agoraios). Rekonstruktionszeichnung.

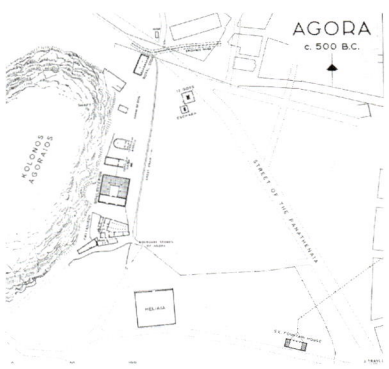

minoischer Zeit (Gournia), eine Siedlungsform, die sich hier offenbar tradiert hat.

Wesensmerkmale der Polis waren neben der Errichtung von Gemeinschaftseinrichtungen (Heiligtum, Agora als Zentrum von Politik und

20 Der Gründer einer Stadt wurde von späteren Generationen als *héros ktístes* mythisch verehrt, sein Grab zu einem auch überirdisch sichtbaren ›Heroon‹ inmitten der Stadt umgebaut. Heroon in der Koloniestadt Poseidonia (Paestum) in Kampanien, Italien.

Verwaltung) die Autonomie, also die politische Unabhängigkeit, und die Autarkie, die wirtschaftliche Unabhängigkeit (17). Doch waren dies eher ideale Ziele. Selbst eine mächtige, politisch gewiß nicht abhängige Polis wie Athen war beileibe nicht autark, im Gegenteil: Die im 6. Jh. v. Chr. erfolgte Einrichtung einer landwirtschaftlichen Monokultur, ausgerichtet auf den Anbau von Wein und Oliven, machte Importe zum überlebenswichtigen Faktor. Und, wie das Beispiel des Delisch-Attischen Seebundes (vgl. S. 75ff.) zeigt, war am Ende beileibe auch nicht jede Polis wirklich politisch autonom.

Die »Homerische Frage« – nur ein Forschungsdisput?

Homers »Ilias« und »Odyssee«, die beiden in gestochenen Hexametern erzählten Epen, sind nicht nur für Fragen nach dem Beginn und der Art und Weise frühgriechischer Dichtung, sondern auch für das Problem der Entstehung griechischer Schriftsprache von enormer Bedeutung. Bereits früh sind diese Epen, die in 16.000 Versen vom sagenhaften Trojanischen Krieg (»Ilias«) und in 12.000 Versen von den Wirren der Heimfahrt des Odysseus von Troja nach Ithaka berichten, mit dem Namen eines einzigen Dichters, mit dem Namen des Homer (21) verbunden worden. Doch auch wenn dieser Homer seit dem 6. Jh. v. Chr. in der Antike und später vor allem im Klassizismus des 19. Jh. als Dichterfürst nahezu vergöttert wurde (23), gegen die Idee eines einzigen genialen Schöpfers dieser gewaltigen Epen regte sich vielfach auch Widerspruch. Allzu

deutlich war anhand sprachlicher und kulturgeschichtlicher Indizien erkennbar, daß zwischen »Ilias« und
»Odyssee« ein erheblicher zeitlicher Abstand bestehen
mußte, und ebenso deutlich zeigte der Inhalt beider
Epen, daß sich in ihren Darstellungen die Lebenswel-
ten der spätmykenischen Zeit, der ›Dark Ages‹ und der
Früharchaik des 8. Jh. v. Chr., also sehr verschiedene
historische Epochen, auf höchst komplexe Weise miteinander vermischten.

Die »Homerische Frage«, die Frage nach der Einheit-
lichkeit und der Urheberschaft der Homertexte, geht
auf den deutschen Altphilologen Friedrich August Wolf
(1759–1824; 22) zurück, der in seinem Werk »Prolego-
mena ad Homerum« (= »Vorüberlegungen zu
Homer«, 1795) erstmals die These formuliert hat, daß
die homerischen Epen nicht nur von einem Autor
stammen könnten, sondern das Sammelwerk einer
fahrenden frühgriechischen Sängerzunft, der Homeriden repräsentierten. Denn laut Wolf muß die Fassung der »Ilias« um 750 v. Chr. und der »Odyssee« um
700 v. Chr. geschaffen worden sein, zu einer Zeit also,
als eine ausdifferenzierte griechische Schrift noch gar
nicht existiert hat.

Die auch heute noch höchst kontrovers diskutierte
»Homerische Frage« ist, wenn Wolf auch nur im
Grundsatz recht hatte, von erheblicher Konsequenz für
das gesamte Kulturverständnis des frühen Griechenland. Viele philologische Details sprechen dafür, daß
»Ilias« und »Odyssee« zunächst tatsächlich Werke
einer ›oral poetry‹, einer rein
mündlich überlieferten Dichtkunst mit vielleicht sogar
jahrhundertelanger Tradi-
tion gewesen waren. Die
beiden später kanonisier-
ten Textfassungen der
Epen bildeten dabei lediglich einen kleinen Aus-
schnitt eines sehr viel
umfangreicheren Reservoirs an

21   Ein Konstrukt der
Antike? Das Homer-Por-
trät zeigt einen blinden
(d.h. weisen), bärtigen
(d.h. alten) Rhapsoden
mit kunstvoll gewunde-
ner Langhaarfrisur im
Stile der Heroen-Bildnis-
se. Das Urbild dieses
frühen Bildnistyps (ein
zweiter, weiter verbreite-
ter Bildnistyp entstammt
dem Hellenismus)
datiert in die Zeit um
470/460 v. Chr.
Römische Marmorkopie;
München, Glyptothek.

22   Friedrich August
Wolf lehrte Altphilologie
in Halle und stellte als
erster die »Homerische
Frage«. Crayonstich um
1790

23 Die Sicht des Klassizismus: Homer, der geniale, greise Dichterfürst, wird von Nike im Kreise der Musen und der herausragenden Poeten aller Zeiten (im Bild u.a. Dante und Shakespeare) bekränzt. »Die Apotheose des Homer«, Gemälde von Jean-Auguste Ingres (1826/27); Paris, Louvre

Heldensagen, zu dem u. a. die (nicht entsprechend überlieferte) Theben-Sage, die Herakles-Sage und die Argonauten-Sage zählten. Vieles spricht zudem dafür, daß die griechische Schrift in ihrer entwickelten Form überhaupt erst im Zusammenhang mit den Bestrebungen, diese ›homerischen‹ Epen zu fixieren, entstanden ist. Eines der frühesten Zeugnisse griechischer Schrift ist der Nestor-Becher: ein um 730 v. Chr. entstandener Skyphos, der in einem Grab nahe der griechischen Siedlung Pithekoussai auf Ischia gefunden wurde, einer der ältesten griechischen Kolonien im westlichen Mittelmeerraum. Ihn zierte ein in ungelenken Buchstaben eingeritzter Ilias-Vers: »Von Nestor ist der schöne Becher, aus dem es sich angenehm trinkt. Wer aus ihm trinkt, den wird zugleich die Sehnsucht nach der göttlichen Aphrodite mit der schönen Krone überkommen.« **(24)**

Die Niederschrift und damit die verbindliche Festschreibung der bis dahin wohl recht flexibel rezitierten Verswerke war ein längerer Prozeß, der wohl in Athen am Hofe des Tyrannen Peisistratos im 6. Jh. v. Chr. sein Ende gefunden hat. Die heute überlieferten Texte scheinen auf eine solche ›Ur-Fassung‹ zurückzugehen, die alle vier Jahre bei den Großen Panathenäen in Athen in aufwendiger, mehrtägiger Inszenierung vorgetragen wurden. Die Frage aber, wann der eigentliche Schritt von einer eher zufälligen, volksliedartigen Aneinanderreihung einzelner Verse in der ›oral poetry‹ zur ›echten‹, konzeptionellen epischen Dichtkunst erfolgt ist und ob es dafür einen auktorialen Dichter namens Homer gegeben hat, bleibt bis heute strittig. Nicht übersehen werden darf aber, daß die ›originalen‹ griechischen Homertexte insgesamt sehr viel weniger homogen sind, als dies deutsche Übersetzungen, allen voran die berühmte, metrische exakte, inhaltlich aber außerordentlich unpräzise Nachdichtung von Johann Heinrich Voss (1751–1826) suggerieren.

Sollten Wolfs Überlegungen zutreffen, hätte dies erhebliche Konsequenzen für unser Bild des Dichterfürsten. Die Person ›Homer‹ wäre dann eine mythische Fiktion der Griechen. Sein Porträt, der zwischen verschiedenen kleinasiatischen Städten umstrittene Geburtsort, der gesamte, von späten Quellen höchst detailreich und unterschiedlich geschilderte Lebenslauf, ja sogar sein auf der Insel Ios gezeigtes Grab wären dann Produkte einer kollektiven Mythenbildung – ein Vorgang, der jedoch im antiken Griechenland durchaus seine Parallelen in der Struktur des Mythos insgesamt findet: Auch für die nun zweifelsfrei fiktiven Götter und Helden gab es greifbare Biographien, Geburtsorte, Gräber und Porträts zuhauf.

Unstrittig bleibt der hohe Quellenwert der Epen ›Homers‹. Bis ins Kleinste spiegeln sie die Lebenswelt des frühen Griechenland wider, die durch archäologische Funde nur höchst ausschnitthaft dokumentiert ist – Schiffbau, Kleidung, Schmuck und Architektur ebenso wie Prinzipien der Gesellschaftsstruktur, der Ökonomie und der religiösen Praxis. Das von deutschen Archäologen in den 50er Jahren des 20. Jh. begonnene Sammelwerk »Archaeologia Homerica« stellt die schriftlich überlieferten Nachrichten in detaillierter Form den Relikten der materielle Welt dieser ›homerischen‹ Zeit gegenüber; diese wissenschaftliche Pioniertat hat dabei zu zahlreichen neuen Erkenntnissen und Forschungsschwerpunkten in bezug auf das frühe Griechenland geführt.

24 Der sog. Nestor-Becher, in den 1950er-Jahren bei Ausgrabungen in der Nekropole nahe der frühgriechischen Kolonie Pithekoussai (heute: Lacco Ameno) auf der Insel Ischia gefunden. Den rhodischen Becher mit geometrischem Dekor ziert das ungelenk eingeritzte Zitat eines Homer-Verses, eines der frühesten Dokumente altgriechischer Schrift überhaupt. Lacco Ameno, Sammlung Arbusto.

25 Früh-geometrische Vase mit Ornamentbändern. Um 975–950 v. Chr. Aus Athen; London, Britisches Museum.

Die Epocheneinteilung der griechischen Geschichte wie auch der griechischen Kunstgeschichte ist für den Laien zunächst schwer verständlich, da hier von der üblichen Phaseneinteilung der Historiker z. T. stark abweichende Begriffe begegnen, die sich nicht von selbst erklären. Das frühe Griechenland wird in drei Perioden unterteilt, die sowohl für die Historiker wie auch für die Kunsthistoriker und Archäologen Gültigkeit haben, dabei aber bisweilen verschiedentlich definiert sind: die *Dark Ages* (ca. 1100–900 v. Chr.), die ›geometrische‹ Epoche (ca. 900–700 v. Chr.) und die Archaik (ca. 700–480/479).

Als *Dark Ages*, »Dunkle Jahrhunderte«, bezeichnet man die Phase des kulturellen Zusammenbruchs, die auf den Niedergang der myke-nisch-minoischen Welt folgte; im Sinne einer globalen prähistorischen Chronologie entsprechen die Dark Ages der auf die Bronzezeit (= mykenische Kultur) folgenden Eisenzeit. Diese, bereits in einigen Ansätzen (vgl. S. 20f.) beschriebene Zeit brachte einen rapiden Bevölkerungsrückgang mit sich, ein Abreißen zahlreicher kultureller Traditionen und Techniken (u. a. das Verschwinden der Schrift und der Töpferdrehscheibe) sowie den Zusammenbruch aller bis dahin gängigen politischen und religiösen Institutionen. Bis heute wird kontrovers diskutiert, was zum Zusammenbruch der mykenisch-minoischen Hochkulturen und zum Entstehen dieses Jahrhunderte andauernden kulturellen Niedergangs geführt hat: entweder eine Einwanderungswelle aus dem Norden mit weitreichenden Konsequenzen für die zuvor auf der südlichen Balkanhalbinsel siedelnden Völker und Stämme (Vertreibung, Vernichtung, Versklavung), oder aber, wie 1976 zuerst von dem englischen Archäologen J. T. Hooker vorgeschlagen, eine äußerst erfolgreiche Revolte der von den Mykenern unterdrückten Urbevölkerung auf dem griechischen Festland, eine Erstürmung der Paläste und Burgen im Sinne einer alles Überlieferte beseitigenden Revolution. Für die Annahme einer Einwanderung spricht, daß in den Dark Ages gänzlich neue soziale und religiöse Praktiken wie z. B.

die Brand- anstelle der bis dahin vorherrschenden Körperbestattung auftauchen. Dies wird eher ein Indiz für Zuwanderung sein und ist mit einer ethnischen Kontinuität, wie die ›Revolutionsthese‹ sie fordert, schwer vereinbar.

An die Dark Ages schließt sich dann die Konsolidierung des historischen faßbaren Griechenland an, dessen erste Phase als das ›geometrische‹ Griechenland bezeichnet wird. Benannt ist diese Epoche nach den Vasenornamenten dieser Zeit: Dreiecke, Rauten, Kreismuster, Strichgruppen, Zickzackmuster, Gitter, Hakenkreuze und Mäander (25) bilden einen großen Vorrat geometrischer Formen, aus denen sich später, wiederum aus geometrischen Mustern, figürliche Motive herausbilden. Auch an anderen Gattungen, etwa der Plastik, finden sich geometrische Muster und Teilformen wieder (27). Athen entwickelt sich rasch zur dominanten Produktionsstätte dieser geometrischen ›Kunst‹, die vor allem im Kontext von Bestattungsriten Verwendung fand. Archäologen haben analog zur Kunstgeschichte die geometrische Epoche in ein kompliziertes System von Sub-Epochen weiter ausdifferenziert: Für die spätgeometrische Kunst sind z. B. große Grabvasen aus Athen mit aufwendig übereinandergeschichteten Ornament- und Figurenfriesen charakteristisch (104).

An die geometrische schließt sich die archaische Zeit, die Archaik (von

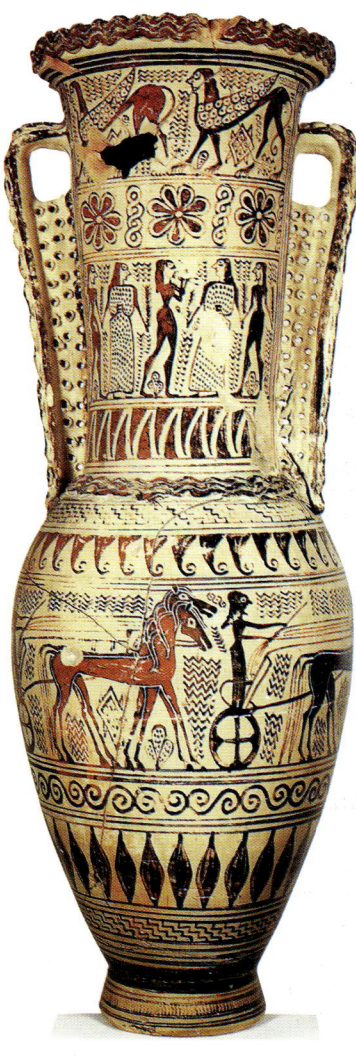

26 Überreich dekorierte attische Vase im orientalisierenden Stil, 7. Jh. v. Chr. Buntheit, szenische Vielfalt und der Reichtum an floralen Ornamenten entsprechen der orientalischen Kunst dieser Zeit. Vasen dieser Art waren die Vorläufer der attischschwarzfigurigen Vasenmalerei (vgl. S. 98ff.). Paris, Louvre.

27 Bronzestatu-ette eines Krie-gers aus Olympia, um 750 v. Chr. Die aus einfachen geo-metrischen Grund-formen zusam-mengesetzte Figur war Teil des Hen-kels eine großen bronzenen Drei-fußes, eines Weih-geschenks. Olym-pia, Museum.

28 Die in Frank-reich bei Auxerre gefundene Statue einer Frau ist mit fast 70 cm Höhe eines der frühesten grie-chischen Bildwerke, das das Statuetten-Format übersteigt und am Beginn der grie-chischen Großplastik steht. Paris, Louvre.

griech. *archáios* = »alt«) an, eine zunächst ebenfalls kunsthistorisch, nicht aber historisch definierte Epo-che. Sie umfaßt nach den Vorstel-lungen des 18. und 19. Jh. die Zeit der ›altertümlichen‹, d. h. die der vorklassischen Kunstwerke. Eine klare Trennlinie zur geometrischen Kunst läßt sich kaum ziehen. Wesentliches Merkmal der früh-archaischen Kunst ist neben dem Entstehen von Monumental-Plastik (**28**) das weit verbreitete Auftreten östlicher Ornament-Motive (›orien-talisierender Stil‹; **26**), bedingt durch die griechische Expansion an die kleinasiatische Küste und die sich im Zuge der Kolonisation aus-weitenden Kultur- und Handelskon-takte. Bereits um die Mitte des 6. Jh. v. Chr. sind solche Orientalis-men jedoch aus dem sich nun kano-nisierenden Formenspektrum grie-chischer Kunst sehr konsequent als ›barbarische Fremd-Elemente‹ aus-geschieden oder umgewandelt, d. h. gräzisiert worden. Zentrale Geschehnisse der Archaik sind aus der Sicht der Historiker die Krise der Adelsverfassungen, die Formie-rung der Polis (Stadtstaaten), die Kolonisation sowie das Entstehen der Tyrannis.

Das Ende der Archaik wird nun hingegen primär historisch und nicht kunsthistorisch definiert: Die Durchsetzung der Demokratie in Athen (seit 507/506 v. Chr.: Refor-men des Kleisthenes), vor allem aber der Sieg über die Perser 480/479 v. Chr. bilden eine historisch gut, kunsthistorisch indessen weni-ger schlüssig begründete Zäsur zu den nun folgenden Phasen der Klas-sik (bis 336 v. Chr.) und des Helle-nismus (bis 31 v. Chr.).

Die Entstehung der griechischen Schriftsprache

Wie selbstverständlich wird das ausdifferenzierte Alt-Griechisch mit der antik-griechischen Kultur verbunden, ja es gilt geradezu als eines ihrer herausragenden Merkmale, als ein untrügliches Zeichen für ihren ›hohen‹ Entwicklungsstand. Denn anders als die zuvor verbreiteten Schriftsprachen, die als Ideogrammschriften (= Wortschriften), Silbenschriften oder Piktogramm-Schriften von vergleichsweise einfacher Gestalt und wohl primär für den Verwaltungsgebrauch als ›Archiv-Schriften‹ entwickelt worden waren, bildete das Alt-Griechisch eine maximal variable umd umfassende Buchstabenschrift.

Auch wenn heute das Alt-Griechische als ein selbständiger Zweig, ja sogar als ältestes überliefertes Subsystem der indo-europäischen Sprachenfamilie erkannt ist, so ist doch die Frage nach dem eigentlichen Alter und dem ursprünglichen Verbreitungsgebiet der Sprache nicht nur insgesamt höchst unklar, sondern zugleich auch von großer ideologischer Brisanz. Denn mit der Beantwortung dieser Frage ist jeweils auch zugleich Stellung zu beziehen zu dem Problem der Einordnung Alt-Griechenlands in das System der kulturellen Verflechtungen in der östlichen Mittelmeerwelt in der zweiten Hälfte des 2. Jt. v. Chr. Alteingesessene, altgriechische Hochkultur (Kontinuitätsthese) oder großflächig zugewanderte, bäuerliche Stämme (Diskontinuitätsthese) – das war und ist die Alternative jeder Antwort. So galt es in Zeiten kritikloser Bewunderung hellenischer Kulturgröße ganz überwiegend als ausgemacht, daß bereits die 1952 durch den englischen Archäologen Michael Ventris (1922–1956) weitgehend entzifferte Linear-B-Schrift **(29)** ein eng verwandter Vorläufer des Alt-Griechischen war. Auch wenn jede Sprache in ihrer gesprochenen Form älter, meist sogar sehr viel

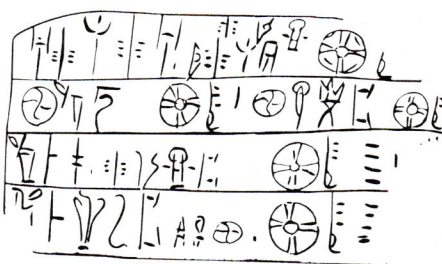

29 Linear-B-Tafel aus dem kretischen Palast von Knossos, Umzeichnung.

30 In akribisch genau geritzten Lettern finden sich auf diesem Inschriften-Fragment die Einnahmen der Stadt Athen aus den Tributzahlungen der Bündnispartner notiert. Athen, Epigraphisches Museum.

älter ist als ihre früheste Schriftform, so bleibt dennoch ein ganzes Bündel von Problemen bestehen, das diese unter Philologen bis heute weitverbreitete Sicht doch in Frage stellt. Die Linear-B-Texte, eine kretische, später auch auf dem mykenischen Festland verbreitete Archiv- bzw. Kanzleischrift, bestehen aus einer Silbenschrift, die von ihrer Struktur wie von ihren Rahmenbedingungen her einer Buchstaben-Schrift höchst unähnlich und dementsprechend schwer mit einer solchen zu parallelisieren ist; es erscheint deshalb wenig plausibel, hier einen engen sprachlichen Zusammenhang, eine sprachliche Kontinuität sehen zu wollen. Zudem ist die Entzifferung durch Ventris nicht unumstritten: Nicht alle Linear-B-Zeichen sind heute lesbar (was aber bei der schlüssigen, also ›richtigen‹ Rekonstruktion eines ganzen Schrift-Systems zu fordern wäre), vor allem aber sind Ventris' Forschungen von Beginn an durchaus nicht von Objektivität, sondern von der Prämisse geleitet worden, in den Linear-B-Texten ein ›Ur-Griechisch‹ entdecken zu wollen, einen frühen »mykenischen Dialekt«, was im Grunde einen klassischen Zirkelschluß darstellt.

Das wichtigste Argument für eine diskontinuierliche Genese der griechischen Schriftsprache ist jedoch der Umstand, daß sich die frühesten Zeugnisse altgriechischer Schrift, Inschriften also, erst im 8. Jh. v. Chr. (24) und damit mehr als 10 Generationen nach dem Verschwinden der Linear-B-Schrift finden, daß also zwischen dem ›echten‹ Alt-Griechisch und den Linear-B-Texten eine erhebliche zeitliche Lücke klafft. Dies muß natürlich noch nichts über die Sprache selbst aussagen; hier kann durchaus eine ältere, bereits existente Sprache im Zuge der Assimilierung von Einwanderern aufgegriffen und regional in neuen Dialekten ausgeprägt worden sein. Die altgriechische Schriftsprache, die sich aus ungelenken Anfängen des 8. Jh. v. Chr. dann rasch zu einer virtuos gehandhabten Form der Inschriftengestaltung entwickelt hat (30), scheint indessen eine Innovation der früharchaischen Zeit zu sein, die möglicherweise im Kontext der Niederschriften von Epen und Mythen entstanden ist und vermutlich dem Bedürfnis nach einer normativen Sicht der Vergangenheit entsprang.

Während Inschriften als primäre antike Zeugnisse unmittelbar Aufschlüsse über die Entwicklung von Schrift und Sprache geben, tun dies die so zahlreich überlieferten Texte aus Literatur oder Philosophie, die im altsprachlichen Schulunterricht noch heute weiteste Verbreitung finden, so gut wie gar nicht. Nur in Ausnahmefällen gehen diese Texte direkt auf die Antike zurück, wie etwa im Falle der um 1750 bei Herculaneum in einer vom Vesuv verschütte-

ten Villa gefundenen kleinen, privaten Papyrusbibliothek mit verschiedenen Texten von ›Klassikern‹. Und selbst solche Funde aus der Antike entstammen meist sehr viel späterer Zeit als der Entstehungszeit des Werkes, sie sind also durchaus nicht notwendigerweise authentisch. In langen Ketten von Abschriften sind die Texte bis heute tradiert worden (31): in den antiken Bibliotheken ebenso wie in byzantinischen und mittelalterlichen Klöstern. Vieles ist dabei verlorengegangen, vernichtet durch Brände wie etwa den der Bibliothek von Alexandria im späten 1. Jh. v. Chr., vernichtet aber auch durch eine manipulierte Auswahl der zu tradierenden Werke durch christliche Moral und Ethik im byzantinischen und mittelalterlichen Klosterleben. Und vieles ist dabei dann auch verändert worden: Schreibfehler, Auslassungen oder blumige Ergänzungen von späterer Hand sind durch den Vergleich mehrerer Exemplare, besser noch durch den Vergleich verschiedener Überlieferungsstränge zu entdecken und

31 Überlieferung griechischer Schriftsprache: Der Beginn der »Ilias« von Homer, mannigfach abgeschrieben, in einer verzierten Handschrift des 15. Jh.; Rom, Vatikanische Bibliothek.

können von kundiger Hand des Philologen ›korrigiert‹ werden. Aber auch manch Unauthentisches wie etwa das verwirrende System der Akzente (eine weitgehend byzantinische Zutat) hat Eingang in das Schul-Griechisch gefunden.

Das antike Alt-Griechisch war bis ins 4. Jh. v. Chr. hinein ausgesprochen reich an Dialekten; thessalische, nordwest-griechische, attische, ionische, dorische und arkadische Dialekte mit z. T. sehr unterschiedlichen Klangfarben und verschiedenen Alphabeten haben existiert. Im 4. Jh. v. Chr. begann sich das ionische Alphabet mit 24 Buchstaben durchzusetzen. Hieraus entwickelte sich der ionisch-attische Dialekt, der allmählich alle anderen Dialekte verdrängte und in der hellenistischen *koiné* (»Gemeinschaft«) zunächst zur Kanzlei-, in der Folge dann zur Weltsprache wurde. Dieses Koiné-Griechisch tradierte sich bis in die Spätantike, wurde nach der Reichsteilung im Jahr 395 n. Chr. zur Verkehrssprache im oströmisch-byzantinischen Reich.

Struktur und Wesen des griechischen Mythos

Der griechische Begriff »*mýthos*« (= »Rede, Erzählung, Fabel«) stammt von dem Verb *mýein* (= »Geheimnisse sagen«) ab und bezeichnet gleichermaßen eine einzelne ›mythische‹ Erzählung, den Inhalt einer derartigen Erzählung sowie die Gesamtsumme aller solcher Erzählungen und ihrer Inhalte. So komplex und vielschichtig wie der Begriff sind auch Struktur und Wesen des griechischen Mythos als Gesamtphänomen. Die Frage »Was ist Mythos?« läßt sich nicht im Sinne einer pauschalen Definition beantworten, weil Mythos nicht eindimensional darstellbar ist, sondern dem Begriff sehr viele verschiedene, durchaus nicht miteinander zu vereinbarende Betrachtungsebenen innewohnen: diejenigen der Religions- und Ritusvorstellungen, der Götter- und Volkslegenden, der kollektiven Ängste und Verdrängungen, der Tiefenpsychologie, der historisch-politischen Manipulation.

Mythos ist, das hat der Engländer Andrew Lang um 1880 erstmals klar formuliert, eine Art primitive Wis-

senschaft und stellt einen Versuch dar, vergangenes
Geschehen auf eine gleichermaßen konkret erzählbare
wie allgemeingültige Weise in
einem Netz von Legenden zu
verdichten, so daß sie sowohl
als aktuell abrufbare Hand-
lungsvorbilder wie auch der
eigenen Selbstvergewisserung
dienen. Im engeren religiösen
Sinne besteht der griechische

Mythos aus einer komplexen Verschmelzung von Göt-
ter- und Heroenlegenden, also eigentlich aus zwei Wel-
ten: derjenigen der Götter und derjenigen der Heroen,
den im Sinne des Mythos ›geadelten‹, menschlichen
Vorfahren. Als Heroen aus der ›diesseitigen‹ Sphäre
fungierten z. B. mythisch-fiktive Städtegründer,
mythisch-fiktive Könige. Im Mythos findet auf diese
Weise gleichzeitig eine Vermenschlichung der Götter
und eine Vergöttlichung der Menschen statt. Vorstufe
des Mythos war die Anflehung eines Gottes durch
einen Priester, durch heilige Worte und durch die Erinnerung an Machterweise des Gottes gegenüber den
Vorfahren; kennzeichnend für den Mythos ist demgegenüber die Bildung kompletter Götter-Genealogien
und Götter-Biographien (mit Kindheit, Jugend und
Alter, mit Eltern und Geschwistern, mit Freud und
Leid am eigenen Leben; 32, 34); kennzeichnend ist die
systematische Vernetzung dieser Figuren im Rahmen
legendärer, fiktiver Handlungen.

Die ersten großen überlieferten Mythos-Erzählun-
gen sind die Epen Homers (»Ilias«, »Odyssee«) und
Hesiods (»Theogonie«) aus dem späten 8. und dem
7. Jh. v. Chr. Bereits im 5. Jh. v. Chr. bestand unter den
damaligen Zeitgenossen weitgehende Einigkeit darüber, daß die griechischen Götter-Mythen von diesen
beiden Dichtern ›erfunden‹ worden seien; Herodot
und Xenophon etwa lassen hieran wenig Zweifel. Dies
macht deutlich, daß der griechische Mythos insgesamt

32   Der Gott als individueller Mensch: Der
gold-elfenbeinerne,
monumentale Zeus von
Olympia, um 430 v. Chr.
von Phidias geschaffen,
bestimmte für Jahrhun-
derte das ›Image‹ von
Zeus als bärtigen Patri-
archen. Bildnisse wie
dieses waren deshalb in-
tegraler Bestandteil des
Mythos. Rekonstruktion
von Victor Laloux, 1883.

33 Jason und die Argonauten auf der Suche nach dem Goldenen Vlies. Ritz-Bild auf einem etruskischen Bronzegefäß, um 500 v. Chr.; Rom, Villa Giulia.

34 Götter, ganz wie Menschen ins Gespräch vertieft: Poseidon, Apollon und Artemis auf dem Ostfries des Parthenon. Um 440 v. Chr.; Athen, Akropolis-Museum.

niemals ein Produkt von Glaube oder Aberglaube war, sondern eben Teil einer sich selbst vergewissernden Geschichtsschreibung. Der Mythos als Konstrukt bot die Möglichkeit, die auf der südlichen Balkanhalbinsel an sich relativ traditionslosen griechischen Zu- und Einwanderer zu Herren des Landes zu machen: Mit weit in die chronologisch nicht faßbare Vorzeit zurückgreifenden Mythen konnte die Realität über die heroisierte Erinnerung an die Vorfahren in ein Gefüge von Legenden und Sagen eingebettet und auf diese Weise bis in die Ur-Zeit ›historisiert‹, d. h. beglaubigt werden. Und es scheint kein Zufall zu sein, daß sich die Niederschrift der Mythen-Epen Homers bzw. der Homeriden (vgl. S. 26ff.) und Hesiods gerade in einer Situation vollzog, die gekennzeichnet war durch den Übergang von einer Welt bäuerlicher Isolation hin zu einer Welt miteinander mannigfach vernetzter, sich vor einem gemeinsamen kulturellen Horizont ausformender Stadtstaaten. Mythos wurde hier zur gemeinsamen Geschichte, zum ›roten Faden‹ übergeordneter Kulturvorstellungen.

Wie sehr der Mythos in diesem Sinne ein Konstrukt war, zeigt sich daran, daß – aufbauend auf die Sagenwelt Homers und die Göttergenealogien Hesiods – seit etwa 700 v. Chr. unendlich viele neue Mythen und Mythenvarianten entstanden, die jeweils an die aktuellen Bedürfnisse der Menschen oder der Stadtstaaten angepaßt waren. Lokale Mythen ergänzten die Hauptmythen, indem etwa die ›großen‹ Götter lokale Epiklesen (= spezifische Zusatz-Bezeichnungen) bekamen, die in Gestalt einer biographischen Variante auf die jeweilige Stadt, Region oder einen aktuellen Anlaß der Verehrung anspielten; es gab auf diese Weise nicht eine einzige Athena, sondern derer hunderte von jeweils individuell gekennzeichneten Athena-Vorstellungen. Und erst recht bevölkerte sich die Welt der Heroen, denn im Sinne dieses kollektiven Historisierungsprozesses der eigenen Lebenswelt mußte bald jeder Ort, jede Region einen eigenen Gründer-Heros, eine eigene Reihe ›mythischer‹ Könige als unmittelbare Vorfahren aufweisen. Und wenn es Herakles in den immer weiter ausgeschmückten Sagen bis nach Gibraltar, wenn es die Argonauten bis nach Kolchis ans Schwarze Meer zog **(33)**, wenn Hephaistos seine Schmiede auf den Ätna verlegte, dann spiegelt sich darin historische Realität insoweit, als dies genau der griechischen Kolonisationsbewegung mit ihrer weitgespannten geographischen Ausdehnung entsprach. Diese im Prinzip ins Unendliche fortschreibbare Vielgestaltigkeit des griechischen Mythos ist gewissermaßen ›systembedingt‹; es macht deshalb auch wenig Sinn, den Versuch zu unternehmen, *den* Athena-Mythos nacherzählen zu wollen, denn *den* Athena-Mythos gab es nicht.

Strikt von einer Auseinandersetzung über den Mythos zu trennen sind rituelle, religiöse Praktiken wie die Zeremonien und Äußerungen der antiken Menschen im Heiligtum (vgl. S. 167ff.). Dies bildet den Kern der unmittelbaren Auseinandersetzung der Menschen mit den Göttern, für den der Mythos nicht viel mehr als einen allgemeinen, übergeordneten Verständnis-Rahmen formuliert.

Der Mythos als Alltagspraxis

Mythen boten die Möglichkeit, befriedigende Antworten auf einfache, aber grundlegende Fragen der Menschen zu geben und schufen auf diese Weise ein hermetisches Gefüge kollektiver Normen. Verschiedene Mythen-Arten lassen sich dabei unterscheiden: kosmogonale, theogonale und anthropogonale Mythen, die Fragen nach der Schöpfung, dem Anfang des Universums und von Göttern und Menschen beantworteten; Transformationsmythen wie etwa die Sintflut-Sage, die den Übergang einer vergangenen zur jetzigen Welt erklärten; eschatologische Mythen über das Ende der Welt; Mythen über wichtige Zäsuren des menschlichen Lebens und über unerklärliche Naturphänomene. Das Prinzip des Mythos ist hier ebenfalls die detailreich ausgeschmückte Erzählung, gegenüber den fabulösen Göttermythen allerdings mit dem Unterschied, daß der Kern der Legende in nahezu dogmatischer Weise unveränderbar war.

Gründungsdaten wichtiger griechischer Koloniestädte:

ca. 770/60 v.Chr.
Pithekoussai/Ischia
um 750 v. Chr.
Cumae/Kampanien
735 v. Chr.
Naxos/Sizilien
734 v. Chr.
Syrakus/Sizilien; Kerkyra/Westgriechenland
728 v. Chr.
Rhegion/Sizilien; Katane/Sizilien;
Leontinoi/Sizilien; Megara Hyblaea/Sizilien
709 v. Chr.
Kroton/Kalabrien
706 v. Chr.
Tarent/Apulien; Sybaris/Kalabrien
ca. 700 v. Chr.
Metapont/Basilikata;
Kaulonia/Kalabrien
688 v. Chr.
Gela/Sizilien
685 v. Chr.
Chalkedon/Türkei
680 v. Chr.
Thassos/Nordgriechenland

35 Die Staatsordnung Spartas im 7. Jh. v. Chr. als Inbegriff der Aristokratie; Schema. Die durch Abstammung geadelten Spartiaten dominierten trotz ihrer vergleichsweise geringen Anzahl den Staat und seine Organe; die ›halbfreien‹, in ca. 100 Orten in der Umgebung Spartas siedelnden Periöken und die unfreien Heloten Lakoniens und Messeniens bildeten die politisch rechtlose ökonomische Basis des auf Eliten gegründeten Staates Sparta.

Idee und Ideologie der Aristokratie

Die Beschreibung einer als Herrschaftsverband faßbaren Aristokratie geht auf Platon und Aristoteles zurück, die im 4. Jh. v. Chr. diese als ideale Staatsverfassung ansahen, zwischen den ›Abgründen‹ der Demokratie und der tyrannischen Monarchie darstellen würde. Die althergebrachte elitär-oligarchische, also als ›Dominanz weniger über viele‹ konzipierte Adelsherrschaft, wie sie sich in Griechenland noch bis in das 5. Jh. v. Chr. hinein fand, war aber weit von einer derart idealisierten Institutionalisierung entfernt. *Arístoi*, »die Besten«, so pflegte sich ganz unbescheiden die zahlenmäßig kleine, grundbesitzende und vermögende Klasse zu nennen. Dabei gab es in den griechischen Stadtstaaten und Bürgerschaften keinerlei Instanz, um Familien in diesem Sinne zu ›adeln‹. Zu den *arístoi* gehörte man per Abstammung und Tradition; *arístoi* waren diejenigen Familien, die sich nach den Dark Ages (vgl. S. 20) als durchsetzungsfähige Sippenverbände erwiesen hatten und dank Reichtum und Status den Rest der Gesellschaft unterjochen konnten **(35)**.

Im 8. und 7. Jh. v. Chr. entwickelten die *arístoi* ein Elite-Ideal, das gesellschaftliches Leitbild wurde. Einzelne Familienclans herrschten über ein oft erst in kriegerischen Konflikten mit den Nachbarclans abge-

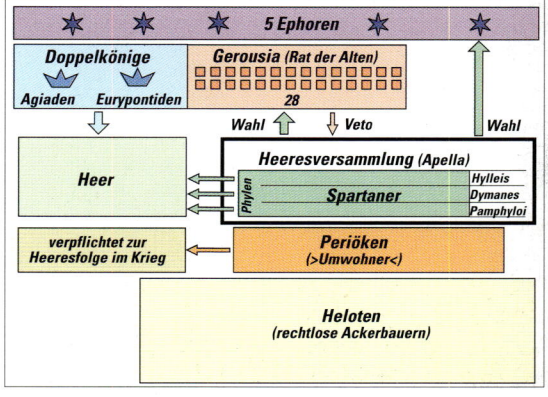

grenztes Gebiet; die kleinbäuerliche Bevölkerung, die hier lebte, war zwar vom Bürgerstatus her ›frei‹, tatsächlich aber von diesen Clans mehr oder minder wirtschaftlich abhängig und deswegen zwangsläufig loyal. Ihre Äcker waren gepachtet, ein bestimmter Teil des Ertrages war als ›Zins‹ dem Grundbesitzer abzuliefern. Derweil frönten die Aristokraten einem Lebensstil, den sie ideologisch überhöhten: Opfer-Ritual und Zeremonien, Krieg, Sport, Jagd, Pferde- und Hundezucht bildeten die ›adelnden‹, immer wieder in Bildern beschworenen Tätigkeiten einer Oberschicht **(37)**, die jedwede Handarbeit verachtete, solange sie nicht dem Müßiggang, sondern dem Lebensunterhalt diente.

Auch wenn diese *arístoi* den Luxus durchaus zu schätzen wußten, entwarfen sie doch ein Lebensideal, das eine gewisse bäuerliche Kargheit, einen bewußt ›mäßigen‹ Gebrauch von ›verweichlichendem Luxus‹ pries und sich bewußt vom ostentativen Luxus orientalischer Oberschichten abgrenzte. Dieses ›Ethos‹, das sich als Prinzip ›vernunft-orientierter Mäßigung‹ in der gesamten abendländischen Kulturentwicklung bis heute wiederfindet, ist als ›Gegenentwurf‹ zum Bild des östlichen Barbaren zu lesen. Das daraus z. B. abgeleitete Klischee eines unmäßig-verweichlichten, in Gold und Purpur bis zum Überfluß gekleideten, im Ernstfall irrational und nicht vernunftbetont handeln-

um 650 v. Chr.
Byzantion/Türkei; Kyrene/Libyen
648 v. Chr.
Himera/Sizilien
646 v. Chr.
Olbia/Ukraine
644 v. Chr.
Kasmenai/Sizilien
628 v. Chr.
Selinunt/Sizilien (oder schon um 650 v. Chr.)
625 v. Chr.
Naukratis/Ägypten
um 600 v. Chr.
Massalia/Frankreich; Odessos/Krim; Potideia/Chalkidike; Pantikapeion/Krim
581/80 v. Chr.
Akragas/Sizilien
579 v. Chr.
Lipara/Süditalien
565 v. Chr.
Alalia/Korsika
563 v. Chr.
Amissos/Türkei
549 v. Chr.
Herakleia am Pontos
543 v. Chr.
Elea/Kampanien

36 Der prunkvoll aufgeputzte Perserkönig Dareios I. (reg. 522-486 v. Chr.), Verlierer der Schlacht bei Marathon gegen die Griechen (vgl. S. 58), thront inmitten seines Hofstaates – aus griechischer Sicht die Inkarnation des irrational handelnden, östlich-barbarischen Despoten. Detail der sog. Perservase, einem Grab-Krater aus apulischer Produktion; Umzeichnung. Um 330 v. Chr.; Neapel, Nationalmuseum.

37 Der reichgewan-
dete Aristokrat beim
Opfer. Sog. Kalbträger
von der Athener Akro-
polis, um 560 v. Chr.;
Athen, Akropolis-Muse-
um.

den, grausamen Despoten **(36)** läßt sich mehr oder
minder abgewandelt ebenfalls bis heute als Grundzug
abendländischen Denkens identifizieren. Dieses
›Gruppenideal‹ der griechischen Adelsgesellschaft war
der ideologische Kern einer sich im Zuge der Perserkriege entwickelnden griechischen Kulturidentität.

Kouros und Kore.
Zur Bedeutung der archaischen Skulptur

Die wichtigsten bildlichen Darstellungsformen aristokratischer Lebenseinstellungen im 6. Jh. waren der
Kouros-Typus für den Mann (*koúros* = Jüngling) und
der Koren-Typus für die Frau (*koré* = Mädchen) –
Skulpturen-Typen, die sich in großer Verbreitung und
Anzahl fanden. Die Nacktheit und das formelhafte, an
ägyptische Plastik erinnernde Motiv des Schreitens
deuten darauf hin, daß der Kouros nicht individuelle
Menschen in bestimmten Lebenssituationen wieder-
gibt, sondern allgemeine Züge versinnbildlicht. Die
Nacktheit und die stereotype Jugendlichkeit signalisier-
ten Zugehörigkeit zur gesellschaftlichen Elite, zu der
Gruppe, die an Sportwettkämpfen teilnahm oder diese
besuchen konnte. Indem zugleich aber darauf verzich-
tet wurde, spezielle sportliche Betätigungen darzustel-
len, verwies die den körperlichen Ausdruck bestimmende Anspannung der Muskulatur eher auf eine allgemeine Leistungsbereitschaft bei Sport, Jagd und
Krieg – also auf herausragende Tätigkeiten des aristokratischen Staatsbürgers im 6. Jh. v. Chr. Das Charakteristische des Kouros, der sich seit dem Ende des
7. Jh. v. Chr. von stark stilisierten Anfängen zu sukzes-
siv realistischeren Ausdrucksformen wandelte **(38, 40,
42)** und sowohl als Kleinplastik wie auch als über 4 m
hoher Koloss begegnet, war der Gesamthabitus. Der
Kouros visualisierte in umfassender Weise ›angemes-
senes Verhalten‹ und darf somit als Chiffre für die
Normen der Oberschicht dieser Zeit gelten. Wie universell dieser Bild-Typus war, zeigen die verschiedenen
Kontexte, in denen ein Kouros begegnen konnte: als
Weihgeschenk und als Götterbild im Heiligtum ebenso

wie als personenbezogene Grabstatue. Das jeweils
Gemeinte erschloß sich sich nicht aus dem Bild, sondern allein aus dem Aufstellungsort und der Inschrift
auf dem Sockel (42).

Mit ihrer frontalen Ausrichtung, dem statischen
Gesamteindruck und dem Verzicht auf dargestellte
Handlung ähneln die Koren-Figuren durchaus ihrem
männlichen Gegenstück (39, 41). Sie sind indessen
reich bekleidet, raffen oft mit einer Hand das Gewand
(Peplos oder Chiton), halten in der anderen eine Blume
oder einen Zweig. Besonders auf der Akropolis, dem
Haupheiligtum Athens, haben sich über 50 Exemplare
solcher Koren gefunden, die als idealisierte, überindivi-
duelle Frauenbildnisse ein Pendant zum Typus des
Kouros darstellten. Gruppen junger Frauen im Heiligtum – das war ein wichtiges Thema nicht nur in der
dichterischen Phantasie des 7. und 6. Jh. v. Chr., sondern auch in der Realität. Als Prunkstücke, als materieller Besitz der Sippe, also vollkommen vergleichbar
mit Schiffen, Gold, Hunden oder Pferden, wurden sie
hier, reich gewandet und geschmückt, der Mitwelt präsentiert. So heißt es etwa in einem Gedicht-Fragment
des Solon (6. Jh. v. Chr.): »Glücklich und reich ist, wer
liebe Mädchen besitzt und stampfende Rosse wie auch
Hunde zur Jagd ...« (Fragment D 13). Die Mädchen
konnten öffentlich entweder beim Opfer, beim Wettlauf oder beim Reigen-Tanz auftreten (67). Das Heiligtum zählte zu den wenigen Orten, wo Frauen überhaupt öffentlich in Erscheinung treten konnten, blie-

38   Bronzestatuette
aus Delphi; die früheste
griechische Darstellung
des Kouros-Schemas
mit langem Haar, leicht
nach vorn gehaltenen
Armen und angespann-
tem Schreit-Motiv. Um
650 v. Chr.; Delphi,
Museum.

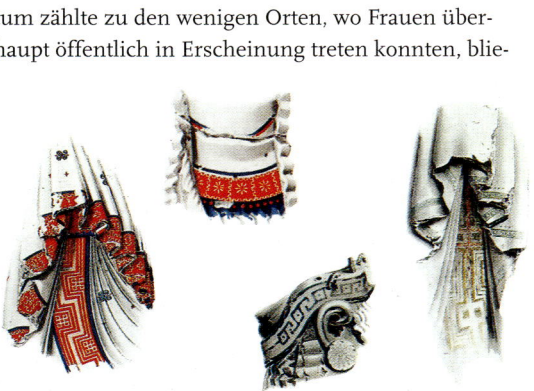

39   Farbschmuck an
den Gewändern einiger
archaischer Koren-Statu-
en von der Athener Akro-
polis, Rekonstruktion
von 1939 nach erhal-
tenen Befunden. Die
Skulpturen waren nicht
nur in qualitätvollster
Weise aus Marmor
gemeißelt, sondern
zudem mit weithin sicht-
baren, leuchtenden Far-
ben bemalt.

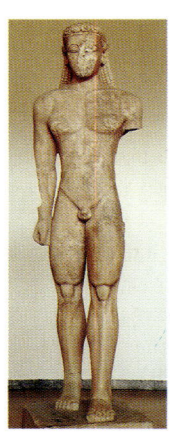  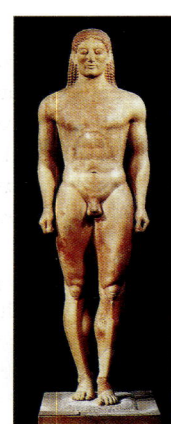

40 Marmor-Kouros aus dem Poseidon-Heiligtum von Kap Sounion in Attika, ca. 3 m hoch. Die formelhaft-stilisiert ausgebildeten und additiv zusammengefügten Kompartimente des Körperaufbaus sind typisch für frühe Kouroi der Zeit um 600 v. Chr. Sie fanden sich im Heiligtum, wo sie zusammen mit Skulpturen von Hunden und Rennpferden sowie mit plastischen Darstellungen aristokratisch-angemessener Tätigkeiten wie Opfer, Jagd oder Kampf das adelige Normengefüge des 6. Jh. v. Chr. visualisierten. Athen, Nationalmuseum.

41 Kore von der Athener Akropolis, um 540 v. Chr. Sie trägt einen gegürteten Peplos. Das auch bei Kouros-Figuren allgegenwärtige Lächeln war Teil des damaligen Schönheitsideals. Die Figur stammt aus dem ›Perserschutt‹ der Athener Akropolis, eben deshalb sind zahlreiche Bemalungsspuren erhalten geblieben. Athen, Akropolis-Museum.

42 Grabstatue des Kroisos (um 530 v. Chr.). Auf dem Sockel macht eine Inschrift den Bezug deutlich: »Bleibt stehen und trauert am Grab des Kroisos. In vorderster Front kämpfend, tötete ihn der grausame Kriegsgott Ares.« Aus Anavyssos bei Athen; Athen, Nationalmuseum.

ben dabei aber strikt in das Normen- und Verhaltensgefüge der Männerwelt eingebunden, die die Zuschaustellung ›ihrer‹ Mädchen auch als Wettkampf um die Schönste und Anmutigste ansah. Nicht selten scheint bei den Koren-Statuen der gut gebaute Körper der Frauen durch die reiche Gewandung hindurch – eine erotische Komponente, die den ›Wert‹, der den Frauen zugemessen wurde, in eben solcher Weise steigerte wie die Inschriften an den Statuen, die des öfteren die Dargestellte nicht mit Namen, sondern als *ágalma* (»Prunkstück«) oder *perikálles ágalma* (»wundervolles«, »wertvolles Prunkstück«) bezeichnen.

Auch Koren wurden als Bildmuster universell eingesetzt, sie fanden sich nicht nur als geweihte Statuen im Heiligtum, sondern auch als Grab- und Götterstatuen. Aufstellungsort und Inschrift kam auch hier entscheidende Bedeutung zu. So unterschiedlich Kouros und Kore im Detail auch auszudeuten sind, so ist ihnen als Bildchiffren für ideales gesellschaftliches Verhalten doch eines gemeinsam: Kunst war hier nicht Abbild, sondern Vor- und Leitbild einer aristokratischen Elite.

Die griechische Tyrannis – eine Despotie?
Wenn von einem Tyrannen die Rede ist, stellt man sich gemeinhin einen blutrünstigen Despoten vor, einen mit Gewalt und Terror regierenden Monarchen –

genauso wie Friedrich Schiller in seiner Ballade »Die Bürgerschaft« den Dionysios aus Syrakus beschrieben hat. Die Tyrannis, wie sie sich seit dem späten 8. Jh. v. Chr. in zahlreichen griechischen Stadtstaaten etablieren konnte, hat mit diesem Klischee indessen wenig zu tun. Die Welt des Adels war in eine tiefe ökonomische, soziale und letztlich auch politische Krise geraten. Immer mehr ›freie‹ Bauern waren in Überschuldung, in Verarmung, ja in Schuldknechtschaft gegenüber ›ihrem‹ Grundbesitzer geraten; immer weniger grundbesitzende Kleinbauern waren aufgrund der Erbteilung der Ackerflächen in der Lage, frei und unabhängig zu wirtschaften; immer mehr Gefolgsleute der Adelsclans forderten, nachdem die Phalanx, die Schlachtreihe, den bis dahin üblichen Zweikampf als strategisches Mittel kriegerischer Auseinandersetzung abgelöst hatte, sozialen Ausgleich und politische Mitsprache als Gegenleistung für ihren Waffendienst; immer öfter waren die einzelnen Adelsclans in der Folge dieser Entwicklungen untereinander bis aufs Blut verfeindet.

Nicht allein die griechische Kolonisation (vgl. S. 52ff.), auch die Tyrannis des 7. und 6. Jh. v. Chr. verdankt ihre Entstehung eben dieser krisenhaften Situation. In der Tyrannis hatte ein einzelner Adeliger über den restlichen Adel die Oberhand gewonnen; der Tyrann wurde dabei von der breiten Bevölkerung gestützt. Ziel war es, einen Ausgleich der sozialen, ökonomischen und politischen Probleme zu bewirken, was in der Regel zu Lasten des gesamten Adels ging. Eine Tyrannis war deshalb zweckgebunden und eher eine temporäre denn eine auf Dauer angelegte Herrschaftsform. Im Unterschied zur Monarchie ist sie nur selten auf eine zweite Generation

43 Das Olympieion von Athen, im 6. Jh. v. Chr. begonnen. Tyrannen wie Peisistratos von Athen oder auch Polykrates von Samos benutzten riesenhaft angelegte Bauprojekte nicht nur zur Selbstdarstellung, sondern vor allem auch als integrative Aufgabe für die zerstrittene Bügerschaft. Der Athener Bau blieb über Jahrhunderte unvollendet und wurde erst im 2. Jh. n. Chr. unter dem römischen Kaiser Hadrian fertiggestellt.

44 Die Solonische Ordnung unterteilte die athenische Gesellschaft in vier gebietsabhängige Phylen, vier am Besitz gemessen und entsprechend berechtigte Klassen sowie einem hiermit korrelierenden Verwaltungsapparat. Der vierte Stand, die besitzlosen, aber freien Theten, erhielt in dieser Timokratie (»Herrschaft der Besitzenden«) eine eher symbolische Mitsprachemöglichkeit. Die Solonische Ordnung beseitigte die sozialen Probleme nicht.

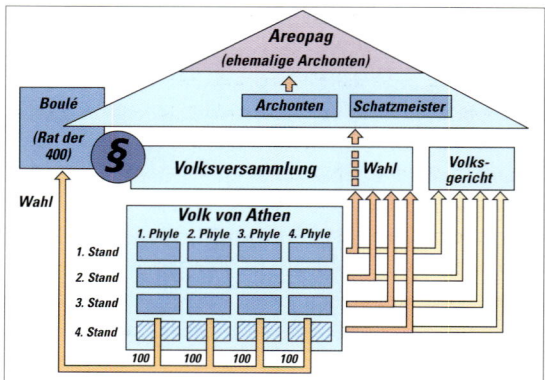

45 Die ›Tyrannentöter‹ Harmodios (re) und Aristogeiton (li) erhielten posthum für ihr Attentat auf Hipparchos ein Bron-

›vererbt‹ worden, obwohl es gelegentlich geschehen konnte, daß innerhalb eines Gemeinwesens nacheinander verschiedene Tyrannen agierten (z. B. Kypselos und Periander in Korinth). Als ›Regierungsform‹ war sie aber immer extrem abhängig von der Autorität, der Tatkraft und dem Integrationserfolg des jeweiligen Tyrannen, dessen Gegenspieler stets die anderen, durch die Tyrannis in ihren angestammten Rechten zurückgesetzten Aristokraten waren (43).

Eine Sonderentwicklung nahm die Stadt Athen. Auch hier hatte sich gegen Ende des 8. Jh. v. Chr. die innenpolitische Situation krisenhaft zugespritzt. Die *hóroi*, Grenzsteine mit inschriftlich festgehaltenem Schuldenstand der Kleinbauern, die literarisch für diese Zeit erstmals bezeugten *hektémoroi*, eine im Zuge der Verschuldung neu enstandene, fast auf den Status von Leibeigenen zurückgefallene Klasse von ehemals freien Landpächtern, sind nur zwei Beispiele für die wirtschaftliche Krise. Der Versuch des Aristokraten Kylon, im Jahr 632 v. Chr. mittels einer Tyrannis auch in Athen einen Ausgleich der Interessen zu bewirken, wurde durch sofortige Gegenreaktionen des attischen Adels verhindert; der auf die Akropolis ins Asyl geflüchtete Kylon wurde, obwohl freies Geleit zugesichert worden war, samt seiner Anhänger niedergemetzelt. (Noch spätere Generationen verurteilten die Bluttat als schweren Verstoß gegen das Asylrecht in heiligen Bezirken, vgl. S. 71) Nun versuchte man, die sozialen Probleme im Konsens mit dem Adel zu regeln und benannte zunächst Drakon als Gesetzgeber (621/620 v. Chr.). Als sich dessen Reformen als wirkungslos erwiesen hatten, trat Solon als *diallaktés*, als Schiedsrichter in den Konflikt ein. Die Solonische Ordnung (594/593 v. Chr.; **44**) war nicht nur der Versuch einer umfassenden Sozial- und Ständereform, sondern kodifizierte detailliert Rechtsangelegenheiten ebenso wie die Neufestlegung von Maßen und Gewichten. Doch auch dies nützte am Ende wenig, da noch nicht die eigentlichen Ursachen der Krise beseitigt waren, sondern lediglich ihre Symptome. So kam es, trotz vehementer Gegenwehr, schließlich auch in Athen zu einer Tyrannis; 541/540 v. Chr. gelang es Peisistratos (reg. bis 527 v. Chr.), mit einem bewaffneten Putsch den attischen Adel zu entmachten und die notwendigen Reformen durchzusetzen.

Negativ besetzt wurde der Begriff der Tyrannis dann vor allem durch den Versuch des Peisistratos, seine Macht im Stile eines Monarchen auf seine Söhne Hippias und Hipparchos zu vererben, die nach seinem Tode in Athen im Stile moderner Potentaten residierten. Nun entstand erstmals eine Tyrannis im Sinne einer Militär-Diktatur; das Attentat auf Hipparchos durch die dabei ebenfalls ums Leben gekommenen Harmodios und Aristogeiton 514 v. Chr. wurde schon wenige Jahre später zum Inbegriff des moralisch gerechtfertigten und somit denkmalwürdigen Tyrannenmordes **(45)**.

Die ›späte‹ Tyrannis, eine Form militärisch-terroristisch und nicht sozialpolitisch legitimierter Alleinherrschaft in dem auseinanderbrechenden Gefüge der griechischen Welt der Stadtstaaten im 4. Jh., wo die in Schillers »Bürgschaft« beschriebene despotische Tyrannis des Dionysios II. von Syrakus (reg. 367–344 v. Chr.) ein unrühmlicher Höhepunkt war, hat dann dem bis in heutige Zeiten noch wirksamen Image vom Tyrannen Substanz und Rechtfertigung gegeben.

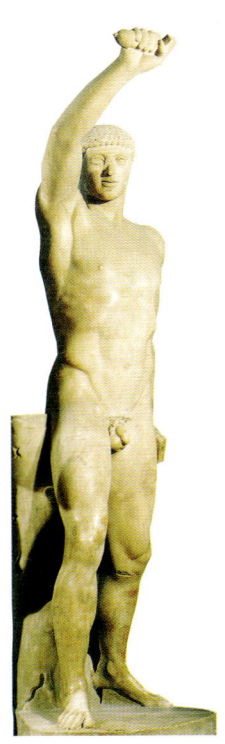

ze-Denkmal auf der Agora von Athen, das 480 v. Chr. von den in Athen eingefallenen Persern geraubt und 477/476 v. Chr. von den Bildhauern Kritias und Nesiotes neu ausgeführt wurde. Römische Marmorkopie dieses zweiten Denkmals; Neapel, Nationalmuseum.

46 Der konisch geformte, reich dekorierte Omphalos ist das bildliche Symbol für den Nabel der Welt, der gemäß der griechischen Mythologie in Delphi lag. Römische Marmorplastik aus Delphi; Delphi, Museum.

Mehr noch als das Apollon-Orakel von Didyma bei Milet, das Zeus-Orakel von Dodona und das Sybillen-Orakel von Cumae war das Orakel von Delphi bedeutend; ja, es war der Mittelpunkt der antiken Welt. Dem Mythos zufolge trafen sich hier die beiden Adler, die Zeus jeweils von den Enden der Welt her hatte losfliegen lassen, und dieses Zusammentreffen markierte den Nabel der Welt, der sich in plastischen Darstellungen eines konisch ausgeformten *omphalós* **(46)** als symbolisches Bild erhalten hat.

Bereits für das späte 2. Jahrtausend ist hier, an diesem so my-thischen Ort in schroffer Bergwelt, ein Orakel der Erdgöttin Gaia bezeugt, das, wie verschiedene Mythen berichten, von Apollon erobert wurde – ein kaum mißzuverstehender Hinweis auf eine griechische Adaption eines älteren Heiligtums. Für das 8. Jh. v. Chr. läßt sich ein rapides Zunehmen von Fundstücken griechischen Ursprungs, von kleineren und größeren Weihegaben konstatieren; wohl erst in dieser Zeit bildete sich in Delphi ein Apollon-Heiligtum mit der orakelnden Pythia **(47)** voll aus. Aus dem Geflecht der hintergründig einander ergänzenden Mythen, die sich nun um Apollon und den Ort Delphi zu ranken begannen, ist dabei das Anliegen deutlich abzulesen, den herausragenden Anspruch Delphis als ›Nabel der Welt‹ mythisch zu legitimieren und – einem Kompromiß gleich – für die Stätte Altehrwürdigkeit wie Neuartigkeit gleichermaßen zu reklamieren. Das Delphische Orakel scheint von Beginn an eine eminent politische Bedeutung gehabt zu haben. Staaten und Herrscher ersuchten Rat über Krieg und Frieden, Kolonisten erbaten Hinweise auf günstiges Terrain für eine Stadtgründung. Private Anfragen waren hier, anders als etwa beim Zeus-Orakel von Dodona, von eher nachgeordneter Bedeutung. Das ständige Kommen und Gehen der Gesandtschaften führte bei der Priesterschaft schnell zu einer immensen Anhäufung von Wissen und Kenntnissen, was wiederum als ›Weisheit‹ der Pythia in die Orakel einfloß. Wenn es in der griechischen Antike je eine übergeordnete, zentrale Institution gegeben hat, dann war es das Delphische Orakel. Zugleich war das Orakel das Kapital des Heiligtums: Ein Spruch war immer mit einer Spende an Apollon verbunden; ihr Umfang konnte den Orakelspruch durchaus günstig beeinflussen. Schon im frühen 6. Jh. v. Chr. verfügte die Priesterschaft des Heiligtums deshalb über legendären Reichtum.

47 Die Pythia, auf dem Dreifuß sitzend, mit Schale und Zweig in der Hand, verkündet ein Orakel an einen männlichen Priester, der den Spruch dann dem Anfrager überbringt. Säule und Gebälk mit Metopen und Triglyphen machen deutlich, daß die Szene im Innern des Apollon-Tempels angesiedelt ist. Attisch-rotfigurige Schale, um 440 v. Chr.; Berlin, Staatliche Museen.

Den in großer Zahl überlieferten, antiken Beschreibungen des Orakelvorgangs nach zu urteilen, existierten unterschiedliche Praktiken. Medium des Gottes war eine Priesterin, die Pythia; sie lebte nach sehr strikten Regeln innerhalb des Heiligtums. Die Pythia fiel für die Orakelfindung in Trance, wobei offenbar das Wasser der Kastalischen Quelle, etwas unterhalb des Apollon-Heiligtums, eine wichtige Rolle spielte – aber auch die berauschenden Dämpfe von gerösteten Lorbeerblättern. Die Weissagung selbst fand im Adyton, im Rückraum des Apollon-Tempels statt (48), wo die Pythia auf oder neben dem heiligen Dreifuß saß (47); die Orakel wurden von männlichen Priestern, den *prophétes*, überbracht. Man unterschied zwischen Spruch- und Los-Orakeln. Das einfache Los-Orakel, das wohl auch von Privatleuten recht häufig genutzt wurde, betraf eine jeweils klar mit »Ja« oder »Nein« zu beantwortende Frage. Aus dem Dreifuß zog die Pythia dann eine Bohne; eine schwarze hatte die Antwort »Nein«, eine weiße die Antwort »Ja« zur Folge.

Aufwendig waren dagegen die Spruch-Orakel – nicht nur für die Pythia, sondern auch für den Fra-

48 Das Apollon-Heiligtum von Delphi erstreckte sich inmitten einer unwirtlichen Bergwelt über mehrere künstlich geschaffene Terrassen, u.a. für den großen Tempel und das Theater.

gesteller. Denn hier kam es auf die geschickte Formulierung der Frage an; ein Vorgang, der angesichts der politischen Brisanz zahlreicher Anfragen ebenso hohes diplomatisches Können voraussetzte wie das Formulieren einer möglichst viel-

deutigen, quasi je nach Lesart richtigen Orakel-Antwort. Zahlreiche Orakelsprüche aus Delphi sind überliefert und gehörten schon in der Antike zum allgemeinen Schatz der Lebensweisheiten. Berühmtheit erlangt haben die Sprüche für den sagenhaft reichen Lyderkönig Kroisos, der zunächst das Orakel testete, indem er es seine Lieblingsspeise – Schildkröte mit Lammfleisch – erraten ließ. Das Orakel antwortete in ungewohnter Geschwindigkeit und Klarheit: »... in die Sinne dringt mir der Geruch der gepanzerten Kröte, wie man sie, in ehernem Topf, lecker kocht zusammen mit Lammfleisch ...« (Herodot I 47,3). Von der Unfehlbarkeit des Urteils überzeugt, erfragte Kroisos nun sein eigentliches Anliegen, nämlich das Geschick seines geplanten Feldzuges gegen den Nachbarn und Rivalen Kyros. Das Orakel antwortete, diesmal mit Verzögerung und nur scheinbar klar: »Wenn Du den [Grenzfluß] Halys überquerst, wirst Du ein großes Reich zerstören.« (Aristoteles, Rhetorik III 5) Kroisos führte Krieg und zerstörte tatsächlich ein großes Reich – sein eigenes (547 v. Chr.).

Nicht minder berühmt geworden und ein weiteres Dokument für den von Kroisos nicht beherzigten Brauch, bei völliger Unklarheit der Antwort notfalls erneut das Orakel anzufragen, sind die Sprüche, die die Athener in ihrer Bedrängnis beim zweiten Einfall der Perser nach Griechenland einholten. Zunächst erhielt die Gesandtschaft, wie Herodot (VII 2–3) zu berichten weiß, eine wahrhaft niederschmetternde Auskunft, die keinerlei positive Interpretation zuließ. Durch erneutes Anfragen ließ sich indessen aber durchaus ein bißchen mit dem Gott handeln, der zwar weiterhin grundsätzlich negativ orakelte, nun aber von »hölzernen Mauern« als Schutz sprach und in dunklen Worten die Insel Salamis erwähnte. Themistokles interpretierte in der Athener Volksversammlung dann die »hölzernen Mauern« vehement im Sinne seiner Flottenpolitik (vgl. S. 51), evakuierte die Bevölkerung Athens beim Anrücken der Perser nach Salamis und bestätigte dann durch den in der Meerenge errungenen Seesieg auf das Glänzendste die Autorität des Delphischen Orakels.

49 Das französische Ausgräberteam in Delphi im Sommer 1893. Seit 1891 wird das antike Delphi von französischen Archäologen ergraben; hierzu wurde sowohl der Abriß des Ortes Kastri, der sich über den antiken Ruinen erhob, als auch die Umsiedelung der Bewohner verfügt. Lautstarke Proteste der Bevölkerung und zahlreiche Probleme in Hinblick auf Entschädigungen waren die Folge.

Die griechische Kolonisation

Hesiods Verse aus dem 7. Jh. v. Chr. mit ihren bitteren Klagen über das Los verarmter Bauern sind der zeitlich dichteste und eindringlichste Beleg für die umfassende Krise, in die die griechischen Kernlande im 8. Jh. v. Chr. geraten waren. Mißernten, weiter ausgreifende soziale Ungleichheit durch Verschuldung und Erbteilung des Ackerlandes aufgrund der Abhängigkeit der Kleinbauern von den Vermögenden bis hin zur Schuldknechtschaft, begleitet von einer zunehmenden Rechtlosigkeit der Betroffenen, all dies waren Symptome einer massiven sozialen Misere in der griechischen Gesellschaft, die auch zum Entstehen der Tyrannis beigetragen hatten (vgl. S. 44). Vor diesem Hintergrund ereignete sich das, was man heute die griechische Kolonisation nennt und was weite Teile der Küsten Süditaliens, Nordafrikas, Thrakiens, Kleinasiens und der Schwarzmeerregion mit griechischen Siedlungskernen überzog. Weitgehend unkoordiniert und aus der Not geboren, nicht als ein zentral gelenkter ›Kulturexport‹, wie dies ein idealistisches Griechenlandbild seit dem 19. Jh. suggerieren wollte, vollzog sich die massenhafte Auswanderung aus dem Kernland. Unter Führung eines Aristokraten (der dann später als Koloniegründer auch kultisch verehrt wurde), meist in gefährlicher Schiffsreise (50) verließ man die Heimat, und hatte eine ungewisse Zukunft (und z. T. sogar das strikte Verbot, zurückzukehren) vor Augen. Häufig wurde vor der Auswanderung noch das Delphische Orakel befragt, um – eine angemessene Spende vorausgesetzt – an dieser zentralen ›Informationsbörse‹ Hinweise auf günstige Siedlungsplätze zu erhalten.

Als Siedlungsplätze bevorzugten die Griechen küstennahe Gegenden und ein gut zu verteidigendes Gelände (52); das Umland mußte fruchtbar und landwirtschaftlich gut nutzbar sein. Die Landnahme vollzog sich oft als gewaltsamer Akt, denn die von den Grie-

50 Griechische Kolonisten haben Schiffbruch erlitten. Umzeichnung der Bemalung eines euböischen Tellers des 8. Jh. v. Chr.; aus einem Grab der um 770 v. Chr. gegründeten griechische Handelskolonie Pithekoussai auf Ischia.

chen bevorzugten Orte waren meist von Einheimischen besiedelt. Der Historiker Thukydides schildert die Gründung von Kolonien als eine endlose Kette kleiner Kriege, in denen die einheimische Bevölkerung entweder unterworfen und ›assimiliert‹ oder ins Binnenland verdrängt wurde. Dies war auch der Grund dafür, daß sich die griechische Kolonisation vorzugsweise in Regionen ausbreitete, die nicht einer in sich gefestigten Großmacht wie etwa Ägypten, dem persischen Reich oder den phönizischen Handelsstützpunkten zuzurechnen waren. Nach dem Gründungsakt wurde rasch ein möglichst viel Gelände sichernder Mauerring errichtet. Anschließend wurde dann das städtische und landwirtschaftlich nutzbare Land zu gleichen Teilen an die Siedler verlost. Aus dieser Art der Landverteilung gingen vermutlich die frühesten Stadtplanungskonzepte mit orthogonaler Rasterung des Straßensystems hervor, die sich in griechischen Koloniestädten des 7. Jh. v. Chr. erstmals nachweisen lassen **(51)**.

51   Als ein Mittel zur gleichberechtigten Verteilung von Siedlungs- und Ackerland setzt sich, wohl bald nach der Koloniegründung unter den Siedlern vereinbart, das Parzellen-Raster der antiken Stadt Metaontion (nahe Tarent, Süditalien) nach Westen hin in die Fläche des Ackerlandes fort. Rekonstruktion der antiken Flureinteilung nach Befunden einer Geländebegehung von 1988.

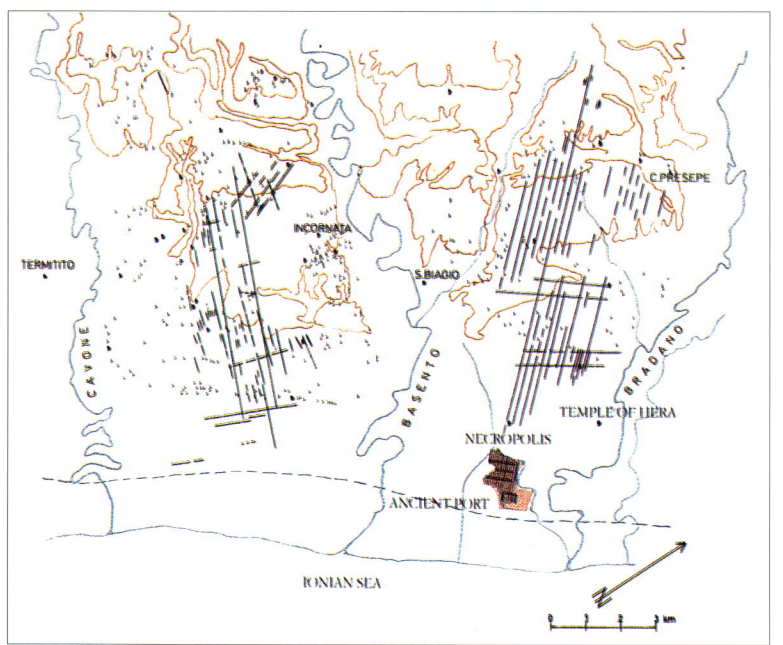

52   Die gut zu verteidigende Halbinsel Ortygia (im Vordergrund) war das Zentrum der Koloniegründung von Syrakus auf Sizilien; schon bald wurde das davorliegende Festland mit in die Stadt einbezogen. Noch heute folgen die Straßen auf dem Festland schnurgeraden antiken Trassen.

Auch wenn die Kolonisten in aller Regel Kulte und Institutionen ihrer Heimatstadt in die Fremde mitnahmen, so blieben die Bindungen an die Mutterstadt insgesamt gering. Schließlich war man selten freiwillig gegangen. Gerade deshalb aber entstand in den Koloniestädten bereits früh ein ›neues Griechenland‹, ein identitätstiftender Rahmen von Baulichkeiten, Institutionen und symbolischen Handlungen. Der griechische Mythos, von Natur aus ein variables und offenes System eigener Vergewisserung (vgl. S. 36), wurde in die Fremde übertragen und auf diese Weise das Kolonistenland großflächig der griechischen Kultur zugeordnet. Neue und ergänzende Mythen entstanden. Herakles verschlug es nun bis nach Spanien, die Argonauten auf der Suche nach dem goldenen Vlies gar an die Ostküste des Schwarzen Meeres. Nicht mehr nur der Berg Ida auf Kreta und der Olymp, sondern nun auch der Ätna mit der Schmiede des Hephaistos wurden zu Eckpfeilern der griechischen Welt. In den neugegründeten Städten entstanden, als vom Siedlungsland ausgegrenzte Bezirke, Heiligtümer, die in Anlage und Gestalt denen des Mutterlands ähnlich waren. Daß aber – im Gegensatz zu den altehrwürdigen Plätzen in Hellas – diesen Orten kaum auf glaubhafte Weise eine ›Wurzel‹ bis in die mythische Vorzeit nachgesagt werden konnte, ja daß diese Heiligtümer gerade nach griechischem Verständnis eigentlich religiös wertlose ›Kult-Konstrukte‹ waren, wurde durch eine besonders prunkvolle Ausstattung, durch repräsentative und möglichst zahlreiche Tempelbauten, durch möglichst authentisch erbaute Altäre so lange kompen siert, bis das Manko fehlender Tradition der Vergessenheit anheimgefallen war. So bildete, fernab der ›Heimat‹, jede neue Koloniestadt einen oftmals in ihrem Griechentum gesteigerten ›Ableger‹ griechischer Kultur, die sich auch gegenüber der neuen Umwelt als univeral begriff und fremde Völker, sofern sie sich nicht anpaßten oder unterwarfen, als minderwertig und »barbarisch« ansah.

Hauptgebiete der griechischen Kolonisation waren zunächst die nahgelegenen nördlichen Küsten Westgriechenlands sowie die Chalkidike, Thrakien und die südliche Schwarzmeerküste (Propontis), ferner die wenigen noch schwach besiedelten Küstenstriche Kleinasiens. Als Zentrum griechischer Kultur in Kleinasien übernahm dann die Stadt Milet selbst eine zunehmend aktive Rolle innerhalb der ›Ostkolonisation‹; zahlreiche Kolonien am Schwarzen Meer bis an die heute russische Nordküste (Olbia) nahmen von Milet aus ihren Anfang. Die ›Westkolonisation‹ begann mit der Gründung der Handelsniederlassung Pithekoussai auf Ischia im Golf von Neapel; von hier aus erfolgte die Anlage erster Agrarkolonien in Kampanien, später dann in dichter Folge entlang der gesamten süditalienischen Festlandküste, auf Sizilien sowie an den Küsten Südfrankreichs, Spaniens und Nordafrikas. Man unterscheidet heute zwischen primären Koloniegründungen und »Pflanzstädten«, den von einer Kolonie und nicht vom griechischen Festland her initiierten Ansiedlungen. Die Gründungsdaten der Kolonien bildeten wichtige Anhaltspunkte in der antiken Geschichtsschreibung; datierende Umschreibungen wie »30 Jahre nach der Gründung von xy« sind in der antiken Literatur allgegenwärtig, für die heutige Forschung aber bisweilen wenig hilfreich, da es in der antiken Überlieferung verschiedene, miteinander unvereinbare Daten-Stränge gibt.

Sonderformen der griechischen Kolonisation, die sich in der hier beschriebenen Weise auf die Zeit vom 8. bis zum frühen 5. Jh. v. Chr. beschränkte, waren im 5. Jh. v. Chr. die Kleruchien Athens, bewaffnete Militär-

53 Athena überreicht in einem symbolischen Gestus ihren Helm an die nach Lemnos ausziehende Kleruchen, die dort die schwindende Macht Athens stabilisieren sollten. In dieser aus Merkmalen verschiedener römischer Kopien zusammengefügten bronzierten Gipsrekonstruktion in Kassel meint man die von Pausanias im 2. Jh. n. Chr. beschriebene Statue der »Athena Lemnia« des Phidias zu besitzen – ein um 440 v. Chr. auf der Akropolis von Athen von attischen Militärkolonisten aufgestelltes Propagandabild.

kolonien im Terrain unzuverlässiger Verbündeter mit
dem Ziel, diese zu kontrollieren (vgl. S. 76; Abb. **53**),
sowie die hellenistische Kolonisation, eine neue Welle
von Städtegründungen nach 300 v. Chr., die dabei
machtpolitisch motiviert war und, da sie herrscher-
lichem Willen folgte, auch zentral organisiert war.

Griechen und Perser: Ein welthistorischer Konflikt

Die große kriegerische Auseinandersetzung zwischen
Griechen und Persern **(54)** bildete schon in den Augen
der Zeitgenossen eine tiefe Zäsur, trennte sie doch
zwei Epochen voneinander und war im Grunde ein
antiker Weltkrieg. Aus der Sicht der modernen Histo-
rie markieren die Kriegsereignisse der Jahre von 500
bis 479 v. Chr., in die mit den zeitlich parallelen Kriegen der Punier gegen die Städte Siziliens auch der
Westen einbezogen war, den Übergang von der archa-

54 Die Perserkriege
(500–479 v. Chr.).

Persisches Reich	Weg von Flotte und Landheer der Perser 492 v.Chr.
Persische Vasallenstaaten	Zug des Datis 490 v.Chr.
Griechische Gegner der Perser	Weg von Flotte und Landheer der Perser unter Xerxes 480 v.Chr.
Neutrale griechische Staaten	Vorstoß der aufständischen griechischen Städte

N   0   100 km

ischen zur klassischen Zeit. Sie bilden auch hier eine Epochengrenze – denn nach Abschluß dieser universellen Auseinandersetzung zwischen Orient und Okzident hatte sich die innen- wie außenpolitische, die kulturelle und militärisch-machtpolitische Landkarte im Ägäisraum so grundlegend verändert, daß in

der Tat von einem Neubeginn geredet werden kann.

55 Der Tumulus der bei Marathon gefallenen Athener (490 v. Chr.) zählt auch heute noch zu den prominenten Nationaldenkmälern Griechenlands.

Wie so oft bei großen Kriegen ist die Schuldfrage, die Frage nach Angreifer und Angegriffenem, nach Ursachen und Anlässen kompliziert und nicht eindeutig zu beantworten. Die von den am Ende siegreichen Griechen verbreitete Legende vom persischen Aggressor stimmt nur zum Teil. Der von zahlreichen Griechenstädten, allen voran von Athen, massiv unterstützte Aufstand der ionischen Griechenstädte in Kleinasien (500–494 v. Chr.) gegen eine vermeintlich tyrannische Hegemonie der Perser war zweifellos ein gegen Persien und den fragilen Status Quo gerichteter Akt, der gemeinhin als der Auslöser des Konfliktes gilt. Das gesamte politisch-militärische Gefüge der Region geriet hierdurch aus der Balance. Daß die Perser diesen Aufstand mit aller Kraft niederschlugen, konnte kaum überraschen, allenfalls die Brutalität, mit der dies geschah: In einer Strafaktion wurde die Stadt Milet dem Erdboden gleichgemacht (494 v. Chr.) – ein Vernichtungsakt, der ganz Griechenland gegen die Perser mobilisierte.

Daß das riesige Perserheer 490 v. Chr. dann tatsächlich gegen Griechenland vorrückte, lag indessen auch in der persisch-assyrischen Idee einer im Prinzip grenzenlosen Weltherrschaft des Großkönigs wie in der innenpolitischen Situation Athens begründet. Der aus Athen an den persischen Hof geflüchtete Tyrann Hippias hatte eine ausgesprochen perserfreundliche Politik betrieben, die zwar unter Kleisthenes und vor allem Themistokles ihr radikales Ende fand, in Athen aber

56 Der athenische Sieg in der Schlacht von Marathon wurde zu einem Kernpunkt athenischer Machtansprüche in Griechenland und vielfach bildlich inszeniert. Rekonstruktion eines verschollenen Gemäldes des Polygnot nach antiken Beschreibungen, das um 460 v. Chr. in der wegen ihrer Malereien »bunte Halle« genannten Stoa Poikile auf der Agora in Athen installiert wurde.

dennoch weiterhin über zahlreiche Anhänger verfügte; ein Ziel des ersten Perserzuges gegen Griechenland war es deshalb auch, Hippias als persischen Satrapen (Statthalter) in Athen zu etablieren.

Der erste Perserfeldzug wurde von einem kleinen, eigentlich hoffnungslos unterlegenen athenischen Truppenkontingent 490 v. Chr. bei Marathon im Norden Attikas gestoppt – noch bevor die heraneilenden Truppen Spartas eingetroffen waren. Der athenische Feldherr Miltiades errang hier einen Sieg, der ihm allergrößten Ruhm und denkmalwürdige Verehrung brachte **(56)** und den die Athener später propagandistisch hochspielten als ›Rettung der Freiheit von ganz Hellas allein durch Athen‹. Die Gefallenen wurden in einem großen Grabhügel bestattet **(55)**; der griechische Historiker Herodot (5. Jh. v. Chr.) wußte zu berichten, daß auch andere Städte, sei es aus Scham, nicht mitgefochten zu haben, sei es, um unberechtigterweise einen Anteil am Sieg für sich selbst zu beanspruchen, eigene, oftmals leere Grabhügel errichten ließen.

Die zweite persische Angriffswelle von 481 v. Chr. traf die Griechen insgesamt besser gerüstet; zudem hatten

sich die inneren Konflikte in Athen wie auch in Sparta dahingehend geklärt, daß es zu einem großen, weite Teile Griechenlands umfassenden Militärbündnis unter der gemeinsamen Führung von Athen und Sparta (*symmachía* = »Kampf-Gemeinschaft«) kommen konnte. Athen rüstete eine Flotte, Sparta ein Landheer aus. Doch der Krieg verlief zunächst zugunsten der Perser. Fast unbehelligt zog die persische Armee von über 500.000 Mann durch Nordgriechenland, entlang der Küsten begleitet von einer Flotte von nahezu 2000 Schiffen. Zahlreiche Griechenstädte, zuvörderst das große Theben, liefen zu den scheinbar unbesiegbaren Persern über, und als in verzweifelter Abwehrschlacht das Kontingent der Spartaner unter Leonidas bei den Thermopylen zerrieben war (480 v. Chr.; **57**), stand dem Perserheer ganz Griechenland offen. Sogar Athen mußte evakuiert werden; die Perser besetzten und plünderten die Stadt. Die Wende brachte der athenische Seesieg unter der Führung des Themistokles vor Salamis (480 v. Chr.; vgl. Abb. **125**), dann der Sieg in der Landschlacht bei Plataä unter dem Kommando des Spartaners Pausanias und endlich der Triumph der Flotte gegen die nun

57 Ehrenstatue eines Siegers im Waffenlauf, nahe Sparta gefunden. Das um 490 v. Chr. entstandene Bildnis war einst ein Weihgeschenk: Der Dargestellte wurde unbegründeterweise vielfach als Leonidas identifiziert. Sparta, Archäologisches Museum.

bereits im Rückzug befindlichen Perser bei Mykale an der kleinasiatischen Küste (479 v. Chr.), der zur ›Befreiung‹ aller ionisch-kleinasiatischen Städte und zu ihrem ›Anschluß‹ an Griechenland führte. Binnen weniger Monate war so ein vollkommener Sieg über einen schier übermächtigen Gegner errungen worden – ein Umstand, der jedoch alsbald zu immer fundamentaler werdenden Rivalitäten zwischen Athen und Sparta um den Anspruch der Hegemonie über Griechenland führte und schließlich, am Ende des 5. Jh. v. Chr., im Peloponnesischen Krieg enden sollte (vgl. S. 106).

Der ›Abwehrkampf‹ gegen die Perser blieb noch für Jahrzehnte vornehmste, wenn auch faktisch nicht gegebene Aufgabe in Griechenland; erst mit dem Kallias-Frieden von 449 v. Chr. kam es zu einem formellen Arrangement in allen strittigen Fragen über Territorien, Militärstationierung und Einflußzonen. Schon bald nach 479 v. Chr. wurde in Griechenland selbst mit den ›Perserfreunden‹ rigoros abgerechnet: der Vorwurf des *medismós*, »es mit den Persern gehalten zu haben«, wurde zum größten Frevel überhaupt erhoben. Die gesamte politische Klasse der Stadt Theben, die in opportunistischer Absicht zum Feind übergelaufen war, wurde in einem spektakulären Akt hingerichtet; den Makel des Verrats an der griechischen Sache konnte Theben nie mehr zu Gänze abstreifen.

58   Die Altis von Olympia: Blick über die Ruine des Zeus-Tempels nach Süden.

Olympia und die Olympischen Spiele

Im griechischen Mythos war der Ort Olympia im Nordosten der Peloponnes auf das Engste mit Göttern und Helden der ›Urzeit‹ verbunden. In immer neuen Erzählvarianten war schon zu Beginn des 8. Jh. v. Chr. ein verwickeltes Sagengeflecht um Zeus, Hera, Pelops, Hippodameia, Kronos, Gaia und Rhea entstanden – Figuren aus der

59 Darstellung eines ›olympischen Wettkampfs‹ unter Göttern und Heroen: Pelops sucht Oinomaos im Wagenrennen zu besiegen, um dessen Tochter zu gewinnen. Nicht die Aktion, sondern die Konzentration auf das Rennen wird gezeigt. Ostgiebel des Zeus-Tempels von Olympia, um 460 v. Chr.; Olympia, Museum.

allerersten ›mythischen Generation‹ Altgriechenlands, die hier Verehrung gefunden hatten. Aber auch wenn Entstehungszeit und Gründungszusammenhang des olympischen Heiligtums weiterhin im Dunkeln liegen, so ist doch eines gewiß: Das Alter, das der Mythos für diesen heiligen Ort zu beglaubigen sucht, trifft nicht zu. Zwischen 2800 und 1100 v. Chr. war der Platz profan besiedelt, wie Reste von Wohnhäusern und andere Fundstücke belegen. Wann und warum diese Siedlung aufgegeben und der Ort zu einem Heiligtum (61) umfunktioniert wurde, ist unbekannt; anzunehmen ist aber, daß dies in der Folge eines weitgehenden Bevölkerungsaustausches im Zusammenhang mit einer Einwanderungswelle aus dem Norden geschah.

Das frühe Heiligtum war kaum mehr als ein von einer niedrigen Mauer umfaßter Hain, ein hier *altis* genanntes Gelände (58), das aus der profanen Nutzung ausgegliedert wurde; Asche-Altäre wie der für Zeus und andere naturnahe Kultmale bestimmten zunächst das Bild. Um 600 v. Chr. entstand im Norden der Altis einer der frühesten dorischen Tempel Griechenlands überhaupt; er war der Hera geweiht. Ebenfalls archaischer Zeit entstammen die meisten Schatzhäuser, die sich im Norden an den Hera-Tempel anschließen; die prächtig ausstaffierten Bauten dienten als Behausungen für Weihgeschenke (60). Erst im 5. und 4. Jh. v. Chr. wurde das bis dahin spärlich bebaute Heiligtum mit einer größeren Zahl von Gebäuden ausgestattet; der Zeus-Tempel mit dem monumentalen Goldelfenbein-Bild des Göttervaters im Innern entstand um 460 v. Chr. – ohne kultischen Bezug auf den Zeus-Altar und wohl als reine Repräsentationsarchitektur. Die

60 Weihegabe aus Olympia: Wie kein anderes griechisches Heiligtum war Olympia der Ort für Waffenweihungen – Weihungen, die von Sieg und Ruhm nicht nur Einzelner, sondern ganzer Sippen und Bürgergemeinschaften kündeten. Die Rückenschale eines bronzenen Brustpanzers aus der Mitte des 7. Jh. v. Chr. ist überreich mit figürlichen Darstellungen graviert. Olympia, Museum.

61 Phasenplan, der die Baugeschichte des Heiligtums von Olympia vom 7. Jh. v. Chr. bis zum 4. Jh. n. Chr. vergegenwärtigt. Nicht eingetragen ist die inzwischen nachgewiesene Pferderennbahn, die südlich des Stadionwalls begann und die sich auf ca. 900 m Länge in nordöstlicher Richtung erstreckte.

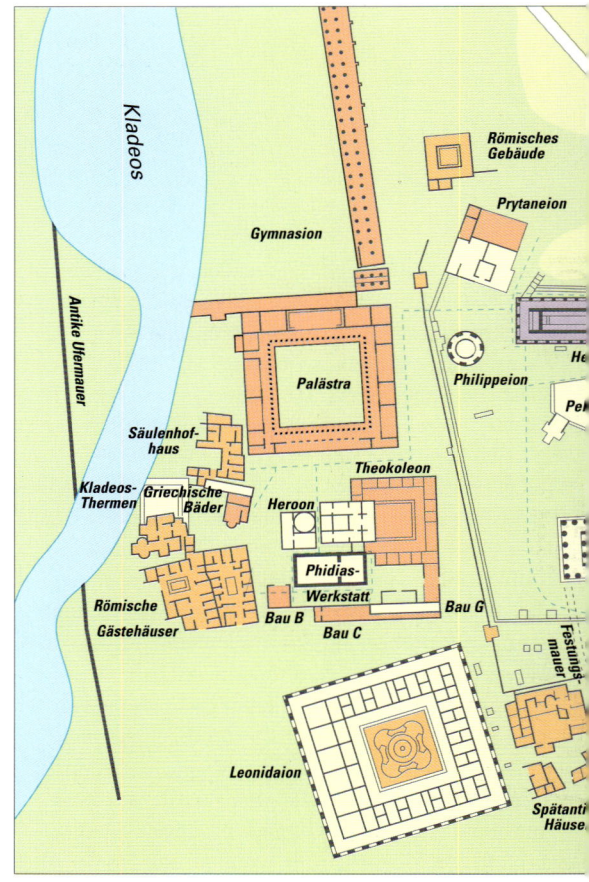

langgestreckte Echohalle riegelte die Altis im Osten nun gegen das Stadion ab; weitere Hallen, Verwaltungs- und Thermenbauten sowie Gästehäuser des 4. Jh. wurden schließlich in hellenistischer Zeit um große Baukomplexe wie das Gymnasium im Nordwesten der Altis ergänzt.

Olympia gilt als Synonym für antiken Sport schlechthin. Nicht übersehen werden darf dabei aber, daß Agone (Wettkämpfe) auch in anderen Heiligtümern von überregionaler Bedeutung stattfanden, etwa in Delphi, Nemea und Isthmia; Pindars Oden legen

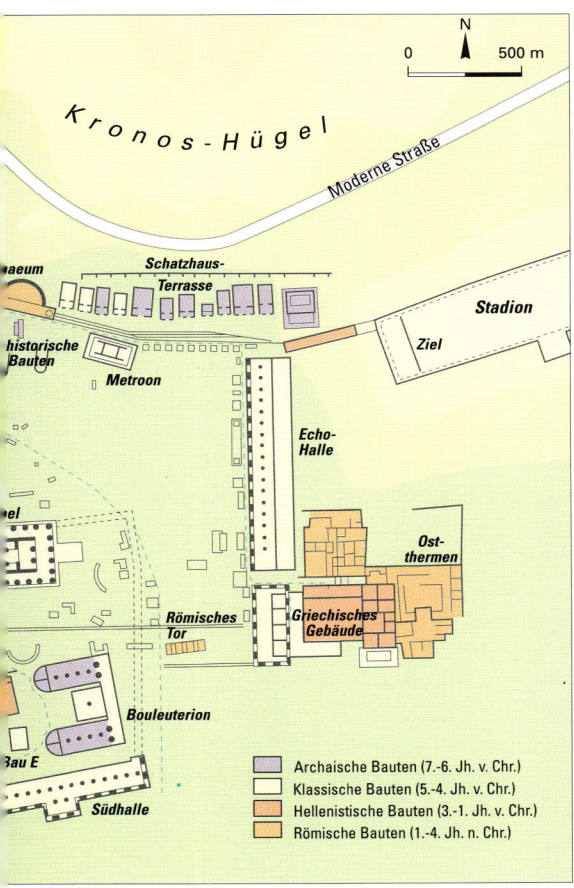

N

0   500 m

K r o n o s - H ü g e l

Moderne Straße

...aeum

Schatzhaus-
Terrasse

Stadion

...historische
Bauten

Ziel

Metroon

Echo-
Halle

Ost-
thermen

...el

Römisches
Tor

Griechisches
Gebäude

Bouleuterion

...au E

Südhalle

- Archaische Bauten (7.-6. Jh. v. Chr.)
- Klassische Bauten (5.-4. Jh. v. Chr.)
- Hellenistische Bauten (3.-1. Jh. v. Chr.)
- Römische Bauten (1.-4. Jh. n. Chr.)

davon beredt Zeugnis ab. Doch die im vierjährigen
Rhythmus veranstalteten Olympischen Spiele waren
die berühmtesten und prestigeträchtigsten Spiele der
antiken Welt. Aus einfachen Anfängen entwickelte sich
im 6. Jh. v. Chr. ein vielfältiges Sportprogramm: der
Fünfkampf aus Lauf, Weitsprung, Diskus- und Speer-
wurf und Ringkampf sowie zusätzlich Schwerathletik
(Pankration), Pferde- und Wagenrennen (59) und der
Waffenlauf (62). Im 5. Jh. v. Chr. kamen schließlich
musische Agone wie Rezitationen hinzu. Die Teilnah-
me war auf Griechen beschränkt; der Sieger wurde mit

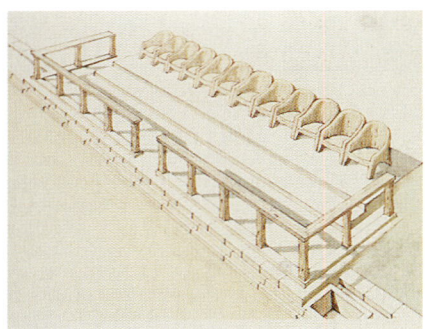

62 Kampfrichtertri-
büne auf dem Südwall
des Stadions von Olym-
pia (Rekonstruktion);
von hier aus wurde der
Entscheid über den Sieg
in den Laufwettbewer-
ben verkündet.

63 Die Bronzestatue
eines siegreichen
Boxers konnte noch
nicht sicher datiert und
zugeschrieben werden.
Rom, Thermenmuseum.

einem Kranz geehrt. Seit etwa
400 v. Chr. ist eine ›Professiona-
lisierung‹ der Agone zu beobachten; immer öfter treten Berufs-
athleten in Erscheinung, die als
›Angestellte‹ stellvertretend und
im Namen einzelner Sippen,
Herrscher oder Städte am olympischen Wettkampf teilnahmen.

Die Abfolge der Olympiaden
und die offiziellen Listen olym-
pischer Sieger waren von großer Bedeutung für die
antike Zeitrechnung. Weil jeder Stadtstaat traditionell
einen eigenen Kalender führte, war die Zeitangabe
nach Olympiaden (etwa Olympiade 56,3 = 3. Jahr in der
56. Olympiade) die einzige in ganz Griechenland allge-
meinverbindliche Zeitrechnung und ist noch heute für
Historiker als Datierungshilfe von erheblicher Rele-
vanz (Olympiade 56,3 = 55 x 4 + 3 = 223 Jahre nach
Beginn der 1. Olympiade). Aus den Siegerlisten läßt
sich der Beginn der Olympiadenzählung bis ins Jahr
776/75 v. Chr. zurückrechnen, mithin in diejenige Zeit,
für die auch archäologische Funde eine rapide wachsende Bedeutung des Heiligtums von Olympia dokumentieren. Diese Siegerlisten, die heute nur fragmen-
tarisch erhalten sind, gehen auf eine im späten 5. Jh.
v. Chr. vorgenommene Rekonstruktion des Hippias
von Elis zurück; ihre Historizität ist deshalb vor allem
für die Frühzeit umstritten.

Auch in römischer Zeit blieb Olympia ein bedeuten-
der Ort; Kaiser wie Nero oder Hadrian wohnten den
Agonen als Sponsoren, bisweilen sogar als Teilnehmer bei. 393 n. Chr. verbot der christliche Kaiser Theodosius I. die Spiele per Edikt; 426 n. Chr.
ließ Theodosius II. die heidnischen Tempel und
Altäre zerstören. In jenen Jahren entstand neben
der Altis eine Siedlung, die über mehrere Jahrhunderte Bestand hatte; die ›Werkstatt des
Phidias‹, ein Bau aus dem 5. Jh. v. Chr., in
dem wahrscheinlich das vergoldete Sitzbild

des Zeus aus Elfenbein für den großen Tempel des 5. Jh. v. Chr. montiert worden war, wurde dabei in eine christliche Kirche umfunktioniert.

Homosexualität in der griechischen Gesellschaft

Die bis heute andauernde Diskriminierung gleichgeschlechtlicher Sexualität ist das Produkt christlicher Morallehre, die sich in den Texten des Neuen Testaments erstmals explizit findet und in der Spätantike dann Eingang in Gesetzeswerke gefunden hat. In der paganen Welt der griechischen Antike war Homosexualität in das gesellschaftliche Normengefüge integriert.

Im Athen des 6. und 5. Jh. v. Chr. war männliche Homosexualität im Sinne der Päderastie, der Knabenliebe, ein regelrechtes Erziehungsprinzip. Im Alter von etwa 12 Jahren ging ein *país*, ein freigeborener Junge, eine Beziehung zu einem älteren Bürger ein, die durchaus von sexueller Praxis stimuliert war, wie die Benennung dieses Verhältnisses zeigt: der Junge

64 Ein bärtiger Mann wirbt um einen Knaben und präsentiert einen Hahn als Liebesgabe. Innenbild einer attisch-rotfigurige Schale des Euaichme-Malers, um 470 v. Chr.; Oxford, Ashmolean Museum.

wurde *erómenos* (»Geliebter«), der Ältere *erastés* (»Liebhaber«) genannt. Ein solches Verhältnis diente in umfassener Weise der Bildung des Jungen wie auch seiner Entwicklung zum Staatsbürger; auf diese Weise tradierte sich Wissen und standesgemäßes Verhalten durch die Generationen. Im Alter von ca. 17 Jahren löste sich mit dem Ende der Juvenalität und dem Beginn der Zeugungsfähigkeit die sexuelle Komponente dieser Bindung, die aber durchaus als Beginn eines wertvollen gesellschaftlichen oder geschäftlichen Beziehungsgeflechts fortbestehen konnte.

Die Knaben wurden mit erheblichem Aufwand umworben; die Überreichung von Geschenken wie etwa kleinen Tieren, wie sie sich mannigfach auf at-

tischen Vasen dargestellt findet (64), zeigt dies ebenso
wie die zahlreichen ›Lieblingsinschriften‹ auf Vasen, in
denen besonders attraktiven Jungen gehuldigt wurde.
Das Werben, das in der Öffentlichkeit ausgetragen und
vielbeachtet wurde, war für beide Seiten ein wichtiger
Akt: Dem Werber ermöglichte es, sich selbst auf das
Günstigste in Szene zu setzten, dem Umworbenen bot
sich, besonders bei mehreren Bewerbungen, die Möglichkeit einer klugen, auch später nützlichen Auswahl.
Zahlreiche Vasenbilder zeigen diesen Vorgang des
Werbens nicht nur in verdeckt-symbolischer Weise,
sondern spielen ganz unverblümt auf die sexuelle
Komponente dieser Beziehung an; die Gegenleistung
des Knaben war seine Hingabe an den *erastés*, der sich
zuvor mit einem Griff an die Genitalien von den Rei-
zen des Jungen überzeugte (66). Es entstand des öfteren Streit unter den konkurrierenden Werbern, so
geschildert z. B. bei Platon in seinen »Moralia« (749c-
d): »In der Abenddämmerung trafen sich Anthemion
und Pisias, beides angesehene Männer und beide dem
Bacchon, der ›der Schöne‹ genannt wurde, zugetan.
Wegen ihrer gemeinsamen Neigung für den Knaben
entstand heftiger Streit zwischen ihnen.« Auch die
Knabenliebe war Teil des ›agonalen Prinzips‹, des Prinzips von Konkurrenz und Wettbewerb, das sich in der
griechischen Gesellschaft des 6. und 5. Jh. v. Chr. in
nahezu allen Lebenssituationen wiederfindet.

65 Aristokratisches
Liebespaar beim Gelage:
In inniger Verbundenheit
sind ein älterer, bärtiger
Mann und ein Jüngling
dargestellt. Fresko aus
dem sog. Tauchergrab
von Paestum, 5. Jh. v.
Chr.; Paestum, Archäo-
logisches Nationalmu-
seum.

In Sparta, aber auch in Theben, war die Päderastie noch weitaus umfassender als in Athen in das Erziehungssystem integriert. In Sparta waren die Knaben im Kontext der berühmt-berüchtigten *agogé*, der ›spartanischen Erziehung‹, über Jahre hinweg kaserniert. Sexuelle Verhältnisse zu den Älteren waren an der Tagesordnung, aber nicht, wie in Athen, im Sinne einer über Jahre andauernden Zweierbeziehung, sondern in stetig wechselnden Konstellationen. Die Große Rhetra des mythisierten spartanischen Staatsgründers Lykurg, das alles bestimmende Gesetz des Staates, sah dies als Teil der Erziehung so vor.

Weniger zahlreich dokumentiert, und aus männlicher Sicht auch in weit geringerem Maße akzeptiert, waren gleichgeschlechtliche Verhältnisse unter Frauen, nach der um 600 v. Chr. auf der Insel Lesbos lebenden Dichterin Sappho, die solche Beziehungen erstmals beschrieben hat, fortan ›lesbisch‹ genannt. Zumindest in Sparta aber waren im Kontext der Erziehung genauso, wie bei Jungen auch, zwischen Mädchen und älteren Frauen sexuelle Verhältnisse üblich, auch wenn dies von männlichen Autoren immer wieder als ›unnatürlich‹ getadelt worden ist.

66 So konnte sich bei den Griechen eine homosexuelle Beziehung anbahnen: Ein älterer, bärtiger Mann prüft die Vorzüge eines Jünglings. Schwarzfigurige Amphora (Deckel nicht zugehörig) des Phrynos-Malers, um 550 v. Chr.; Würzburg, Martin-von-Wagner-Museum.

Das griechische Heiligtum – Ort des Rituals und der Öffentlichkeit

Es ist heute allgemeine Vorstellung geworden, daß das mit Tempeln, Altären und Götterbildern ausgebaute griechische Heiligtum die eigentliche Verkörperung des Kultes darstellt; in Andacht versunkene Griechen huldigten hier, ganz nach Art eines christlichen Gottesdienstes, von Priestern angeleitet in den Tempeln ihren Göttern. Dieses Klischee entstammt indessen dem Klassizismus des 19. Jh. und hat nicht allzuviel mit der antiken Realität gemein. Ein Heiligtum war zunächst nicht viel mehr als ein durch eine niedrige Mauer abgegrenztes, dem allgemeinen Gebrauch entzogenes Stück Land, das etwa vom Siedlungsgebiet einer Stadt abgetrennt und eigenen Regularien unterstand. Auch wenn die Griechen später immer wieder

67 Eine adelige Familie schreitet mit den Ritual-Utensilien (Korb mit Flüssigkeiten, Opfer-Lamm, Zweige und Musik-Instrumente) zum Opfer an den Altar; darüber eine Weihinschrift an die Nymphen. Bemalte Holztafel, um 540 v. Chr.; Athen, Nationalmuseum.

vom hohen Alter, der ›gottgegebenen‹ Gründungs-geschichte und der durch mythische Legenden definierten Lage ihrer Heiligtümer überzeugt waren, so ergibt der archäologisch-historische Befund, daß viele Heiligtümer keine bis tief in das 2. Jahrtausend reichende, bruchlose Traditionen aufweisen, sondern Neu- oder Wiedergründungen der Jahrhunderte zwischen 1100 und 900 v. Chr. waren – ein deutliches Indiz für die Diskontinuität von Siedlungsformen auf der südlichen Balkanhalbinsel.

Auch wenn diese Heiligtümer in ein regelrechtes Legenden-Geflecht von Göttersagen und Mythen eingebunden waren, so stellte ein Heiligtum dennoch immer mehr als bloß eine Stätte für Kult, Mythos und Götterverehrung dar. Als Gemeinschaftsfläche einer Siedlung oder einer Gruppe von Weilern und Dörfern, bisweilen gar einer ganzen Region waren Heiligtümer ebenso Orte, an denen sich in mannigfacher Form die

68 Das Fleisch eines Opfertiers wurde mit Hilfe großer Bratspieße auf dem Altar geröstet und dann an die Teilnehmer der Zeremonie verteilt. Attisch-schwarzfiguriges Vasenbild, um 520 v. Chr.; London, Britisches Museum.

sozialen, politischen und ökonomischen Verhältnisse der ›diesseitigen‹ Welt in den hier getätigten Handlungen spiegelten.

Die wichtigste religiöse Zeremonie innerhalb eines Heiligtums war das Opfer. Ort des Opfers war ein zunächst meist schlichter, später oft architektonisch gefaßter Altar oder aber ein Naturmal (Felsspalte, Baum, Strauch), an dem sich eine Gottheit manifestierte (67). Ziel des Opfers war es, durch Gabe eine Gegengabe zu erhalten, ein Vorgang, der durchaus als ›reales‹ Tauschgeschäft zu verstehen ist. Art und Aufwand des Opfers waren dabei eine Prestige- und Statusfrage. Opfertiere, meist von den Wohlhabenden der Gemeinschaft im Rahmen ihrer sozialen Verantwortung mehr oder minder freiwillig gespendet, wurden am oder auf dem Altar gebraten und von der Opfergemeinschaft verzehrt (68). Im eigentlichen Sinne ›geopfert‹ wurden Haut, Knochen und Ungenießbares; dies wurde auf dem Altar in ritueller Aktion verbrannt. Das Opfer diente auf diese Weise auch der Fleischversorgung breiter Bevölkerungskreise; das Ritual des Gebens und Nehmens wurde so zu einem unmittelbaren Abbild der herrschenden ökonomischen und sozialen Verhältnisse. Ganz ähnlich vollzogen sich Prozessionen und Handlungen mit Kult- oder Götterbildern. Dies waren meist anikonisch-amorphe, nur vermeintlich uralte, ›vom Himmel gefallene‹ Holzstatuetten, die in rituellen Akten gekleidet oder gebadet wurden. Auch solche Rituale dokumentierten in ihrem Ablauf und im betriebenen Aufwand die Hierarchie der Gemeinschaft.

Schon seit frühesten Zeiten finden sich in griechischen Heiligtümern Weihgeschenke aller Art, von billigster Gebrauchskeramik über Bratspieße bis hin zu äußerst aufwendigen Statuen (z. B. den Kouroi und

69 Zwei Freveltaten aus dem Trojanischen Krieg: Ajax ist im Begriff, die bereits entblößte Kassandra am Kultbild der Athena zu vergewaltigen (rechts); Neoptolemos erschlägt Priamos und dessen Enkel Astyanax am Altar des Zeus (links). Umzeichnung eines attisch-rotfigurigen Vasenbildes der Zeit um 480 v. Chr.; Neapel, Nationalmuseum.

Koren, vgl. S. 42ff.), das alles war meist mit einer Inschrift verbunden, die jeweils den Namen des Weihenden, des beschenkten Gottes und den Anlaß der Weihung nannte. Dies Prinzip des Weihge-schenks bot den Menschen die Möglichkeit, ihre Fröm-migkeit zu zeigen, darüber hinaus aber auch mannigfa-che Gelegenheiten, sich im Sinne einer Konkurrenz gegenseitig zu übertreffen und auszustechen. Alle Weihungen, die letztendlich nichts anderes darstellten als dem Wirtschaftskreislauf entzogene Güter, gingen formell in den Besitz des Gottes, de facto aber in den Besitz des Heiligtums, d. h. in die Hände der das Heiligtum verwaltenden Priesterschaft über. Heiligtümer wurden auf diese Weise allmählich zu prosperierenden Wirtschaftszen-tren und zu erstrangigen ökonomischen Faktoren in der antiken Wirtschaftswelt; nicht selten übernahmen die Priesterschaften die Funktion regelrechter Banken, d. h. sie verliehen Geld gegen Zinsen.

Ebenfalls im Sinne solcher Weihgeschenke vollzog sich die architektonische Ausgestaltung seit dem 6. Jh. v. Chr., nur daß hier nicht mehr Einzelne, sondern größere Gruppen, ganze Bürgergemeinschaften, Stadt-staaten als Institutionen, im Hellenismus schließlich

70 Das Kultmal des Zeus im Orakel-Heiligtum von Dodona bestand aus einer heiligen Eiche, die im Laufe der Zeit archi-tektonisch gerahmt wurde. Ein Tempel hat sich hier bis heute nicht gefunden. Rekonstruk-tion der Ansicht des Platzes in der Zeit um 300 v. Chr.

71 Das Schatzhaus der Athener erhob sich in bester Lage unmittel-bar am Rande des Hauptweges, der das Heiligtum von Delphi durchzog. Eine Inschrift besagt, daß der Bau aus der Kriegsbeute der Schlacht bei Marathon (490 v. Chr.) errichtet wurde und vom Ruhm Athens künden soll. Üblich war es, den ›Zehnten‹ der Kriegbeute den Göttern zu weihen.

auch Monarchen oder Fürsten mit lokal begrenzter Macht als Weihende in Erscheinung traten. Ein griechisches Heiligtum benötigte an sich wenig mehr als eine Abgrenzungsmauer, einen Altar und einige kleine Gebäude zur Unterbringung von Kultgerät. Nicht einmal ein Tempel als Behausung des Götterbildes war ein notwendiges Requisit; viele Heiligtümer erhielten erst Jahrhunderte nach ihrer Gründung einen Tempel, manche wie das Zeus-Heiligtum im nordwestgriechischen Dodona nie (70). Und nicht selten erhoben sich Tempel auch außerhalb jedweden Heiligtums. Die uns so selbstverständlich erscheinende Verbindung von Heiligtum und Tempel ist moderne Fiktion. War der Bau eines Tempels mindestens im 6. Jh. v. Chr. häufig ein kollektiver, oftmals innere Konflikte kompensierender Prozeß (vgl. S. 82), so war die Stiftung von Schatzhäusern, aber auch die Weihung von spektakulärer Kriegsbeute oder aus dieser finanzierter Denkmäler eher eine Geste des Prestiges von miteinander konkurrierenden Stadtstaaten. Hier setzte sich die Polis als Institution in Szene und ließ an der intendierten Symbolik mittels Inschrift selten einen Zweifel (71). Besonders die Errichtung großer Hallen- und Versammlungsbauten, die im späten 4. Jh. v. Chr. in den Heiligtümern wie Pilze aus dem Boden schossen, waren dann als Stiftungen mit den – erneut gegeneinander konkurrierenden – Herrschern der hellenistischen Welt verbunden; auch hier machte eine Inschrift unmißverständlich Stifter und Absicht der Stiftung deutlich.

Über all das wachte die Priesterschaft, die nicht nur den Kultbetrieb und das Vermögen des Heiligtums verwaltete, sondern in allen Fragen einer Weihung, einer Stiftung, eines neuen Bauvorhabens die Regeln vorgab, um das oft von erbitterter Feindschaft geprägte Konkurrieren der Stifter nicht in offene Konflikte ausarten zu lassen. In den überregionalen Orakelheiligtümern besaßen die Priester zudem ein Nachrichtenmonopol über die jeweilige Weltlage; die Weitergabe guter Ratschläge gegen eine ansehnliche Spende war eine weitere Einkommensquelle dieser Heiligtümer.

Orte des Asyls
Die großen, überregional bedeutsamen Heiligtümer dienten immer auch als Orte des Asyls; Flüchtlinge konnten hier unbehelligt leben, was, wie etwa in Olympia, im Laufe der Zeit sogar regelrechte Asyl-Siedlungen nach sich zog. Auch wenn der griechischen Welt dieses Asylrecht heilig war, kam es doch immer wieder zu Verstößen dagegen; schon im Trojanischen Krieg vergewaltigte Ajax die an das Kultbild der Athena geflüchtete Kassandra, noch im Tempel, erschlug Neoptolemos den an den Altar des Zeus geflüchteten Priamos ohne Rücksicht auf die spätere moralische Verurteilung seines Frevels (69).

»Klassik« – Was ist das?

»Was verstehen wir unter ›Klassik‹, ›klassisch‹, ›Klassiker‹?: die ›Wiener Klassik‹, die ›klassische Antike‹, den ›Klassiker Shakespeare‹ – oder den ›klassischen Pelzmantel‹, ... die ›klassische Form der Teekanne‹?« Diese provokant formulierte Frage stellte der Tübinger Archäologe Pascal Weitmann an den Beginn einer vielbeachteten Untersuchung, die sich mit dem Begriff der Klassik kritisch auseinandersetzte. Heute verstehen Historiker und Archäologen unter Klassik, soweit sie auf das Altertum bezogen wird, eine Epoche, nämlich die Jahrzehnte des 5. Jh. v. Chr. zwischen Perserkriegen und Peloponnesischem Krieg (479–431 v. Chr.) und in weiterem Sinne darüber hinaus die Zeit bis zur griechischen Niederlage gegen die Makedonen in der Schlacht von Chaironeia (338 v. Chr.). Für die antike Kunstgeschichte ist Klassik im Sinne einer Kunstära dann auch ein Stilbegriff.

Das Wort »Klassik« ist dem römischen Terminus *classicus* als Bezeichnung für die erste, alles überragende Bürgerklasse entlehnt. Klassik ist dabei von Beginn an aber mehr als eine bloße Bezeichnung für eine Epoche. Als ein abstrakter Begriff, der einen vorbildhaft empfundenen, ja zur Norm erklärten vergangenen Zustand beschreibt, findet sich die Bezeichnung nur vereinzelt in der römischen Antike. Seit etwa 1500 hält das Wort dann regulär Einzug in den europäischen Sprachgebrauch. Die Athener sahen sich im Zeitalter des Perikles, wie dessen bei Thukydides überlieferte Grabrede auf die ersten im Peloponnesischen Krieg Gefallenen zeigt (vgl. S. 81), durchaus selbstbewußt als ›Vorbild für ganz Hellas‹. Doch war ihnen gleichwohl nicht bewußt, daß spätere Generationen ihr Leben und Treiben einmal als »klassisch« bezeichnen würden.

Klassik ist mithin eine konstruierte Norm, die spätere Epochen im Rückblick auf vermeintlich Vorbildliches erzeugt haben. Dabei ist das Wort »Klassik« und seine weitgehend in der Moderne angesiedelte Geschichte zunächst nicht von Belang, obwohl das noch nicht auf den Begriff gebrachte Phänomen bereits seit dem Hellenismus weit verbreitet war; es gibt also bereits den Sachverhalt, allerdings noch nicht dessen heute übliche Bezeichnung. Der Heidelberger Archäologe Tonio Hölscher hat in seinem Essay »Die unheimliche Klassik der Griechen« von 1989 diejenigen Merkmale zusammengefaßt, die spätere Zeiten als Wesenszüge von Klassik verstanden haben und die zugleich bereits in hellenistisch-römischer Zeit in Rückschau eben auf das Griechenland des 5. Jh. v. Chr. von Bedeutung waren. Denn es war diese Ära, die seit dem 3. Jh. v. Chr. immer häufiger zum Muster und Anknüpfungspunkt einer neuen Selbstvergewisserung und Identitätsfindung geriet, die in Plastik, Architektur und Malerei wie auch in Philosophie und Literatur zunehmend als Zitat rezipiert wurde und den Stellen-

442 v. Chr.
»Antigone« des Sophokles aufgeführt
ca. 440–432 v. Chr.
Giebelskulpturen und Fries des Parthenon; Athena Parthenos des Phidias
438 v. Chr.
»Alkestis« des Euripides aufgeführt
438–432 v. Chr.
Propyläen des Mnesikles auf der Athener Akropolis
435/430 v. Chr.
Doryphoros (Speerträger) des Polyklet (Abb. 73)
um 430 v. Chr.
Amazonen-Statuen des Polyklet, Phidias und Kresilas; gold-elfenbeinernes Zeusbild des Phidias im neuen Tempel von Olympia; Strategenbildnis des Perikles (Abb. **126**, vermutlich von Kresilas)

72 Klassik als Phänomen von Rezeption und Konstruktion: Der Parthenon auf der Akropolis von Athen (447-432 v. Chr. erbaut) gilt als der Höhepunkt griechischen Tempelbaus; die Restaurierungsarbeiten der 80er Jahre des 20. Jh. wurden, um diesem Symbol kultureller Blüte gerecht zu werden, mit bis dahin unbekanntem technischen Aufwand betrieben.

wert einer allgemeingültigen, zeitlos-ewigen Mensch-
heits- und Kulturepoche bekam. Klassik dieser Art
umfaßt dabei auch den Anspruch elitärer Überlegenheit im Sinne einer Abgrenzung gegenüber anderen
Denksystemen und Kulturvorstellungen; Klassik beanspruchte Vorbildcharakter, auf diese Weise zugleich
aber auch Geltung für alle Zukunft und postulierte
Verständnis und bedingungslose Akzeptanz ihrer Normen aus sich selbst heraus, abgekoppelt von allen
historischen Determinanten.

Eine Relativierung, zugleich aber auch die Grundlage seines bis heute nahezu ungebrochenen Weiterwir-
kens erhielt das Konzept von einer Klassik im Kontext
genetischer Entwicklungsvorstellungen, die seit Comte
de Caylus (1692–1765) auf Kunst- und Kulturphä-
nomene übertragen wurden. Klassik wurde auf diese
Weise zum unbezweifelbaren Höhepunkt einer quasi
naturgegebenen Entwicklungskette, eines organischen
Verlaufs von Entstehung, Blüte und Verfall. Für die
Antike hat Johann Joachim Winckelmann in seiner
»Geschichte der Kunst des Altertums« (1764) erstmals
und unter Bezug auf dieses Modell die griechische
Klassik zu beispielhafter Größe erhoben; der von ihm
erkorene »hohe Stil«, diese ›Blüte‹ der Zeit von 460 –
400 v. Chr. wird markant gegen einen früheren »gera-
den und harten Stil«, einen späteren »schönen Stil«
sowie gegen einen logisch unvermeidlichen »Verfalls-
Stil« abgegrenzt. Zugleich bedeutete die Einbindung
von Klassik in ein solches Entwicklungsmodell aber
auch, daß nun im Sinne einer Übertragbarkeit dieses
Modells die vielen Spielarten von Klassik entstanden,
wie sie eingangs angeführt wurden: In praktisch jedem
Sachzusammenhang, der auf diese Weise betrachtet
wurde, existierte fortan eine ›Blüte‹ und damit eine
Klassik.

Klassik bleibt weiterhin ein wichtiger stilgeschicht-
licher Begriff in der kunsthistorisch orientierten
Archäologie (die eben wegen ihrer Beschäftigung mit
den ästhetischen Werten des ›klassischen‹ Altertums
auch folgerichtig »Klassische Archäologie« heißt);

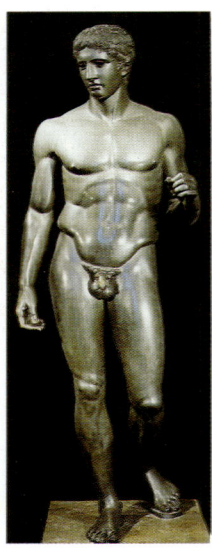

73 Ratio und Ange-
messenheit, klar stili-
sierte, voneinander
abgegrenzte Einzelfor-
men bei gleichzeitig
höchstem Streben nach
Naturnähe kennzeichnen
den als ›Kanon‹, als all-
gemeingültiges Vorbild
geschaffenen Speer-
träger (Doryphoros) des
argivischen Bildhauers
Polyklet (um 440 v.
Chr.). Von Georg Römer
1921 nach antiken Mar-
morkopien und den
Wertvorstellungen der
frühen Weimarer Repu-
blik von klassischer
Skulptur geschaffene
Bronzerekonstruktion
des verlorenen Originals;
München, Universität.

diese Klassik wird heute üblicherweise, einem verfeinerten Entwicklungsmodell folgend, in vier aufeinander folgende kunsthistorische Sub-Perioden gegliedert: den »Strengen Stil«, die Hochklassik, den »Reichen Stil« und die Spätklassik. Aus plausiblen historischen Gründen bildet die von Verlauf und Folgen des Peloponnesischen Krieges, dieses »innergriechischen Weltkriegs« geprägte Spätklassik des 4. Jh. v. Chr. im Verständnis der modernen Wissenschaften allerdings seit längerem ein selbständiges Kapitel in der Geschichte des antiken Griechenland (vgl. S. 106ff.).

Der Attische Seebund, der Peloponnesische Bund und die Bündner: die Kehrseite der Klassik

Nach dem Sieg über die Perser in den Seeschlachten von Salamis und Mykale (unter Führung Athens) und der Landschlacht bei Platäa (unter Spartas Kommando; vgl. S. 58ff.) zerfiel mit der nun einsetzenden Rivalität um den größeren Anteil am Erfolg und um die Vorherrschaft unter den Siegern die Symmachie, die »Kampfgemeinschaft« der Griechen in zwei große Blöcke, die sich bald feindlich gegenüberstanden: den Delisch-Attischen Seebund unter Führung Athens und den Peloponnesischen Bund Spartas **(75)**. Bereits die Zeitgenossen erkannten in dieser athenisch-spartanischen Rivalität, die sich schließlich im Peloponnesischen Krieg entlud, eine historische Periode; *Pentekontaätíe*, die »Ära der 50 Jahre«, nannte der Historiker Thukydides diese Zeit, der er im ersten Teil seiner »Geschichte des Peloponnesischen Krieges« auf der Suche nach den Kriegsursachen breiten Raum gab.

Der Delisch-Attische Seebund wurde, ursprünglich eine Allianz freier Mitglieder, 478 v. Chr. von all denjenigen Griechenstädten gegründet, die mit Flottenkontingenten am Persersieg beteiligt waren – also den Küstenstädten und den autonomen Stadtstaaten der Ägäis-Inseln. Jährliche Abgaben finanzierten die Flotte; Verwaltungszentrum und Verwahrort der Bundeskasse war das Apollon-Heiligtum von Delos. De facto jedoch dominierte Athen von Beginn an den Seebund.

74   Die fast 1.40 m hohe Vase d'Austerlitz aus der Porzellanmanufaktur Sèvres (entstanden im Frühjahr 1806) inszeniert in ihrem Bilderfries eine allegorische Hymne auf Napoleons Sieg von Austerlitz im Stil klassisch-griechischer Vasenmalerei, deren umfassende Kenntnis hier für das Verständis und die kulturhistorische Ambition der Bildaussage vorausgesetzt werden. Musée National du Château de Malmaison.

75 Die Machtblöcke in der Ägäis zu Beginn des Peloponnesischen Krieges im Jahr 431 v. Chr.

Legende der Karte:
- Athener Staatsgebiet
- Athens Bündnispartner
- Spartas Staatsgebiet
- Spartas Bündnispartner
- Autonome Bündnispartner Athens

Athen stellte das mit Abstand größte Flottenkontingent, verwies immer wieder auf seine Führungsrolle während der Perserkriege und bot den kleineren Bündnern zugleich an, sie gegen direkte Zahlung von Abgaben von ihren Verpflichtungen zu ›befreien‹ und ihren Schutz zu garantieren. Binnen weniger Jahre wandelte sich diese einst freie Allianz auf diese Weise in ein Zwangssystem, in dem allein Athen die Waffen führte, die Bündner hingegen regelrecht tributpflichtig geworden waren (30). In ›ihrem‹ Seebund herrschte die Stadt Athen bald wie ein Despot: Kritische Regierungen in Bündner-Staaten wurden kurzerhand abgesetzt; Kasse und Verwaltungssitz von Delos nach Athen verlegt (454 v. Chr.), Säumigkeit bei den Tributzahlungen oder Abfall vom Bündnis mittels Militäraktionen grausam bestraft (z. B. Belagerung und Eroberung von Samos 440/439 v. Chr.). Wohlverhalten wurde dagegen mit Gunstbeweisen belohnt (76) – halb Griechenland war der Willkür Athens schutzlos ausgeliefert.

Vergleichsweise liberal war dagegen der Umgang Spartas mit seinen Bündnern. Der Peloponnesische

Bund war als ein Verteidigungsbündnis auf Initiative und unter der von Beginn an klar geregelten Oberhoheit von Sparta bereits im 6. Jh. v. Chr. entstanden – ein Bündnis, das vergleichsweise moderne rechtliche Strukturen aufwies und, im Gegensatz zu Athens Tyrannei im Seebund, für alle Beteiligten kalkulierbar war. Der Bund war nur im Kriegsfall existent. Über diesen Fall beschloß eine Bündnisversammlung mit einfacher Mehrheit; dann stellten die Bündner, in erster Linie die Städte der Peloponnes mit Korinth an der Spitze, später auch zahlreiche weitere innergriechische Stadtstaaten, ein vertraglich jeweils klar definiertes Truppenkontingent. Ansonsten waren die Bündner in ihrer Außenpolitik unabhängig, konnten sogar gegeneinander Kriege führen. Sparta verwaltete die Kasse und disponierte im Kriegsfall die Truppen, war dabei aber, jedenfalls im Ergebnis, seinen Bündnern auch Rechenschaft schuldig. Besonders Korinth als größter und wichtigster Bündner, später auch das bedeutende Argos spielten hier die Rolle der zweiten Führungsmacht.

Wenn vom ›Glanz der Klassik‹ in zahlreichen Büchern über die griechische Antike in recht hymnischen Worten die Rede ist, dann muß man sich auch vergegenwärtigen, daß dies nur auf die Großmächte Athen und Sparta, vielleicht noch Korinth, Argos und einige mit Athen alliierte Großstädte wie Milet oder Ephesos bezogen werden darf. Das »dritte Griechenland«, wie es der Althistoriker Hans-Joachim Gehrke treffend genannt hat, lag derweil im Schatten des heraufziehenden neuen Konflikts: Als ausgepreßter Bündnispartner

76 Urkunde des Staatsvertrages zwischen Samos und Athen aus dem Jahr 405 v. Chr., mit der den Samiern wegen ihrer – rigoros erzwungenen – ›Treue‹ im Krieg das Bürgerrecht Athens verliehen wurde. Athena (d.h. Athen) und Hera (d.h. Samos, wo Hera in einem großen Heiligtum verehrt wurde) vereinen sich im Handschlag. Athen, Epigraphisches Museum.

Athens, als Mitläufer und, wenn nicht aus militärischer, dann doch aus ideologischer Sicht nicht minder gezwungen, als erpreßter Anhänger des spartanischen Systems, – die große Zahl der kleinen und mittleren griechischen Stadtstaaten hatte sich nach 479 v. Chr. alsbald zu entscheiden, hier Partei zu ergreifen und damit den Anspruch auf Eigenständigkeit weitgehend aufzugeben.

77 Die politische Gliederung Attikas in Bezirke und Phylen nach der Reform des Kleisthenes. Die zehn Phylen sind im Rahmen eines Proporzes auf die drei traditionellen Trittyen (Flächen-Drittel: Stadt Athen, Binnenland, Küstenland) verteilt. Die heroischen Urahnen dieser ›neuen‹ attischen Phylen wurden den Bürgern Athens in einem Denkmal auf der Agora in aufwendiger statuarischer Inszenierung präsentiert.

Die Demokratie in Athen
Der durch ökonomische und soziale Krisen verursachte tiefgreifende Wandel des griechischen Adelsstaates mit seinen elitären religiösen und politischen Partizipationsmechanismen kulminierte gegen Ende des 6. Jh. v. Chr. in der Demokratie, der »Herrschaft des Volkes«. Die unter Kleisthenes, einem Mitglied des Adelsclans der Alkmaioniden in den Jahren 509–507 v. Chr. durchgeführte Verfassungsreform beendete in Athen nicht nur die Tyrannis der mit den Alkmaioniden seit alters her konkurrierenden Peisistratiden, sondern auch jeden Versuch einer Wiedereinsetzung der alten Adelsherrschaft, indem eine weitgehende *isonomía*, eine politische (und durchaus nicht wirtschaftliche) Gleichberechtigung der Stände angestrebt wurde. Die Volksversammlung avancierte nun zum obersten Beschlußorgan, wobei gegen die liberale Idealisierung seit dem 18. Jh. festgehalten werden muß, daß das, was in der attischen Demokratie der Klassik als »Volk« (*démos*) bezeichnet wurde,

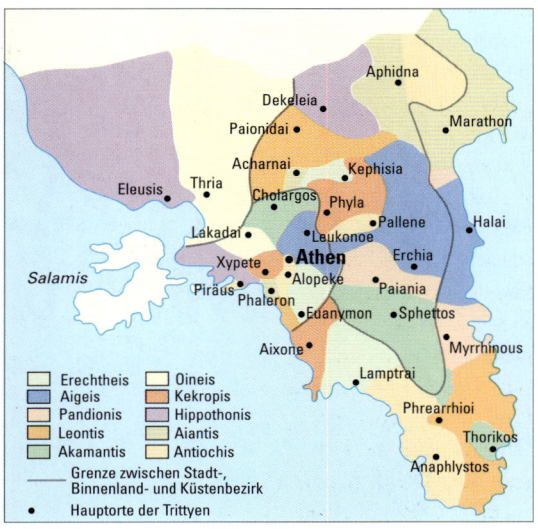

Erechtheis
Aigeis
Pandionis
Leontis
Akamantis
Oineis
Kekropis
Hippothonis
Aiantis
Antiochis

Grenze zwischen Stadt-, Binnenland- und Küstenbezirk
Hauptorte der Trittyen

Aphidna
Dekeleia
Paionidai
Marathon
Acharnai
Kephisia
Eleusis
Thria
Cholargos
Phyla
Pallene
Halai
Lakadai
Leukonoe
Athen
Erchia
Xypete
Alopeke
Piräus
Paiania
Phaleron
Edanymon
Sphettos
Aixone
Myrrhinous
Lamptrai
Phrearrhioi
Thorikos
Anaphlystos
Salamis

weiterhin ein exklusiver, wenn auch vergrößerter Kreis der Einwohner war: Allein die männlichen freien Bürger,

78   Erhalten geblie-bene bronzene Los-Marke; Marke samt zugehöriger Maschine (s. unten) dienten zur Auslosung der Geschwo-renen für eine Gerichts-versammlung.

nicht aber Frauen, nicht die zahlreichen, durchaus angesehenen Einwohner ohne Bürgerrechte (Metöken) oder Sklaven zählten zum politischen ›Staatsvolk‹.

Die traditionell-aristokratische, an herrschende Adelssippen geknüpfte Verwaltungsordnung Attikas erfuhr eine grundlegende Reform (**77**). Die Bürger-schaft wurde in zehn gleichberechtigte Phylen einge-teilt, die sich auf die drei Bezirke Attikas (Stadt, Bin-nenland, Küste) verteilten; jede dieser Phylen sandte per Los (**78**, **79**) 50 Delegierte in den »Rat der 500«, dessen Zusammensetzung jährlich wechselte und des-sen Vorsitz jeweils für 36 Tage von einer jeden Phyle übernommen wurde (wobei die einzelnen Vorsitzen-den, die Prytanen, innerhalb der Regentschaft ihrer Phyle täglich wechselten). Auch auf das Bürgerheer fand diese neue Ordnung Anwendung: Jede Phyle bil-dete ein von einem Strategen geführtes Regiment; das Heer insgesamt unterstand einem der zehn attischen Archonten, dem *árchon polémarchos*. Kern des Systems waren die ca. 100 Demen (»Gemeinden«), die sich weitgehend gleichmäßig über die drei Bezirke Attikas verteilten. Die Demen führten die Bürger- und Heeres-listen und ersetzten fortan als Namensbestandteil die alt-aristokratischen, auf den Familienverband bezo-genen Personenbezeichnungen des Einzelnen, die Demen bildeten somit in umfassender Weise die lokale Grundlage der neuen Verfassung.

Die einstmals weitgehende Macht des Areopag wurde nun erheblich eingeschränkt: Dieser alte Adels-rat, der sich aus ehemaligen Archonten und damit ursprünglich ausschließlich aus Mitgliedern der ober-sten Stände rekrutierte (vgl. Abb **44**), verlor nahezu alle Exekutivfunktionen und wurde auf einen eher symbo-lischen Tätigkeitsbereich im Rahmen der Rechtspre-chung reduziert. 462/461 v. Chr. wurde diese ›kleis-thenische‹ Demokratie durch eine in der antiken Lite-

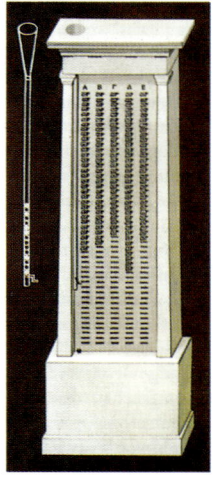

79   Nicht nur das Prin-zip der Wahl, sondern auch häufige Losent-scheide prägten das Gesicht der attischen Demokratie der Klassik. Rekonstruktion einer Losmaschine nach einem Relief von der Athener Agora aus dem 2. Jh. v. Chr.

Hellas auf dem Gipfel? ... Die attische Demokratie

80 Mamorrelief mit Athena, die einen Steinpfeiler betrachtet, der einst eine entweder als Gesetzestext, als Grenzstein oder als Tributliste des Seebundes zu interpretierende Inschrift trug, um 460/450 v. Chr.; Athen, Akropolis-Museum.

81 Der Ostrakismos, die Verbannung des jeweils meistgehaßten Mannes eines Jahres, war ein wichtiges politisch-demagogisches Kampfmittel und Regulativ der athenischen Demokratie. Ostrakon aus dem Jahr 482 v. Chr. mit dem Namen des Airis(s)teides (= Aristides).

ratur mehrfach als »Umsturz« charakterisierte und mit dem Namen Ephialtes verbundene Reform radikalisiert. In den darauf folgenden heftigen innerathenischen Auseinandersetzungen fiel der Radikaldemokrat Ephialtes 461 v. Chr. einem Attentat zum Opfer, was schließlich den Weg für Perikles als den Protagonisten der demokratischen ›Partei‹ für beinahe eine Generation freimachte.

Fortan führte die *ekklesía*, die von den Theten, dem 4. Stand (vgl. Abb. **44**), dominierte Volksversammlung die Geschicke der Stadt und des Imperiums in immer organisierterer Form: Ein kleinteilig ausdifferenziertes Gremien- und Verwaltungswesen entstand, so daß etwa die Gestalt und die Realisierung öffentlicher Bauwerke ebenso wie die Organisation besonderer Festveranstaltungen, aber auch die Markt- und Zollaufsicht, die Kontrolle von Münzen, Maßen und Gewichten öffentlich eingesetzten Kommissionen unterstanden, deren Mitglieder periodisch wechselten. ›Tyrannischer‹ Einfluß eines Einzelnen, aber auch die Durchsetzung von Minderheiteninteressen oder von Belangen einzelner Sippenverbände wurden auf diese Weise durch einen permanenten Zwang zum Mehrheitsentscheid effektvoll beschnitten. Die kunstvolle Rhetorik eines Demagogen, wie z. B. die eines Perikles konnte dagegen erhebliche Durchschlagskraft gewinnen (**81, 82**). Ein wichtiges politisch-demagogisches Kampfmittel und Regulativ der athenischen Demokratie war der Ostrakismos. In diesem

Aus der Rede des Perikles

»Ich beginne mit unseren Vorfahren …, denn sie haben sich als Bewohner dieses Landes behauptet und konnten es Dank ihrer Tüchtigkeit ihren Nachkommen … bis heute in Freiheit hinterlassen. Dafür sind sie zu loben. Mehr Lob gebührt unseren Vätern: Sie erwarben mit viel Mühe das große Reich hinzu, das uns jetzt gehört. Am meisten aber haben wir Heutigen die Macht der Stadt vermehrt … Unsere Verfassung richtet sich nicht nach anderen, sondern ist selbst Vorbild für andere. Wir bieten Erholung von Alltagsmühen durch Kampfspiele, Opfer und die Einrichtungen unserer Häuser … Weil unsere Stadt so groß ist, strömt alles hier zusammen, und wir können hier auch die Erzeugnisse anderer Völker als unser Eigentum genießen … Wir lieben die Künste und sind dennoch maßvoll, wir lieben den Geist, nicht die Weichlichkeit. Unser Reichtum dient der Tat und nicht dem Prunk … Wohltaten empfangen wir nicht, sondern verteilen sie … Zusammenfassend sage ich: Wir sind die Schule von ganz Hellas. Mutig verschaffen wir uns Zutritt zu jedem Meer und lassen überall Denkmäler unserer Güte oder Zeichen der Zerstörung zurück.« (Thukydides 2, 36–41)

›Scherbengericht‹ wurde von jedem Vollbürger der Name des seiner Meinung nach zu Verbannenden auf eine Tonscherbe geritzt; diejenige Person mit den meisten Nennungen mußte in die Verbannung (81).

Aristoteles, ein radikaler Kritiker der Demokratie und ein Beschwörer aristokratischer Werte, verwies auf den unproduktiven, ja regelrecht ›volksschädlichen‹ Charakter dieses Systems, das weite Teile der Bevölkerung zu Empfängern staatlicher Subvention machte. In der Tat war ein Charakteristikum dieser seit Mitte des 5. Jh. v. Chr. praktizierten Demokratie, daß alle daran Beteiligten Sitzungsgelder, sog. »Diäten«, bezogen – die Tagung in der Volksversammlung, die Treffen in den Ausschüssen und Verwaltungsgremien wurde im Gegenwert des durchschnittlichen Tagesverdienstes mit Geld vergütet. Die daran Beteiligten bewerteten dies aber anders als ein Aristoteles; man sah sich kraft des 451 v. Chr. gesetzlich noch verschärften Bürgerrechtes in der Rolle eines quasi von der Natur aus privilegierten Mitglieds eines erfolgreich Macht- und Wirtschaftspolitik betreibenden Volkes, ja im heutigen Sinne quasi als Teilhaber einer Aktiengesellschaft, deren Dividende wie selbstverständlich dem eigenen Lebensunterhalt zugeführt wurde.

82   Auch in der Demokratie der Antike war die Redezeit begrenzt: Wasseruhr, die ca. 6 Minuten Argumentationszeit für den Delegierten der Phyle Antiochis definieren konnte (Rekonstruktion: Athen, Agora-Museum)

Der griechische Tempel

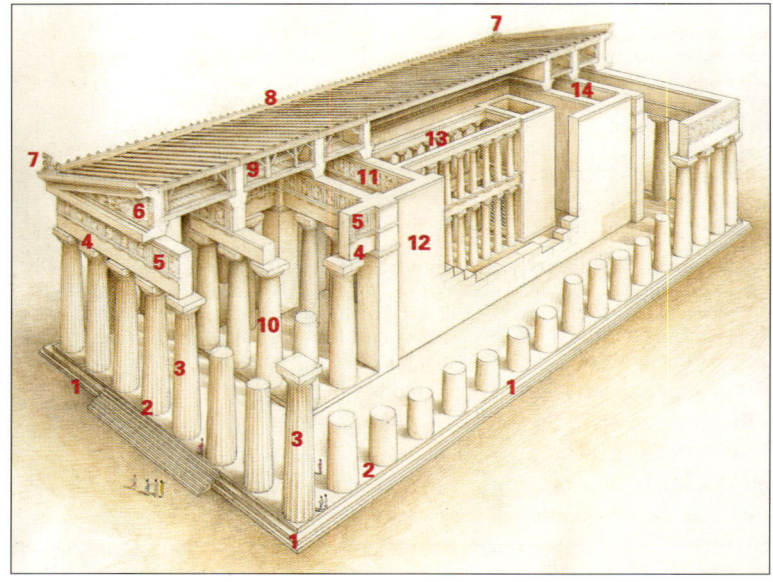

83 Baustruktur eines dorischen Tempels 1 Krepis (Sockel) 2 Stylobat 3 Säulen der Peristasis 4 Architrav 5 Metopen-Triglyphen Fries 6 Tympanon 7 Akrotere 8 Antefixe 9 Dachgestühl aus Holz 10 Säulenstellung der Eingangshalle 11 Pronaos (Vorhalle zur Cella) 12 äußere Cellawand 13 dreischiffige Cella 14 Adyton (das ›Nichtbetretbare‹)

Kein anderer Bautyp ist in der modernen Vorstellung enger mit der griechischen Antike verbunden als der Ringhallentempel, dessen Kernbau (*cella*) sich mitsamt Säulenumgang auf einem langgestreckten rechteckigen, gestuften Unterbau (*krepís*) erhebt **(83, 85)**. Als vielleicht perfektestes Beispiel gilt der Parthenon auf der Athener Akropolis **(86)**, zwischen 449 und 438 v. Chr. in Rekordzeit errichtet. Oft hatten Tempel wie der Parthenon jedoch gar nichts mit der eigentlichen Kultausübung zu tun, waren also keineswegs unentbehrliche Requisiten innerhalb eines Heiligtums (vgl. S. 67ff.). Tempel waren, auch wenn sie als Verwahrorte von Götterbildern in den Kultbetrieb eingebunden waren, durchweg mit anderen Weihgeschenken im Heiligtum zu vergleichen, wobei diese Bauten wegen ihrer Größe und Kostspieligkeit als Gemeinschaftsweihungen Brennpunkte für Aktivitäten waren, die gerade in den sozial zerrissenen Polis-Gesellschaften des 7. und 6. Jh. v. Chr. (vgl. S. 71) ideal geeignet waren, als ein gemeinsames Vorhaben der Bürgerschaft Integration und Identität zu stiften. Inschriften an Säulen, einzelnen Säulentrommeln, Dachziegeln oder

84 Im 19. Jh. entbrannte, ausgelöst durch die Werke Jacob Ignaz Hittorfs, ein wissenschaftlicher Streit um die Farbigkeit (Polychromie) griechischer Tempel; Rekonstruktion farbiger Schmuckelemente am Parthenon (vgl. S. 125).

anderen Baugliedern zeigen, wie individuelle Weihungen in einen übergeordneten Verbund eingefügt wurden. Als ein solches Weihgeschenk fungierte auch der Parthenon: Er war ein herausragendes Denkmal der politisch-militärischen Selbstvergewisserung der Stadt Athen, keine Stätte religiöser Kulte.

Bis heute ist es nicht gelungen, eine schlüssige Erklärung oder eine typologische Ableitung für die uns so selbstverständlich erscheinende, tatsächlich aber keineswegs besonders naheliegende, äußere Form des Ringhallentempels, vor allem für die umlaufende Säulenstellung und den Dekor der Ordnungen vorzulegen. Früheste Belege für Holzbauten mit einer ringhallenförmigen Struktur wie etwa am ›Tempel‹ von Lefkandi (10. Jh. v. Chr.; Abb. **14, 15**) stehen isoliert. Im späten 7. Jh. v. Chr. tritt zunächst die dorische Bauordnung als Steinbau und in ihren Einzelheiten bereits vollständig ausgeprägt in Erscheinung (**83**); vornehmlich auf dem griechischen Festland (Olympia), den westlichen Inseln (Korfu)

und bald auch in den Koloniestädten Siziliens und Süditaliens. Besonders die Detailformen des Gebälks mit ihren Nägeln, Sparren und Balken, aber auch die Säule mit ihrem Platten-Kapitell und der Kannelur machen es wahrscheinlich, daß hier eine zuvor bereits voll entwickelte

85 Grundriß des Zeus-Tempels von Olympia (um 460 v. Chr.) - ein Beispiel eines griechischen Ringhallentempel kanonisch entwickelter Form mit 6 x 13 Säulen auf dreistufiger Krepis und einer in den Säulenkranz präzise eingefluchteten Cella (mit Pronaos/Vorraum, Hauptraum mit innerer Säulenstellung und Opisthodom/Rückraum). Zahlreiche Tempel Siziliens und Unteritaliens verfügten anstelle des nach nach außen offenen Opisthodoms über ein nur von innen zugängliches Adyton.

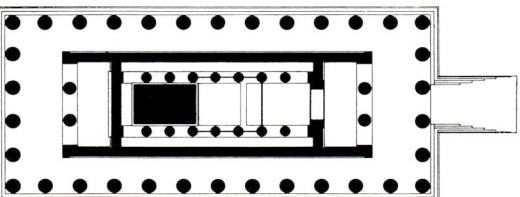

Der griechische Tempel

86 Die Westfront des Parthenon auf der Athener Akropolis. Der Bau bestand gänzlich aus Marmor und war mit seinen 8 x 17 Säulen ungewöhnlich großzügig dimensioniert, dabei jedoch optisch außerordentlich harmonisch und berechnet proportioniert.

Holzbau-Struktur in Steinbauweise umgesetzt wurde, wobei den aus technischer Sicht eigentlich entbehrlichen Form-Details offenbar in hohem Maße Ornamentcharakter zugemessen wurde.

Die ionische Bauordnung mit Säule aus wulstiger Basis, abgeflachter Schaft-Kannelur und Volutenkapitell sowie nun nicht mehr an den Holzbau erinnernden Gebälkformen gerann erst um die Mitte des 6. Jh. v. Chr. zu einem Formenkanon; entscheidende Bedeutung kam dabei den archaischen Riesentempeln von Ephesos, Didyma und Samos zu. Die schmuckreich-elegante ionische Ordnung, seit dem 4. Jh. v. Chr. dann auch zunehmend die davon abgeleitete korinthische Ordnung (vgl. Abb. **103)** verdrängten in den Jahren nach 300 v. Chr. die vergleichsweise spröde dorischen Ordnung nahezu vollständig; neue Formen wie kreisrunde Grundrisse finden sich nun überdies zunehmend häufig.

In den gut 200 Jahren zwischen 600 und 400 v. Chr. unterlag der griechische Ringhallentempel erheblichen Formveränderungen. Immer weiter prägte sich eine Art Baukastensystem aus, was verständlich erscheint, wenn man sich vor Augen führt, daß etwa ein dorischer Ringhallentempel nur aus einer begrenzten Anzahl von stets wiederholten Baugliedern, Strecken und Maßverhältnissen bestand. Immer regelmäßiger wurden die Säulenabstände, immer ausgewogener die Proportionen der Einzelteile wie auch des Bauganzen, immer akri-

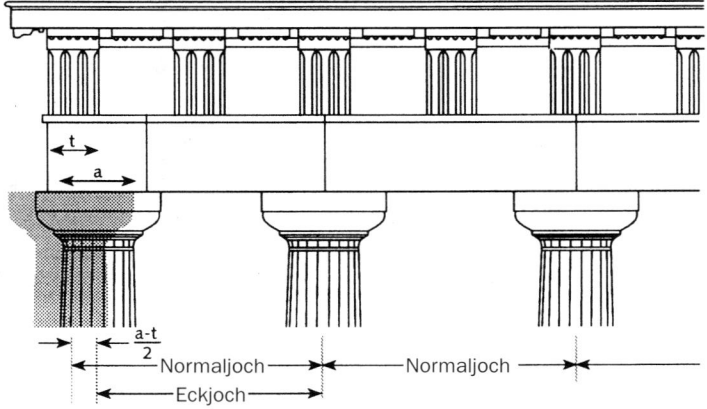

87 Der Dorische Eckkonflikt bezeichnet im griechischen Steinbau dorischer Ordnung das Problem, eine gleichmäßige, um die Ecke biegende Abfolge von Triglyphen und Metopen im Gebälk über der Säulenstellung zu bewirken. In der kanonischen dorischen Baustruktur lagert jede zweite Triglyphe (t) mittig über einer Säule. Dies wird in dem Moment an der Ecke unrealisierbar, wo die Tiefe des auf den Kapitellen lagernden Architravs (a) die Breite einer Triglyphe übersteigt, da dann entweder der Architrav nicht mehr zentriert auf der Deckplatte des Eckkapitells aufliegt oder aber die Mitte der Ecktriglyphe aus der Säulenachse nach außen rückt – ein Problem, das in der Holzbauweise, aus der sich die dorische Ordnung ursprünglich entwickelt hatte, wegen ihrer größeren statischen Flexibilität nicht auftrat.

Der Eckkonflikt war in der Antike ein bekanntes, diskutiertes und am Ende ungelöstes Architekturproblem, das nach einer Aussage des Architekten Vitruv letztlich den Verzicht auf die dorische Bauordnung begründet haben soll. Die Art der Behandlung des Eckkonfliktes gibt Aufschluß über die chronologische und formgeschichtliche Einordnung eines Tempels. Der Eckkonflikt wurde in hocharchaischen Bauten zunächst ignoriert, was zu einer optisch deutlich erfahrbaren Störung des Friesablaufes durch Verbreiterung der Eckmetopen führte. Als ›Lösung‹ wurde im späten 6. Jh. vor allem die Verengung (Kontraktion) des Eckjochs mit einer daraus unmittelbar folgenden Gleichmäßigkeit im Fries entwickelt, im Verlauf des 5. Jh. v. Chr. dann – vor allem auf Sizilien – vielfältige Kombinationen von Manipulation des Friesmaße und der Säulenstellung, wobei der errechenbare Kontraktionsbetrag (= die Hälfte der Differenz von Architravtiefe [a] und Triglyphenbreite [t]) auf Jochkontraktionen und gestaffelte Maße von Triglyphe und Metope verteilt wurde.

bischer rückte man auch den strukturellen Problemen der Bauordnungen, etwa dem »Dorischen Eckkonflikt« (**87**) zu Leibe, bis am Ende der Experimentierphase ideale Baumuster gewonnen waren, die nun immer wieder aufs Neue Anwendung fanden. Schon aus wenigen Resten eines griechischen Tempels läßt sich deswegen nicht nur das gesamte Bauwerk recht einfach rekonstruieren, sondern anhand der relativen Stellung in diesem Entwicklungsprozeß auch seine Datierung auf wenige Jahrzehnte genau ermitteln.

Die athenische Flotte

Daß eine Kriegsflotte als Offensivwaffe eines Staates zu dessen wichtigstem Machtmittel werden, ja die militärische und damit letztlich auch die politische Überlegenheit überhaupt erst andauernd garantieren kann, ist in der Antike über Jahrhunderte hinweg unbekannt gewesen. Der Schiffseinsatz im Kriegsfall diente zunächst nicht dem unmittelbaren Kampf, sondern allenfalls dessen logistischer Vorbereitung und Unterstützung, etwa durch den Transport von Gerät, Nachschub und Truppen.

Um 530 v. Chr. wandelten sich Kriegstaktik und Schiffbautechnik grundlegend. An die Stelle der schwerfälligen, mit bis zu vier übereinanderliegenden Ruderreihen bestückten Transportschiffe traten zunehmend wendige Triëren mit drei nach oben hin schräg versetzten Ruderreihen (89), die nun dem unmittelbaren Kampfeinsatz dienten: Der Bugsporn aus massivem Metall oder metallbeschlagenem Holz wurde beim angestrebten Ramm-Manöver zur tödlichen, das gegnerische Schiff versenkenden Waffe. Wegen der hohen Antriebskraft durch die ca. 200 Ruderer bei geringer Größe (ca. 35 m Länge, 5 m Breite) und der erheblich verbesserten Wendigkeit der Triëren wurden nun offene Seeschlachten mit Durchbruchs- und Überflügelungsmanövern möglich, die jedoch weiterhin in Küstennähe stattfanden und meist von Land aus kommandiert wurden. Berühmtestes Beispiel für die Vernichtungskraft der Triëren gegenüber schwerfälligen Großschiffen war die Seeschlacht in der Meerenge von Salamis, wo die athenischen Triëren 480 v. Chr. die Perserflotte fast vollständig zerstörten.

Athens Flotte, die im 5. Jh. v. Chr. den Delisch-Attischen Seebund anführte, die Ägäis beherrschte und Garant der athenischen Weltmachtstellung war, war im Rahmen

88 Das Mauersystem Athens sicherte nicht nur die eigentliche Stadt, sondern auch den 6 km langen Zugangskorridor zum Piräus mit den drei großen Häfen Kantharos, Zea und Munichia. Der von Athen nach Phaleron laufende Mauerzug diente der zusätzlichen Absicherung. Zahlreiche ältere Grabreliefs und Statuen sind in diese eilig errichteten Mauern verbaut worden, die über 300 ha Gelände umschlossen. Das Nutzland Athens war allerdings nicht miteinbezogen.

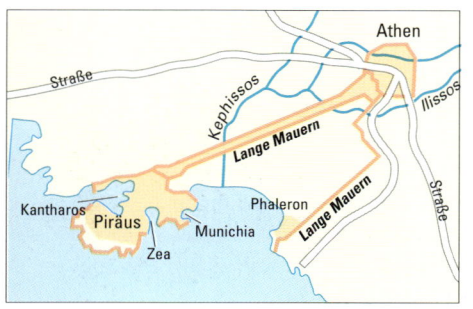

eines ambitionierten Bau-
programms in den Jahren
um 490 v. Chr. entstan-
den; bei Marathon war der
erste Perseransturm zwar
zurückgeschlagen worden,
doch eine zweite Angriffswelle zeichnete sich ab
(vgl. S. 56ff.). Der athe-
nische Flottenbau entsprang zunächst einer defensiven
Situation und ging maßgeblich auf Initiativen des Themistokles zurück. Bereits 493/492 v. Chr. entstanden
erste große Häfen im Piräus, die alsbald durch eine
riesige Wehrmauer gesichert und mit Athen verbunden wurden, die sogenannten Langen Mauern (88).
Mit den Erträgen aus den Silberbergwerken im attischen Laurion wurden 483/482 v. Chr. zunächst 200
Triëren erbaut, hoch gerüstet und mit Ruderern aus
dem athenischen Stand der Theten bemannt. Das nö-
tige Holz wurde aus den waldreichen Regionen am
Schwarzen Meer importiert, und zur Sicherung dieses
›Rüstungsguts‹ standen die Routen zum Schwarzen
Meer unter besonderer militärischer Absicherung des
Seebundes. Heutige Kenntnisse über diese antiken
Kriegsschiffe gründen sich nur zum geringen Teil auf
Wrackfunde, literarische Beschreibungen und bildliche
Darstellungen auf Reliefs oder Vasen überwiegen (90);
die überragenden technischen Eigenschaften der Triëre
sind inzwischen dank exakter Nachbauten sehr gut
nachvollziehbar (91).

Athens unangefochtene Seeherrschaft nach 480/479
v. Chr. lag in erster Linie darin begründet, daß die
Stadt ihre Triëren praktisch permanent
kampfbereit hielt und diesen Aufwand durch
Tributzahlungen der Bündnispartner und
durch die Erhebung spezieller Steuern finanzieren konnte. Zugleich hatte dieser Umstand aber auch bedeutende Auswirkungen
auf die innere Situation Athens. Nicht weniger als 40.000 Theten waren zur Besetzung

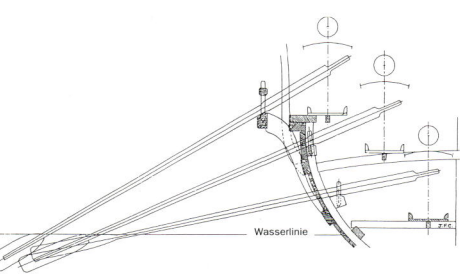

Wasserlinie

89 Das Riemensystem
einer attischen Triëre mit
drei übereinanderliegen-
den, versetzt angeord-
neten Ruderplätzen;
Rekonstruktionszeich-
nung.

90 Attische Trinkscha-
le, bemalt in schwarz-
und rotfiguriger Misch-
technik. Vier Kriegsschiffe mit mehrstöckiger
Ruderanordnung, die ver-
mutlich Triëren darstel-
len sollen, zieren das
Innenbild. Um 500 v.
Chr.; London, Britisches
Museum.

91 Die »Olympias«, amerikanischer Nachbau einer Triëre, auf der Probefahrt im August 1987 vor der Insel Paros. Sollten weite Strecken überbrückt werden, wurde nach Möglichkeit gesegelt; im Kampfeinsatz wurde ausschließlich gerudert.

von 200 Triëren erforderlich. Dies sicherte dem bis dahin eher rechtlosen 4. Stand erhebliche Einflußmöglichkeiten auf die inneren Angelegenheiten der Stadt und des Seebundes. Der Ausbau der Demokratie mit seiner vollständigen Einbeziehung der Theten in dieses Regierungssystem, wie dies mit der Verfassungsänderung des Ephialtes zu Beginn der 60er Jahre des 5. Jh. geschah, ist auf das engste mit der Flottenpolitik verknüpft.

Nachdem die athenische Flotte in der Seeschlacht von Aigospotamoi 405 v. Chr. von einer spartanischen Flotte vernichtet worden war, brachte erst der »Zweite Delisch-Attische Seebund« im 4. Jh. ein Wiederaufleben der athenischen Flottenpolitik mit sich. Den größten Umfang erreichte Athens Flotte mit über 400 Schiffen im späten 4. Jh., bildete damit aber nunmehr einen allenfalls lokal bedeutsamen Machtfaktor innerhalb des sich formierenden und ganz Griechenland miteinbeziehenden makedonischen Reich unter Alexander dem Großen.

Die Akropolis als Symbol der Großmacht Athen

Mit welcher Selbstverständlichkeit Athen sich im 5. Jh. v. Chr. als Herrscher über Griechenland sah, verdeutlicht die bei Thukydides (2, 36–41; s. S. 81) überlieferte Rede des Perikles anläßlich der Bestattung der ersten athenischen Gefallenen im Peloponnesischen Krieg (430 v. Chr.). In bemerkenswerter Weise hat diese

hochmütig-selbstbewußte Sicht von der Welt Nieder-
schlag gefunden in der Neubebauung der von den Persern 478 v. Chr. zerstörten Akropolis. Nicht mehr als
Heiligtum im Sinne eines Ortes für die Bürger, sondern als zentrales Staatsheiligtum, als Hort des Staatsschatzes, nach 454 v. Chr. auch als Zentrum des Seebundes, — derart umfunktioniert diente der Burgberg
fortan der Repräsentation der Großmacht Athen (92).

Zentrales Monument dieser neuen Akropolis war der
Parthenon (86), ein Riesentempel mit achtsäuliger
Front, der 447–432 v. Chr. über den Fundamenten
eines im Perserkrieg zerstörten Vorgängers nach Plä-
nen des Architekten Iktinos errichtet worden war. Er
erhob sich auf angeschüttetem, von einer massiven
Stützmauer entlang der Südseite gehaltenem Terrain
unmittelbar neben einem (später vom Erechtheion
ersetzten) alten Tempel, der das Kultbild der Athena
Polias barg und der das eigentliche religiöse Zentrum
der Burg war. Dieses Kultbild, nicht der monumentale
Bau des Parthenon war das Ziel der großen Prozession,
die an den jeweils im Juli stattfindenden Panathenäen
auf die Akropolis hinaufführte und im 5. Jh. v. Chr.
zugleich auch der Anlaß für die Bündner Athens war,

92   Modell der Akro-
polis von Athen; Zustand
des späten 5. Jh. v.
Chr.; Toronto, Royal
Ontario Museum. Im Vor-
dergrund die Propyläen,
rechts auf der Bastion
der kleine Nike-Tempel.
Vor dem Parthenon die
Bauten eines Artemis-
Heiligtums und Gebäude
für Kultgerät; vor der
Stützmauer das monu-
mentale Standbild der
Athena Promachos.
Links das Erechtheion,
dessen komplizierte,
vielgestaltige Baustruk-
tur von der Topographie,
aber auch von den ver-
schiedenen Kultmalen
bedingt ist, die hier in
ein einziges Gebäude
integriert wurden.

93 Die Korenhalle des Erechtheion, Zustand vor 1979. In den Mädchenfiguren, die als Statuentyp und in Details der Formgebung in der Tradition der Archaik stehen, kommt der aristokratische, gegen die Demokratie mit ihren Tendenzen zur Profanisierung altehrwürdiger Religion gerichtete Grundgedanke des Bauwerks mit seiner Beschwörung alter Tugenden am deutlichsten zum Ausdruck.

›ihrer‹ Göttin Athena zu huldigen und die Tribute an Athen abzuliefern.

So war der Parthenon also im kultisch-religiösen Sinne keineswegs der Mittelpunkt der Burg, auch wenn der überreiche, auf die Repräsentation des Gemeinwesens berechnete Relief- und Skulpturenschmuck des Bauwerks dies dem Betrachter nahelegen wollte. Die vielfigurigen Skulpturengruppen in den Giebeln (Poseidon und Athena im Zweikampf um Attika; Geburt der Athena aus dem Haupt des Zeus) stellten das alte, aristokratische Athen effektvoll neben das neue, stadt- und weltbeherrschende System der Demokratie. Die verschiedenen mythischen Kampfszenen auf den 92 reliefierten Metopen waren Allegorien auf die Perserkriege; kein Zweifel war möglich, daß allein Athen hierfür der Siegesruhm zukam. Der die Cella umlaufende Fries **(95)** führte in überzeitlich-abstrahierter Inszenierung den Panathenäenzug der Athener und der Bündner vor; der Höhepunkt des realen Zuges, die Einkleidung des Holzbildes der Athena Polias in ein prunkvolles Gewand, war über dem Eingang zum Parthenon an dessen Ostseite dargestellt: ganz so, als bestünde kein Zweifel, daß die Kulthandlung eben diesem Bauwerk gelte – was jedoch nicht der Fall war. Das aus Gold und Elfenbein gefertigte, 12 m hohe Monumentalbild der Athena Parthenos **(94)**, im Innern des Bauwerks von einer Galerie aus auch in Details zu betrachten, war dementsprechend auch kein Objekt für Kulthandlungen, sondern Teil der Finanzreserve Athens: Die fein reliefierten Goldplatten, die das Holzgerüst verkleideten, zeigten mythische Bilder mit zahlreichen Bezügen zur gegenwärtigen Größe der Stadt, waren als solche aber im Krisenfall abnehmbar und konnten zu Münzen verprägt werden.

Athen als politisch, militärisch wie auch aus dem Mythos heraus legitimierte Hegemonialmacht Griechenlands – das war auch das Thema der freiplastischen Skulpturen auf der Akropolis. Bau und Einweihung dieser Denkmäler waren im 5. Jh. v. Chr. bedeutsame öffentliche Akte. Die in der Sonne blinkende Lanzenspitze der 14 m hohen, bronzenen Athena als Vorkämpferin (*prómachos*) wies Schiffen schon von weitem den Weg nach Athen. Wie dieses Monument, so stammte auch die Athena Lemnia aus dem Atelier des Phidias **(53)**, letztere war eine Huldigung athenischer Militär-Kolonisten an ihre Heimatstadt. Der gefeierte Bildhauer Myron verfertigte ein Bronzedenkmal, das den Beginn der Freveltat des Marsyas im Beisein der Athena zeigt: Marsyas ergreift Athenas Flöte, fordert später Apoll zum Wettstreit heraus und wird für diese Hybris schwer bestraft – ein Denkmal mit erheblichem politischen Hintersinn, das erneut Macht und Kraft der Athena thematisiert. Reich an Anspielungen auf Athens Größe war auch das Denkmal für den Lyriker Anakreon **(128)**.

Die Baugeschichte der Akropolis in den 30er und 20er Jahren des 5. Jh. ist dann ein Spiegel der zunehmend zerrissenen innenpolitischen Situation Athens. Die gewalttätigen, in der Front-Ansicht fast an einen Tempel erinnernden Propyläen (= »Eingangstor«; wegen der Größe bereits in der Antike im Plural, und nicht als Propylon bezeichnet) des Architekten Mnesikles waren in ihrer hier erstmals zutage tretenden Kombination von dorischer und ionischer Bauordnung, aber auch aufgrund der geschickten Integration des steilen Geländes in ein harmonisches Architekturgefüge gewiß eine Meisterleistung der Baugeschichte. Der Bau sorgte aber auch für Zündstoff, da durch ihn das altehrwürdige Heiligtum der Athena Nike beschnitten wurde; wohl erst nach langen Debatten in der Volksversammlung konnte ein Kompromiß erzielt werden, der das Nike-Heiligtum unberührt ließ.

Die im schmucklosen, aber monumentalen dorischen Stil gehaltenen Propyläen sowie der Parthenon

94   Das Gold-Elfenbein-Bild der Athena im Innern des Parthenon. Modell; Royal Ontario Museum, Toronto. Die unbekleideten Partien der Göttin bestanden aus Elfenbein, die Kleidung aus reliefiertem Goldblech, das von einem Holzgestell im Innern getragen wurde. Basis, Innen- und Außenseite des Schildes, Sandalen und Helm waren mit Reliefs oder Gemälden dekoriert, die die Leistungen und Ansprüche der Athener in mythologischer Verbrämung anspielungsreich formulierten.

95 Der Panathenäische Festzug als Ideal der Stadt Athen: Der Cella-Fries des Parthenon zeigt die alljährlich stattfindende Prozession in einer auf zeitlose Gültigkeit zielenden Form. Reiter vom Nordfries des Parthenon, ca. 440 v. Chr.; London, Britisches Museum.

waren Bauten der Demokratie – Bauten, die sich zwar sakraler Formen bedient hatten, tatsächlich aber höchst profaner Natur waren. Wie ein Gegenentwurf wirken dagegen die kleinen, zierlichen und schmuckreich-ionischen Formen von Nike-Tempel und Erechtheion (93), in den 20er Jahren des 5. Jh. offenbar unter Einfluß konservativ-traditioneller Kreise entstanden. Beide Bauten waren wirkliche Kulttempel; der kleine Nike-Tempel ebenso wie das Erechtheion, das den seit dem Persersturm von 480 v. Chr. ruinösen alten Athena-Tempel ersetzte, nun statt dessen das aus Holz gefertigte Kultbild der Athena Polis, der Stadtgöttin Athens barg und den klobigen, ›demokratischen‹ Parthenon damit effektvoll entwertete.

96 Ein Beispiel für den Genie-Kult des 19. Jh.: Lawrence Alma-Tademas großformatiges Bild »Phidias at Work on the Parthenon«, (entstanden 1868, heute in Birmingham, Art Gallery) zeigt das Künstler-Genie Phidias inmitten seiner Helfer hoch auf einem Gerüst bei Arbeiten am Parthenon-Fries.

Kunst, Kunsthandwerk und Künstler: Das Selbstverständnis der Techniten

Es scheint selbstverständlich, die Produkte der griechischen Bildhauer, Maler, Töpfer und Vasenmaler, Bronzegießer, Silber- und Goldschmiede, ja auch die Bauten der Architekten als ›Kunst‹ zu bezeichnen und ihre Produzenten als Künstler. Besonders gilt dies für die griechische Klassik, die Zeit des 5. Jh.

v. Chr. Als alles überragende Epoche der griechischen
Antike, so jedenfalls die moderne Meinung, bilde sie
zugleich auch den Gipfel der Kunstproduktion Alt-
Griechenlands. Klassisch-griechische Kunst – das ist
das adelnde Synonym für die höchste Stufe der Verehrung antiker Bauten, Bilder und Denkmäler.

Man muß sich dabei aber vergegenwärtigen, daß
unser moderner Begriff von Kunst, unsere moderne
Vorstellung vom Künstler erst seit der Renaissance
existiert. Die heute so verbindlich und anerkannt
erscheinende Idee einer von Inspiration und Durch-
geistigung geprägten »Kunst«, geschaffen von einem
genuinen, nur sich selbst Rechenschaft schuldigen
Künstler, ist sogar erst im Verlauf des 19. Jh. Allgemeingut geworden. Noch die Kunst des Mittelalters
war dagegen weitgehend Funktionskunst und nach
heutiger Definition eigentlich kaum mehr als Kunst-
handwerk. Denn sie war auf christliche Kontexte und
Bedürfnisse beschränkt und von anonymen Personen
allein für diese Funktion hergestellt, mithin von einem
völlig anderen Selbstverständnis geprägt als die zunehmend weltlich und individuell orientierte Kunst der
Renaissance.

Die griechische Antike kannte weder *die* ›Kunst‹
noch *den* ›Künstler‹, hatte dafür auch gar keine Begriffe. Alles das, was wir heute darunter subsumieren, entsprang im damaligen Verständnis bloßer handwerk-
licher Fähigkeit – ein Sachverhalt, der seit dem 19. Jh.
intensive Forschungskontroversen ausgelöst hat.
Besonders krass manifestierte sich dies in der aristokratischen Welt des 7. und 6. Jh. v. Chr. ›Kunst‹ war
entweder das Produkt der ›Nebentätigkeit‹ eines von
Erwerbsarbeit unabhängigen Adeligen (oder, wie im
Mythos, eines Gottes), oder aber das Resultat der
geringgeschätzten ›Banausen-Tätigkeit‹ (*banaúsos* =
»Handarbeiter«). Diese negative Sicht auf die ›haupt-
beruflichen‹ Kunsthandwerker, ja auf imitative Kunst
wie etwa Malerei insgesamt, fand im 4. Jh. v. Chr.
ihren deutlichsten Ausdruck in der platonischen oder
aristotelischen Philosophie.

97 Das ergänzte
Bruchstück eines Weih-
reliefs von der Akropolis,
um 510 v. Chr. entstan-
den, zeigt, ganz in aristokratischer Manier, einen
nicht-adeligen Töpfer im
vornehmen Mantel,
seine Produkte präsen-
tierend – ein deutliches
Zeichen für das neue
Selbstbewußtsein des
Handwerkerstandes, wie
es sich im Kontext der
Demokratie in Athen arti-
kulieren konnte. Athen,
Akropolis-Museum.

98 Tontafel mit Darstellung des Ton-Abbaus. Weihetafeln des 6. Jh. v. Chr. wie diese, von denen sich in Korinth zahlreiche gefunden haben, zeigen verschiedene Stufen der Keramik-Produktion. Solche Darstellungen beinhalten im Vergleich zum aristokratischen Menschenbild (vgl. Abb. **40, 41, 42**) eine negative Sicht der Arbeits- und Handwerkerwelt. Berlin, Antikensammlung.

Überraschend ist jedoch der Widerspruch zwischen philosophischer Geringschätzung im ganzen und einer oftmals großen Achtung gegenüber einzelnen Werken. Auch Selbstzeugnisse griechischer Kunsthandwerker, etwa namentliche Signaturen an den Produkten oder markant charakterisierte Weihreliefs (97), sind seit dem späten 6. Jh. v. Chr. zahlreich und indizieren auf seiten der Produzenten ein zunehmendes Selbstbewußtsein, das in Athen sogar mit der sozialen Aufwertung der Theten in der aufkommenden Demokratie einherging. Die meisten Handwerker waren Angehörige dieses freien 4. Standes, der nach 461/460 v. Chr. die Volksversammlung Athens dominierte. Dieser Zugewinn an Sozialprestige und ökonomischem Status begann sich alsbald auszuwirken; die Techniten (die Handwerkerschaft, von griech. *techné* = »Können«, »Befähigung«) begannen, sich als eine eigenständige gesellschaftliche Gruppe zu formieren, die sich ihres handwerklichen Könnens ebenso sicher war wie ihrer neuen gesellschaftspolitischen Bedeutung im Athen des 5. Jh.

Dieses stolze »Könnensbewußtsein« der Techniten Athens, wie es der Althistoriker Christian Meier einmal zutreffend bezeichnet hat, wirkte sich auf die gesamte ›Kunst‹-Produktion Athens im 5. Jh. v. Chr. aus.

99 Ein Blick in eine Bronzegießerei: Durch Körpergröße und Kleidung als minderwertig charakterisierte Handwerker legen im Beisein zweier wohlhabender Auftraggeber (rechts und links) letzte Hand an eine Bronzeskulptur (Mitte). Attisch-rotfigurige Schale des sog. Erzgießerei-Malers um 480 v. Chr.; Berlin, Antikensammlung.

Bauprojekte wie etwa diejenigen auf der Akropolis (vgl. S. 88ff.) gerieten zu Demonstrationen der Ingenieurskompetenz, und die Errichtung großer SkulpturenDenkmäler waren nicht minder spektakuläre Inszenierungen bildhauerischer Fähigkeiten. Und immer wieder findet sich dieses »Könnensbewußtsein«, das sich nicht allein auf die großen öffentlichen Projekte wie den Tempelbau oder die Errichtung offizieller Staatsdenkmäler beschränkte, sondern auch im Kleinen allgegenwärtig war, auch bildlich-visuell formuliert (**99**). Der Individualismus der Spätklassik des 4. Jh. v. Chr. mit seinen an persönlichen, weniger an kollektiven Bedürfnissen orientierten Ansprüchen brachte erstmals die Ausprägung von Künstlerpersönlichkeiten mit sich; der Bildhauer Lysipp etwa wurde durch das von seiner Hand stammende Ur-Bild eines als besonders gelungen gepriesenen Alexanderporträts (»Alexander mit der Lanze«) weltberühmt. Das spätere römische Interesse an griechischer ›Kunst‹, die nun über viele Jahrhunderte hinweg als vorbildlich galt, hat diesem Individualismus und damit auch einer ›modernen‹ Sicht von Kunst und Künstlern Vorschub geleistet. Ein Höhepunkt waren hier die Bücher 33–37 in der Naturgeschichte des älteren Plinius (1. Jh. n. Chr.), denn hier wurde der erste Versuch einer systematischen Beschreibung von griechischen Künstlern, Werkstätten, von Lehrer- und Schüler-Verhältnissen unternommen. Plinius lieferte eine mit zahlreichen Anekdoten und Legenden garnierte Darstellung, die seit der Renaissance das gängige Bild des klassischen Künstlers, eines Phidias, Myron, Polyklet oder Apelles als Lichtgestalt und Genie, maßgeblich geprägt hat (**96**).

Die politische und literarische Bedeutung der Tragödie

Auf das engste verbunden mit der Entwicklung des griechischen Theaters, zugleich aber auch immer unmittelbar verknüpft mit dem aktuellen politischen Geschehen, in diesem Spannungsgefüge war die Tragödie seit dem 6. Jh. v. Chr. die beherrschende Form des

100   Bildnis des Tragikers Sophokles (ca. 496-406 v. Chr.); römische Kopie nach einem Denkmal des späten 4. Jh. v. Chr. aus dem Dionysos-Theater von Athen. Der Dichter wird in idealisierter Form und in Anlehnung an das für Dichter prototypische Homer-Porträt (vgl. Abb. **21**) als alter, weiser Mann mit Bart und Ehrenbinde abgebildet. London, Britisches Museum.

101 Das Dionysos-Theater in Athen entstand im 4. Jh. v. Chr. als eines der ersten dauerhaften, steinernen Bühnengebäude Griechenlands. Bis dahin bestanden die Theater aus ephemeren, nicht auf Dauer angelegten Holztribünen, die nach Beendigung der Aufführungen ab- und bei Bedarf erneut aufgebaut wurden. Das steinerne Theater unterteilte sich in die Orchestra, einen runden Platz für die Aufführung, in Bühnengebäude dahinter und die Cavea, die steil ansteigenden, in einen Hang gebauten Zuschauerränge mit Ehrensitzen für die Honoratioren in der vordersten Reihe.

griechischen Schauspiels. Ihre Anfänge liegen vermutlich im Bocks- oder Satyrgesang des Dionysos-Kultes. Die Tragödie als rhythmisch durchstrukturiertes, chorisch mit wechselnden Rollen vorgetragenes Kultlied bildete hier zunächst die Vorstufe des Satyr-Spiels; später kehrte sich dieses Verhältnis um, als in der Aufführungspraxis das Satyrspiel zum bloßen Anhang der inzwischen dominierenden Tragödie wurde. Die Entwicklung der Tragödie zum eigenständigen Theater-Ereignis wird mit dem Namen Arion verbunden, der um 600 v. Chr. am Hof des korinthischen Tyrannen Periander gelebt haben soll. Ihre idealtypische Ausprägung mit dem Antagonismus von singendem Chor und (meist zwei oder drei) rezitierenden Einzelschauspielern sowie die spezifische Form der Inszenierung, bei der die Schauspieler in die jeweilige Rolle verdeutlichenden Masken auftraten, gewann die Tragödie in Athen um die Mitte des 6. Jh. v. Chr.

Anders als Theaterstücke im modernen Sinne waren die Tragödien des 6. und 5. Jh. v. Chr. keine auf bleibende Dauer angelegten Dichtungen; sie erlebten in der Regel nur eine einzige Aufführung. In Athen standen die Tragödien im Mittelpunkt der musischen Agone, waren Teil eines Wettkampfs, der an den großen Dionysien sowie an den Lenäen – wichtigen, mehrtägigen attischen Festen – stattfanden. Insgesamt fünf Tragödien, zehn Kommödien und ein Satyrspiel von jeweils unterschiedlichen Autoren konkurrierten bei diesen beiden Veranstaltungen miteinander, die von einem jährlich neu gewählten Choregen **(103)** organisiert und finanziert wurden. In öffentlichen Vorführungen rangen die Werke um die Gunst eines

Kampfgerichtes. Die jeweiligen Dichter waren zugleich auch die Regisseure und für die Inszenierung insgesamt dem Kampfgericht und dem nicht selten sehr engagierten Publikum verantwortlich.

Nur ein Bruchteil dieser Schauspiele ist überliefert; das meiste davon geht auf die ausgewählten Editionen der drei großen Tragiker Aischylos, Sophokles und Euripides zurück, die in der Zeit des byzantinischen Akademismus (5./6. Jh. n. Chr.) erstellt wurden. Diese Text-Ausgaben beziehen sich in vielfach gebrochener Überlieferung auf das sogenannte »Staatsexemplar«, eine im späten 4. Jh. v. Chr., einer lange Zeit nach der eigentlichen Aufführung unter dem athenischen Staatsmann Lykurg erfolgten, offiziellen Niederschrift der Texte der großen Dichter Athens, die in einem steinernen Theater am Fuße der Akropolis (101) zusammen mit Ehrenbildnissen der Dichter (100) wie in einem Museum verwahrt wurde. Dieser Vorgang war typisch für das Athen des späten 4. Jh. v. Chr., das, entmachtet und von Makedonien abhängig (vgl. S. 106ff.), in jenen Jahren in Erinnerungen an einstige Größe schwelgte.

Die Themen, die die Tragödien aufgriffen, entsprangen überwiegend dem Mythos, wurden jedoch jeweils

102   Griechische Tragödie in moderner Adaption: Maria Callas spielte 1970 die Hauptrolle in Pier Paolo Pasolinis »Medea«, einer Übertragung der Tragödie des Euripides in die Medien Oper und Film.

103 Jeder Chorege erhielt als Ausgleich für sein kostspieliges einjähriges Ehrenamt, das ihn verpflichtete, die Theater-Agone zu organisieren und zu finanzieren, das Recht auf ein öffentlichkeitswirksames Denkmal an der Tripoden-Straße in Athen. Die Rekonstruktion des 19. Jh. zeigt das Denkmal für Lysikrates von 334 v. Chr. am Fuße der Akropolis; die Inschrift huldigt allen Siegern der von ihm veranstalteten Agone und feiert den Geehrten: »Dem Lysikrates, Sohn des Lysitheides aus dem Demos Kikynna, einem Choregen...[der wirkte], als Euainetos Archon in Athen war.«

derart aktualisiert, daß sie Leitbilder für eigenes, ethisch korrektes Handeln anboten. Bisweilen konnten die politischen Bezüge auch überhand nehmen. So waren die »Perser« des Aischylos (aufgeführt 472 v. Chr.) einem absolut gegenwärtigen Thema, nämlich den Perserkriegen, gewidmet. (Die Sicht der unterlegenen Perser steigerte dabei die Tragik der Situation.) Ein spektakuläres, die Athener tief berührendes Schauspiel war »Der Fall von Milet« (*Milétou hálasis*) des Phrynichos von 494 v. Chr., der eigentliche Anlaß für die Einmischung der Stadt in den Ionischen Aufstand, der den Perserkriegen vorausging. Und ebenfalls nicht ohne politischen Hintersinn fand sich in den Tragödien des 5. Jh. v. Chr. immer wieder das Thema von Theben als zu bestrafendem Verräter – war doch Thebens kampflose Kapitulation vor dem Perserheer 480 v. Chr. die Freveltat am ›Griechentum‹ schlechthin gewesen.

Das dramatische Prinzip der griechischen Tragödie basiert auf der effektvoll-emotionalen Darstellung der fatalen Aussichtslosigkeit jedweder Handlung des Protagonisten; wie auch immer er sich entscheidet, was auch immer er tut, sein Tun führt ins Desaster. Antigone, Elektra und König Ödipus in den Tragödien des Sophokles, Medea und Iphigenie in denen des Euripides, die Atriden Agamemnon und Orest sowie der persische Hofstaat in den Schauspielen des Aischylos gerieten, so unterschiedlich die Handlungsfäden auch gesponnen waren, nach immer dem gleichen Muster in hoffnungslose Situationen. Ein später Reflex dieses Prinzips ist die »Tragische Geschichtsschreibung«: Historiker wie Phylarchos aus Athen (3. Jh. v. Chr.) bedienten sich dieser Darstellungsstruktur und übertrugen sie, rückwärtsgewandt, auf historische Personen und Vorgänge; sie schufen auf diese Weise den bis heute geläufigen Topos des ›tragischen Scheiterns‹.

Die griechische Vasenmalerei – ein kurzer Überblick

Die größte erhaltenen Gruppe kunsthandwerklicher Erzeugnisse der griechischen Kultur bildet die Masse der bemalten Tongefäße. Gebrannter Ton ist per se unvergänglich und auch für eine Wiederverwendung in späterer Zeit ungeeignet, was die riesige Zahl des Erhaltenen im Vergleich zu anderen Materialgattungen erklärt. Bei den meisten griechischen Vasen handelt es sich um Grabbeigaben, d. h. sie wurden schon bald nach ihrer Herstellung der Gebrauchswelt und damit der alltäglichen Nutzung entzogen. Vor allem die prunkvoll bemalten attischen Vasen des 6. und 5. Jh. v. Chr., überwiegend in den Gräbern Etruriens gefunden, belegen, daß sie offensichtlich ein wichtiges Exportgut Athens waren.

Bemalte Tongefäße sind aus allen Epochen der griechischen Antike überliefert; die wechselnde Art ihrer Dekorationssysteme, Stilistik und Motive ihrer Bemalung, auch die Gefäßform und die technische Machart bilden insgesamt gute Kriterien für eine Datierung nicht nur der jeweiligen Vase, sondern auch ihres jeweiligen Fundkontextes. Die Vasen des 9. und 8. Jh. v. Chr. wurden mit geometrischen Ornamentbändern überzogen, was der Geometrischen Epoche auch ihren Namen gegeben hat (vgl. S. 30ff.). Waren die frühen Vasen aus attischen Werkstätten noch überwiegend kleinformatig, so dienten die späteren, über 1,50 m hohen und mit abstrakten Figuren verzierten Prunkgefäße als Grabmarkierungen (104). Die Vasen des 7. Jh. v. Chr. mit ihrem ›orientalisierenden‹ Dekor (üppige Streifen mit floralen Ornamenten und phantasievollen Fabelwesen) hatten ihren Ursprung im ionisch-östlichen Mittelmeerraum (105), später dann auch in Attika; ein wichtiges Produktionszentrum dieser Zeit war darüber hinaus Korinth, wo eine weithin exportierte, zunächst ornamental, dann auch figürlich dekorierte und charakteristisch rötlich-ockerfarbene Keramik entstand (106). Im 6. Jh. v. Chr. dominierten die attischen Vasen mit schwarzfigurigem Dekor (107), im 5. Jh. v. Chr. diejenigen mit rotfiguriger Bemalung (108); beide zeichnen sich durch kunstvoll aufgetragene Figurenszenen aus, die die Gefäßkörper großflächig überziehen. In die Übergangszeit um 520/500 v. Chr. gehören vereinzelte Gefäße in Mischtechnik

104   Spätgeometrische Grabvase aus Athen, um 750 v. Chr.; Athen, Nationalmuseum. Das knapp 1.30 m hohe Gefäß weist einen offenen Boden aus; es markierte ein Grab und war mittels einer durch den Boden gestoßenen Stange fixiert. Die beiden Bildfriese zeigen in geometrisch-ornamentaler Abstraktion Totenklage und Leichenzug.

105   Kleeblattkanne aus Rhodos, um 630 v. Chr. München, Antikensammlung. Charakteristisch für solche ›orientalisierenden‹ Vasen aus dem ionisch-kleinasiatischen Raum sind Tierfriese, die rundlichgeschwungenen Ornamentbänder sowie der helle Tongrund.

106   Kanne aus Korinth, um 630 v. Chr.; Rom, Villa Giulia. Das stark restaurierte Gefäß zeigt in der üblichen Farbgebung korinthischer Vasen auf zwei Bildfriesen die früheste Darstellung der Phalanx, der geschlossenen Schlachtreihe. Die Entstehung der Phalanx war eine Revolution in der Kriegstechnik; sie beendete im 7. Jh. v. Chr. den ›homerischen‹ Zweikampf und führte zu einer Aufwertung der den Adeligen in die Schlacht folgenden Bauernschaft, die zwar weiterhin von diesem wirtschaftlich abhängig war, jedoch aufgrund ihrer neuen Funktion im Krieg ein politischer Machtfaktor wurde.

(90). Die Kertscher Vasen des 4. Jh. v. Chr., benannt nach ihrem Hauptfundort auf der Krim, stammten vermutlich ebenfalls aus Athen, können in ihrem grobgezeichneten Dekor aber kaum einem Vergleich mit den attischen Vasen des 6. und 5. Jh. v. Chr. standhalten. Bedeutende Keramikzentren des 4. und 3. Jh. v. Chr. wies Süditalien auf; die unteritalischen Vasen aus Kampanien, Lukanien, Apulien oder Sizilien waren überwiegend Repräsentationsobjekte für den Totenkult. Erst im Hellenismus endete die Tradition bemalter Keramik; üblich wurde nun eine in der Formschüssel hergestellte Relief-Keramik mit appliziertem Zierat.

Besonders die aufwendig gestalteten Figurenbilder auf den spätkorinthischen, den schwarz- und rotfigurigen attischen sowie den unteritalischen Vasen sind immer wieder Gegenstand archäologischer Debatte gewesen. Denn wie nirgends sonst spiegelt sich in diesen Bildern – direkt oder gebrochen – die Lebenswelt der jeweiligen Epoche. Szenen wie der Besuch eines Aristokraten in einer Bildhauerwerkstatt **(99)**, die Darstellung von pittoreskem Markttreiben, von orgiastischen Symposien, vom Opfer im Heiligtum, von adeliger Jagd oder von Sklavenarbeit im Bergbau **(98)** geben direkte Einblicke in vergangenen Alltag. Die zahlreichen Darstellungen aus der Welt des Mythos überliefern einerseits in der antiken Literatur vielfach nicht beschriebene Varianten der Göttersagen, bilden andererseits aber oft nur eine durchaus mythisierte Verbrämung ganz profaner Ansprüche, Sichtweisen und Wünsche. Und nicht selten finden sich in der Vasenmalerei dann auch Hinweise auf heute verschollene Tafelgemälde, Bauwerke oder Statuen, auf die vermeintlich ›große Kunst‹ des antiken Griechenland.

Auch wenn der Dokumentationscharakter der Bilderwelt griechischer Vasen als solcher unbestritten bleibt und nur die Frage nach dem jeweiligen Realitätsgrad dieser Spiegelung diskutiert wird, so ist die Frage nach dem Kunstwert antiker bemalter Vasen nicht nur von Archäologen, sondern von Kulturschaffenden insgesamt durchaus unterschiedlich beantwortet worden. So notierte, angesichts der immensen Geläufigkeit solcher Vasen, der prominente österreichische Jugendstil-Architekt Adolf Loos eher despektierlich: »Die griechischen Vasen sind schön, so schön wie eine Maschine, so schön wie ein Bicycle.« Andere sahen und sehen in den Bildern jedoch erstrangig-authentische Kunstwerke der Antike, was zu bisweilen verblüffenden Preisen auf Auktionen geführt hat; wieder andere wähnen sich hier konfrontiert mit den massenhaft hergestellten und wenig inspirierten Produkten eines kommerziell geprägten antiken Kunsthandwerks. Aufsehen erregte jüngst die These des britischen Archäologen Michael Vickers, der in den bemalten Ton-Vasen billige Surrogate der unvergleichlich aufwendigeren und in der Herstellung teureren, heute hingegen ganz überwiegend verschollenen Prunkgefäße aus Metall sah.

Zahlreiche attische Vasen schwarz- und rotfiguriger Herstellungstechnik sind entweder vom Töpfer (*epoíesen* = »hat gemacht«) oder vom Maler (*egrápsen* = »hat gemalt«) signiert. Ob solche Signaturen wirklich den Künstler-Signaturen der Neuzeit entsprochen haben oder lediglich Verwaltungs- und Abrechnungsmodalitäten innerhalb einer Werkstatt dokumentieren, ist unklar. Dennoch haben die Signaturen nicht nur diejenigen, die in der Vasenmalerei hohe Kunst vermuteten, in ihrer Aufassung bestärkt, sondern zugleich auch Anlaß und Grundlage für eine personen- und werkstattorientierte Klassifikation der gesamten Gattung anhand stilistischer oder technischer Merkmale gegeben. Der britische Archäologe Sir John Beazley (1885–1970) schuf neben einer Katalogisierung der faktisch mit Namen überlieferten Maler und Töpfer ein System, bei dem zahlreiche Not-Namen wie etwa der »Berliner Maler« (benannt nach einem prominenten Gefäß in Berlin), der »KX-Maler« (benannt nach einem dieser Buchstabenfolge ähnelnden Ornamentband) oder der »Brygos-Maler« (benannt als derjenige Anonymus, der die vom Töpfer Brygos signierten Gefäße bemalte) festgelegt wurden. So wurde nahezu

107   Schwarzfiguriger Kessel mit Ständer aus Athen, um 590/580 v. Chr.; London, Britisches Museum. Das von dem Vasenmaler Sophilos signierte Prunkgefäß ist eines der frühesten Beispiele der vollentwickelten schwarzfigurigen Technik.

der gesamte bekannte Bestand attischer Vasen, ja auch neugefundenes Material in diesem Sinne zuordnungsfähig – ein System, das sich inzwischen im gewissen Grade verselbständigt hat, weil zahlreiche Vasenforscher dieses eigentlich abstrakte Klassifikationssystem immer öfter für einen authentischen Bestandteil einstiger antiker Realität zu halten beginnen und etwa den »KX-Maler« als eine tatsächlich existent gewesene Künstlerperson ansehen.

Der technische Stand der Herstellung griechischer Vasen hat sich seit dem 9. Jh. v. Chr. rapide entwickelt: Drehscheibe, feingeschlemmter Tonschlicker als Malmittel, verschiedene oxydierende, reduzierende und reoxydierende Brennverfahren und entsprechende Ofenkonstruktionen waren gängig und wurden perfektioniert. In der Frühzeit (9.–7. Jh. v. Chr.) dominierte die Umriß- bzw. Silhouettenmalerei. Die attischen Vasen des späten 7. und 6. Jh. v. Chr. benutzten als Hintergrund für Bildszenen die rötlich gebrannte, natürliche Tonfarbe. Sie umgab die schwarzen, mittels Aussparung, Ritzung und Applikationsmalerei sowie durch ein oxydierendes Brennverfahren erzeugten Figurenszenen. Die spätere rotfigurige Vasenmalerei des 5. Jh. v. Chr. kehrte diese Technik um und gestaltete die Figuren mit filigranen, wohl mittels eines Haarpinsels gelegten und nicht frei gezeichneten Linien aus Tonschlicker, die tiefschwarzen Hintergründe mittels oxydierendem Brand. Eine Sondergattung des 5. Jh. v. Chr. sind die weiß grundierten und sehr farbig bemalten Gefäße (meist Lekythen oder Schalen), die überwiegend im Bestattungswesen Verwendung fanden; sie wurden erst nach dem eigentlichen Brand des Gefäßes mit einem sehr empfindlichen Maldekor überzogen.

Hippodamos von Milet und die Entwicklung des griechischen Städtebaus

Die Erfindung der schachbrettartig angelegten, in ihren Strukturen bis ins kleinste durchgeplanten Stadt wird unter Hinweis auf eine Passage bei Aristoteles

108 Rotfigurige Amphora aus Athen, um 490 v. Chr.; Berlin, Antikensammlung. Das namengebende Stück des ›Berliner Malers‹ zeigt Hermes, Satyr und ein Reh als Anführer des Zuges, der den betrunkenen Gott Hephaistos im Beisein des Dionysos auf den Olymp zurückführt. Die Attribute der Dargestellten machen diesen Bildkontext für jeden damaligen Betrachter deutlich; das Bild zeigt beispielhaft, wie sehr sich komplexe mythisch-historische Szenarien in der Vasenmalerei auf markante Ausschnitte und Anspielungen reduzieren ließen.

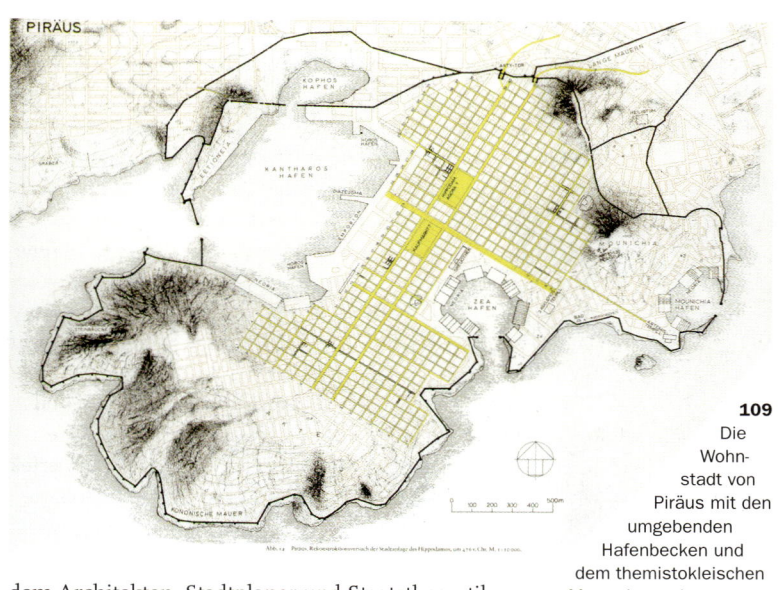

PIRÄUS

Abb. 14 Piräus, Rekonstruktionsversuch der Stadtanlage des Hippodamos, um 470 v.Chr. M. 1 : 17.000.

109
Die Wohnstadt von Piräus mit den umgebenden Hafenbecken und dem themistokleischen Mauerring, schematische Rekonstruktion. Deutlich wird das orthogonale Straßensystem mit breiteren Haupt- und schmaleren Nebenstraßen, das die Insulae als Flächen für die Wohnbebauung umgrenzt; das Aussparen der Areale für öffentliche Bauten und Heiligtümer orientierte sich an der Raster-Struktur.

dem Architekten, Stadtplaner und Staatstheoretiker Hippodamos von Milet zugeschrieben, der im 5. Jh. v. Chr. tätig war. Die Entwicklung des »hippodamischen Systems«, eines Straßenrasters, bei dem sich breite Haupt- und deutlich schmalere Nebenstraßen wie in einem Gitternetz rechtwinkelig kreuzten und entweder quadratische oder langrechteckige Bebauungsflächen (*insulae*) umschlossen **(109)**, gehörte zu den wichtigsten städtebaulichen Leistungen der Antike überhaupt und ist als stadtplanerisches Konzept bis in die Moderne überliefert worden – man vergleiche etwa den Stadtplan Manhattans in New York.

Es war jedoch nicht besagter Hippodamos, der dieses Gitternetz rechtwinkeliger Straßenkreuzungen erfunden hat. Solche städtebaulichen Strukturen fanden sich bereits in den griechischen Koloniestädten des 7. und frühen 6. Jh. v. Chr., z. B. in Megara Hyblaea auf Sizilien oder in Metapont nahe Tarent **(51)**. Die Rasterung, die sich als ein Mittel der Flurbegrenzung sogar in das umliegende Ackerland fortsetzte, diente der gleichmäßigen Verteilung des Siedlungs- und Ackerlandes an die Kolonisten, hatte also hand-

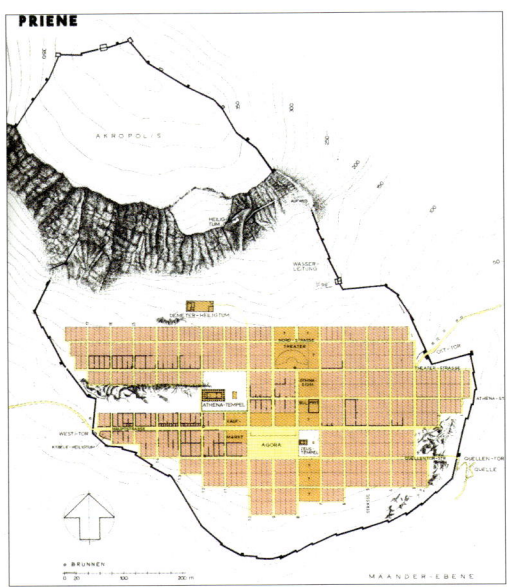

110 Grundriß der Stadtanlage von Priene mit ihrer klaren Differenzierung von Wohnbereichen, öffentlichen Plätzen und Heiligtümern. Die Akropolis überragte die Stadt und war in den Mauerring mit einbezogen.

feste, praktische Ursachen. Das, was Aristoteles als das »hippodamische System« des Städtebaus und als eine einschneidende Neuerung des 5. Jh. v. Chr. bezeichnete, war indessen mehr als das bloße Konstruieren gerasterter Straßenachsen. Hippodamos griff dieses Strukturprinzip auf und verband es mit einer komplexen, sogar in Schriftform gefaßten (jedoch außerordentlich bruchstückhaft überlieferten) Staatstheorie; wie sonst selten zeigt sich hier die Spannweite der Tätigkeiten eines Architekten in der griechischen Antike. Die sichtbarste Folge des »hippodamischen Systems« war die konsequente Strukturierung einer Stadt nach Maßgabe ihrer Funktionsbereiche. Das Straßenraster machte es möglich, Areale für Hausbebauung, öffentliche Plätze (Agora, Theater) und sakrale Flächen (Heiligtümer) klar voneinander zu scheiden, ihnen einen ganz eigenen, der jeweiligen Bedeutung angemessen dimensionierten bzw. proportionierten Raum innerhalb des städtischen Baugefüges zuzumessen.

Erstmalige Anwendung fand das »hippodamische System« 479 v. Chr. beim Wiederaufbau der von den Persern zerstörten Stadt Milet. Vermutlich um 450 v. Chr. war Hippodamos dann, im Auftrag Athens, an der Planung für den Neubau der Hafenstadt Piräus beteiligt (109). Dieser Umstand macht es wahrscheinlich, daß dem hippodamischen System im Sinne der erwähnten Staatstheorie eine politische Komponente zugrundegelegen haben muß, die mit dem radikalen Konzept der Demokratie, wie sie in Athen seit 461/460

v. Chr. praktiziert wurde, in Einklang stand. Vermutlich sollten die neuen demokratischen Prinzipien ihren sichtbaren Ausdruck auch im Städtebau finden: sei es in einer Visualisierung der neuen Verhältnisse der Stände zueinander, sei es in einer Aufwertung demokratischer Instanzen und Institutionen innerhalb des öffentlichen Raums.

In welch hohem Maße der Städtebau in der Art des Hippodamos im 4. Jh. v. Chr. sich nicht nur durchgesetzt hatte, sondern zu einem verbindlichen Gestaltungsmuster geworden war, das sich auch über alle natürlichen Hemmnisse hinwegsetzte, zeigt die nach 350 v. Chr. neu erbaute, vom prominenten Architekten Pytheos konzipierte Stadtanlage von Priene in Kleinasien. An einem Hang über der Mäander-Ebene gelegen, bildet der Grundriß der Stadt **(110)** mit seiner durchsichtigen Struktur, mit seinen klar gegliederten und voneinander geschiedenen urbanen Funktionsbereichen nahezu ein Idealbeispiel hippodamischer Stadtplanung und war gewiß ein Gesamtkunstwerk antiken

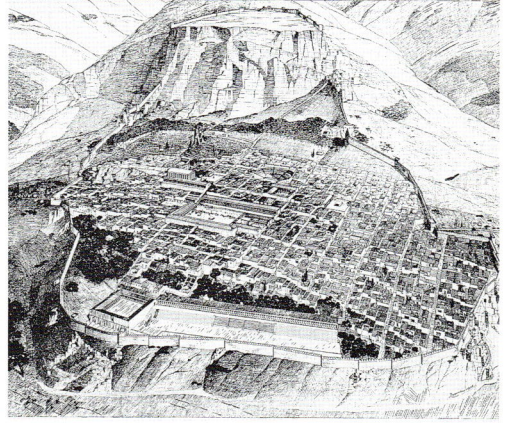

Städtebaus. Angesichts der topographischen Gegebenheiten aber wirkt das Raster-System wie der Natur aufgezwungen, denn auf nicht einmal 300 m Raumtiefe steigt das Terrain nach Süden hin gleichmäßig steil um 100 m an **(111)**. Nur die Ost-West-Straßen waren teilweise befahrbar; alle Nord-Süd-Achsen bestanden aus steilen Treppenwegen, was große praktische Probleme mit sich gebracht haben muß. Nicht zu Unrecht wurde die Stadtanlage von Priene deshalb als Ausdruck einer Ideologie, als der endgültige ›Sieg der reinen über die praktische Vernunft‹ im griechischen Städtebau bezeichnet.

111   Priene mit dem Akropolis-Felsen und der Stadtanlage auf dem abschüssigen Hang. Zeichnerische Rekonstruktion der Topographie durch die deutschen Ausgräber, um 1900.

Der Peloponnesische Krieg – Wendepunkt der griechischen Antike

Kriege und Zwistigkeiten haben die inneren Geschicke des antiken Griechenland von alters her bestimmt. Bewaffnete Auseinandersetzungen zwischen rivalisie-renden Adeligen oder ihren Clans, später zwischen verschiedenen Stadtstaaten oder Bündnissen waren übliche Mittel der Konfliktlösung und dabei sogar hoch angesehene Wege, sich Respekt, Prestige und materiel-len Zugewinn in Form von Kriegsbeute zu verschaffen. Insofern erstaunt es zunächst wenig, daß die glanzvol-len griechischen Siege gegen die Perserheere 490 und 480/479 v. Chr. (vgl. S. 56ff.) keineswegs zu einem gemeinsamen griechischen ›Staat‹ geführt haben, sondern im Gegenteil Anlaß zu weiteren innergrie-chischen Zerwürfnissen gaben. Um den Rang des Sie-gers über die Perser stritten sich nicht allein die Groß-mächte Athen und Sparta, sondern im Zuge der sich verstärkenden Polarisierung auch ihre jeweiligen Bün-dner – eine Rivalität, die sich in den 30er Jahren des 5. Jh. zusehends verschärfte und 431 v. Chr. schließlich in offenen Kriegshandlungen kulminierte (75).

Für die damalige antike Welt entwickelte sich der Peloponnesische Krieg in bis dahin ungekannter Weise zu einem Weltkrieg, der ganz Griechenland in unter-schiedlichsten politisch-militärischen Konstellationen und auf verschiedensten Schauplätzen in Mitleiden-schaft zog. Die höchst verwickelte Ereignisgeschichte dieses Kriegs ist bis zum Jahr 411/410 v. Chr. mit bemerkenswerter Objektivität und Akribie von dem athenischen Historiker Thukydides als ein zäher Stel-lungskrieg beschrieben worden, bei dem die Kontra-henten nicht die Entscheidung in offener Feldschlacht suchten, sondern sich mit überfallartigen Brandschat-zungen, mit gezielten Verwüstungen des gegnerischen Wirtschaftslandes wechselseitig in die Erschöpfung trieben. Einer kurzen Friedensphase (421–415 v. Chr.) folgten neue, immer weitere Kreise ziehende Kriegs-handlungen, darunter das Desaster der Truppen Athens vor Syrakus auf Sizilien (Herbst 413 v. Chr.;

112). Nach der Niederlage Athens in der Seeschlacht bei Aigospotamoi (an der nordgriechisch-thrakischen Küste) gegen einen spartanischen Flottenverband unter dem Kommando des Lysander (Hochsommer 405 v. Chr.) kapitulierte Athen; die einstige Großmacht lagt am Boden und wurde von spartanischen Truppen besetzt (Frühjahr 404 v. Chr.).

Die griechische Staatenwelt wurde durch diese Ereignisse regelrecht durcheinandergewirbelt – traditionelle Bündnisse zerbrachen, neue Koalitionen formierten sich, z. T. sogar mit einstigen äußeren Feinden wie den Persern oder den Karthagern, die dadurch nachhaltig in das Geschehen verwickelt wurden. Die meisten Stadtstaaten wurden innenpolitisch destabilisiert: Ihre Institutionen gerieten ins Wanken, blutige Parteikämpfe zwischen Demokraten und Aristokraten prägten das Bild und zeugten von einem fortschreitenden inneren Zerfall aller Werte und Normen. In hohem Ausmaß nahmen die inneren Zustände der Hauptgegner Athen und Sparta Schaden. Bereits in den ersten Kriegsjahren wurde Athen belagert, die Pest brach aus, mit dem Tod des Perikles (429 v. Chr.) geriet auch das System der Demokratie, deren Protagonisten den Krieg auf das äußerste forciert hatten, unter Druck. Es folgten mehrere Putschversuche, die zeitweilig zur Einrichtung einer Oligarchie und – mit dem Namen Alkibiades verbunden – sogar zu einer Restitution der Tyrannis führten; nach der Kapitula-

des Praxiteles« aus Olympia); Bildhauer und Architekt Skopas in Paros tätig (Tempel der Athena Alea in Tegea)
ca. 370–285 v. Chr.
Theophrast, seit 322 v. Chr. Nachfolger des Aristoteles im Peripatos
ca. 340–310 v. Chr.
Bildhauer Lysipp in Sikyon tätig (Herakles »Typus Farnese«; Alexander-Porträt)
338 v. Chr.
Tod des Isokrates (geb. 436 v. Chr.), der im Gegensatz zur Demosthenes für ein gemeinsames Groß-Griechenland unter Führung Makedoniens eintrat (»Philippos«, 359 v. Chr.)
335/334 v. Chr.
Denkmal für den Choregen Lysikrates in Athen errichtet (Abb. **103**)
342/341–290 v. Chr.
Menander, Kommödien (»Neue Kommödie', im Gegensatz zur »Alten Kommödie« der Aristophanes-Zeit)

112 Die massiven, uneinnehmbaren Befestigungen des Fort Euryalos waren eine unmittelbare Folge der athenischen Belagerung von Syrakus im Peloponnesischen Krieg. Die sizilianische Großstadt errichtete mit diesem Mauerring eine Demonstration militärischer Überlegenheit, um neuerlichen Belagerern von Beginn an die Zwecklosigkeit ihres Vorhabens zu signalisieren.

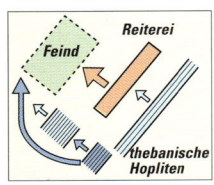

113 Eine Revolution der Kriegstaktik war der »Schiefe Keil«, mit dessen Hilfe das thebanische Heer im 4. Jh. v. Chr. großen Erfolg hatte. Reiterei und Fußvolk rücken auf ganzer Länge gegen das konventionell in einem Rechteck aufgestellte gegnerische Heer vor, während zwei weitere, sehr tief und schmal gestaffelte Hoplitenkontingente die feindlichen Schlachtreihen umgehen und dabei seitlich und von hinten angreifen.

tion der Stadt lagen ihre politischen Institutionen in Scherben.

Dem Sieger Sparta erging es nicht viel besser. Die neue Rolle als Hegemonialmacht über ganz Griechenland, die damit zwangsläufig einhergehende Öffnung nach Außen erwies sich als unverträglich mit der inneren Ordnung, die auf einer elitären Abschottung gegenüber der ›Außenwelt‹ beruhte. Und so blieb Spartas Vormachtstellung über Hellas ein kaum eine Generation überdauerndes Intermezzo mit üblem Ende: 371 v. Chr. wird das spartanische Heer von Thebanern unter Führung des Epameinondas bei Leuktra in Böotien aufgerieben (**113**), Sparta danach sogar kurzzeitig von den Thebanern besetzt – die nun, nicht minder unfreiwillig und nicht minder kurzzeitig wie einst die Spartiaten, zur neuen Hegemonialmacht über Griechenland werden.

Nördlich dieser durch innere Zwiste destabilisierten griechischen Staatenwelt formierte sich indessen das Königreich der Makedonen – aus griechischer Sicht ein fremdartiges, deshalb auch von den Olympiaden konsequent ferngehaltenes Barbarenvolk, das aber bereits seit dem 5. Jh. v. Chr. bestrebt war, als ›griechisch‹ zu gelten. Mehrfach brachten sich makedonische Könige gerade in den Wirren des späten 5. und 4. Jh. v. Chr. als ›Mitspieler‹ im innergriechischen Rän-

Der Melier-Dialog
Als das zentrale Ereignis des 16. Kriegsjahres (416/415 v. Chr.) verzeichnet der Historiker Thukydides im 5. Buch seiner »Geschichte des Peloponnesischen Krieges« die Zerstörung und vollständige Auslöschung von Melos durch athenische Truppen. Dem barbarischen Akt – die gesamte männliche Bevölkerung der Insel wurde hingerichtet, Frauen und Kinder in die Sklaverei verkauft – gingen diplomatische Verhandlungen voraus, die bei Thukydides in einem kunstvoll gestalteten Dialog zwischen ›Athenern‹ und ›Meliern‹ wiedergegeben sind. Mit Schmeicheleien, Verlockungen und Drohungen versuchten die Athener, die Melier gegen Sparta aufzubringen und zum Abfall zu bewegen. Vergeblich, denn die Melier sahen in diesem ›Schutz-Angebot‹ de facto einen Akt der Unterwerfung, ein Aufopfern der nach eigenem Bekunden schon 700 Jahre währenden Tradition der Freiheit. Das hier paradigmatisch thematisierte Prinzip von ›Zuckerbrot und Peitsche‹ in der zwischenstaatlichen Auseinandersetzung wurde mit Niccolò Machiavellis 1513 verfaßter Schrift »Il Principe« (»Der Fürst«) zur Metapher moderner, noch heute gültiger, auf Gewalt und Erpressung wie auf ideologischer Beschönigung dieser Aggression basierender Machtpolitik.

kespiel ins Gespräch. Unter König Philipp II. (reg. 359–336) wuchs Makedonien zu einer Großmacht heran, die sich zusehends in Kriege mit dem ›alten Griechenland‹ verwickelt sah. Besonders in Athen war man beunruhigt, galten die ersten makedonischen Übergiffe in Nordgriechenland (auf Poteideia, Methone und Olynth) doch guten Verbündeten und damit der eigenen Einflußsphäre. In Athen entstand eine bisweilen an Hysterie grenzende antimakedonische Stimmung. Redner wie Demosthenes (114) beschworen die alten Werte Athens und riefen zu einem gemeinsamen Kriegszug gegen die Makedonen auf. Wohl in diesem Klima der Angst und Verunsicherung entstanden neue Verteidigungsanlagen für Athen wie die Dema-Mauer, die ganz Attika nach Norden hin abriegelte, vollzog sich dann im Frühjahr 340 v. Chr. die Gründung eines Panhellenischen Bundes, der wenige Monate später Philipp II. den Krieg erklärte. Die 338 v. Chr. bei Chaironeia in Nordgriechenland geschlagene Schlacht führte mit dem überlegenen Sieg des Makedonenheeres die Entscheidung herbei: Die Makedonen waren die neue, fortan unbeschränkte Hegemonialmacht Griechenlands.

Philipp II. zementierte die neue Machtstellung seiner Dynastie jedoch nicht mit militärischer Gewalt, sondern mit politischem Geschick. Man beließ dem ›alten Griechenland‹ seine Würde, indem man es zum Hort der Kultur erklärte. Makedonien erließ einen »allgemeinen Frieden«, erhob sich als ein ›erster unter Gleichen‹ in den Rang eines nun die Geschicke lenkenden griechischen ›Mit-Staates‹ (und nicht in die Rolle des Beherrschers eines eroberten Gebietes) und rief, als ein einigendes und identitätserhaltendes Element, alle ›Mitgriechen‹ zu einem neuerlichen Kampf gegen den gemeinsamen Erzfeind, die Perser auf. Tatsächlich aber hatten sich die Machtverhältnisse dramatisch verändert: Die griechische Staatenwelt hatte auf einen Schlag ihre Autonomie verloren und war in Abhängigkeit zu einer Monarchie neuen Typs geraten.

114 Römische Kopie einer Ehrenstatue des Demosthenes. In zahlreichen ›Brandreden‹ hatte er die alten Werte Athens beschworen und zum Kampf gegen Makedonien aufgerufen. Das Urbild der Statue entstand, etwa 40 Jahre nach seinem Tod, um das Jahr 280 v. Chr. und wurde als ein Akt der Erinnerung an bessere Zeiten auf der Agora aufgestellt.

115 So geläufig wie ein Ornament und deswegen selten einmal eigens in wissenschaftlichen Publikationen abgebildet: Ein athenischer Bürger auf der Agora im typischen Gestus – gestützt auf den Knotenstock *(báktron)* – ins Gespräch mit einem (hier nicht dargestellten Mitbürger) vertieft. Attisch-rotfiguriger Skyphos (Becher); Laon, Museum.

Privatheit und Öffentlichkeit: Vom Entstehen bipolarer Lebenssphären

Das Leben der Männer im antiken Griechenland des 6. und 5. Jh. v. Chr. spielte sich in der Öffentlichkeit ab; selbst in unserem modernen Verständnis ›privateste‹ Dinge wie etwa das Intimleben, das Geldvermögen oder Krankheiten waren öffentlich beachtete und diskutierte Sachverhalte. Der freie Athener ging, wenn er nicht arbeitete, auf die Agora, den Marktplatz, und diskutierte mit seinen Mitbürgern **(115)**. Alle Belange waren in diesen z. T. stundenlangen Gesprächen Themen: Welt- und Lokalpolitik ebenso wie etwa das Geldproblem des Nachbarn oder die Webkunst der Schwiegermutter. Der Athener verstand sich im umfassenden Sinne als ein *homo politikus*, als ein öffentlicher, politischer, d. h. als ein am Gemeinwesen interessierter Mensch, und wer sich von der Agora zurückzog und an diesen Diskussionen nicht beteiligte, verhielt sich verdächtig. Eine Trennung von Privatleben und Öffentlichkeit, wie sie uns selbstverständlich geworden ist, existierte in dieser Männerwelt nicht.

Strikt von dieser Sphäre getrennt lebten die Frauen. Nur selten gab es für sie Anlässe, das Haus zu verlassen, etwa bei großen Festen und Prozessionen im Heiligtum. Ansonsten wirtschaftete die Frau, manchmal unterstützt von Sklaven, im Hause, führte hier bisweilen ein strenges, auch die Männer maßregelndes Regiment und war dabei zugleich für die Finanzen der *oikía*, des »Haushaltes« verantwortlich. Das Ideal der Frau ist bereits in Homers »Odyssee« beschrieben, wo Penelope, die Gattin des Odysseus, zwanzig Jahre geduldig auf die Rückkehr ihres Mannes wartet, das Haus nicht verläßt und sich derweil mit Handarbeiten oder anderer Hauswirtschaft beschäftigt **(116)**. ›Frauengemach-Szenen‹ waren in der Vasenmalerei des späten 5. und 4. Jh. v. Chr. ein beliebter Topos.

Während der stark reduzierte Wirkungsbereich der Frauen über die Jahrhunderte hinweg gleich blieb, änderte sich das Verhältnis von Privatheit und Öffentlichkeit innerhalb der Männerwelt im 4. Jh. v. Chr. entscheidend. Der Rückzug der Bürger aus dem Geschehen in der Polis, d. h. aus der Politik, wie er für die Zeit nach dem Peloponnesischen Krieg charakteristisch wurde, das Aufkommen einer Plutokratie (»Herrschaft der Reichen«) führte unmittelbar zum Entstehen einer von der öffentlichen Sphäre getrennten Privatheit. Der Kollektivismus der demokratischen Gesellschaften des 5. Jh. v. Chr. mit dem typischen Verzicht auf individuelle Repräsentation wurde nun abgelöst von personengebundenen Wohlstandsdemonstrationen: Lange Zeit verpönte Luxusgegenstände, großzügige Hausanlagen mit großen Räumen und prächtiger Ausstattung wie z. B. dekorativen Malereien, Mosaiken, Bädern und Heizungen kamen in Mode. Das Haus selbst, noch im 5. Jh. v. Chr. von bescheidener, funktionaler Gestalt, gewann zu Repräsentationszwecken an Bedeutung. Öffentlichkeit fand nun daheim statt, etwa beim Symposion im aufwendig eingerichteten, zugleich vom ›Privat-Trakt‹ des Hauses strikt geschiedenen *ándron*. Individuelle Bildnisformen (117) wurden in bis dahin ungekannter Weise nun ebenso geläufig wie öffentlich präsentierte Hinweise auf privaten Luxus, etwa in Gestalt der Grabreliefs (s. S. 115ff.). Zahlreiche archäologische Denkmäler des 4. Jh. v. Chr. bezeugen dieses gänzlich neue Entstehen bipolarer Lebenssphären von Privatheit und Öffentlichkeit, die in scharfem Kontrast zu den Gepflogenheiten des 6./5. Jh. v. Chr. standen.

116 Wohlhabende Hausfrau mit Dienerin, die der Herrin die Schmuck-Schatulle reicht – ein typisches Frauenbild der griechischen Antike. Nach der Inschrift als »Stele der Hegeso« bezeichnetes Grabrelief vom Kerameikos in Athen, um 400 v. Chr. Athen, Nationalmuseum.

117 Individuelle Repräsentations-Statuen wie diese – heute kopflosen – Bildnisse des wohlsituierten Ehepaars Kleopatra und Dioskourides, laut Inschrift im Jahr 138 v. Chr. im Hof ihres Hauses auf Delos errichtet, häufen sich seit dem 4. Jh. v. Chr.; sie sind ein charakteristisches Indiz für die ›Flucht‹ der Bürger in die Privatheit.

Das griechische Haus

Das Haus bildet als Nutz- und Schutzarchitektur, als Repräsentationsobjekt und zugleich als Zentrum der hauswirtschaftlich geprägten Ökonomie seit alters her die Keimzelle der in Sippen organisierten griechischen Gesellschaft. Doch im Vergleich zu den aufwendigen, nicht selten gar luxuriösen und großflächigen Atrium- und Peristylhäusern, wie sie aus der römischen Antike hinlänglich bekannt sind, bleibt das griechische Haus über Jahrhunderte hinweg von bescheidener, oftmals eher an ein Gehöft erinnernder Gestalt. Nicht hier im Privaten, sondern in den öffentlichen Aktivitäten der Bürger auf der Agora oder im Heiligtum lag der Mittelpunkt des gesellschaftlichen Lebens, und so wird verständlich, daß dem Haus zunächst wenig Bedeutung als Statussymbol zukam. Bis ins späte 7. Jh. v. Chr. hinein dominierten langgestreckte Ein- oder Mehrraumhäuser sowie eher regellos aneinandergebaute Raumensembles aus Holz, Stroh und Lehm; Bauten, die sich wegen ihres vergänglichen Materials in archäologischen Ausgrabungen oft nur als schemenhafter Grundriß oder als Reihe von durch Erdverfärbung sichtbaren Pfostenlöchern erhalten haben. Seit dem 7. Jh. v. Chr. wird zunehmend der Hof zum charakteristischen Baubestandteil, um den sich der nun meist zweigeschossige Wohntrakt (mit den Schlaf- und Frauenräumen im abgeschiedenen oberen und dem *ándron*, dem repräsentativen Männerraum im demgegenüber ›extrovertierten‹ unteren Stock), eingeschos-

118 Pastas-Haus aus Olynth in Nordgriechenland aus der Zeit um 350 v. Chr. Im Zentrum der Hof, um den sich die Wohn- und Versorgungstrakte gruppieren; der zweigeschossige Wohnbereich wird über einen quergelagerten Korridor (*pástas*) erschlossen.

119 Das sog. Mosaikenhaus aus Eretria (4. Jh. v. Chr.) ist ein frühes Beispiel neuer Wohnrepräsentation. Der Hof ist zum Säulenperistyl umfunktioniert; gewerbliche Nutzung ist kaum mehr erkennbar; an das Peristyl grenzen bereits drei teuer ausgestattete *ándrones* (Klinenräume).

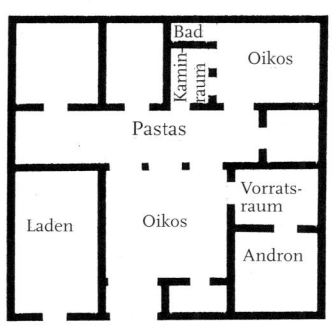

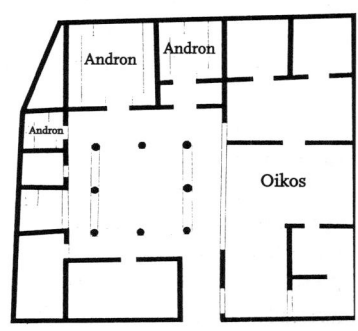

120 Die Häuser des 4. und 3. Jh. v. Chr. in der makedonischen Stadt Pella waren an Luxus kaum mehr überbietbar; Wasserver- und -entsorgung waren hier ebenso Standard wie opulente Mosaikfußböden aus farbigen, zu Ornamenten oder figürlichen Szenen zusammengefügten Kieseln. Die Abbildung zeigt das berühmte »Mosaik der Hirschjagd«, Pella.

sige Werkstätten, Läden und Vorratsräume herumgruppierten. Der Wohntrakt war über einen quergelagerten, hallenartigen Flur (griech. *pástas*) oder eine Vorhalle (griech. *prostás*) zugänglich; aus diesem Umstand leiten sich die beiden Haupttypen des griechischen Hauses, das Pastas-Haus (**118**) und das Prostas-Haus, her.

Die Individualisierung der griechischen Polis-Gesellschaft zu Beginn des 4. Jh. v. Chr. schlägt sich unmittelbar im Hausbau nieder. Nun wird das Haus immer mehr zum Prestigeobjekt, das mittels seiner baulichen Gestaltung und seiner Einrichtung präzise Auskunft über Status und Vermögen seines Besitzers gibt. Der bis dahin eher schlichte, funktional gestaltete Hof wandelt sich zum repräsentativen Peristyl (**119**): Immer aufwendiger und größer werden nun die rah-

menden Säulenstellungen, die zum Mittelpunkt eines Architekturkonzepts avancieren, das den Bereich der wirtschaftlichen Nutzung zunehmend ausgliedert und umgekehrt die repräsentative Nutzung in den Vordergrund stellt. Nicht selten weisen die Häuser nun nicht mehr nur ein *ándron* auf, sondern mehrere solcher klinenbestandenen Räume für Gelage und Symposien. Immer luxuriöser wird auch die Ausstattung: Mosaikböden, Wandverkleidungen aus kostbarem Marmor oder Wandmalereien in Freskotechnik, Heizungen und Bäder finden sich seit dem 4. Jh. v. Chr. als fester Bestandteil in Häusern wie etwa auf Delos, in Olynth (**121**) oder im makedonischen Pella – Häuser, die nun nicht mehr nur die bis dahin üblichen 300 qm Grundfläche aufweisen, sondern sich bisweilen über mehr als 2000 qm

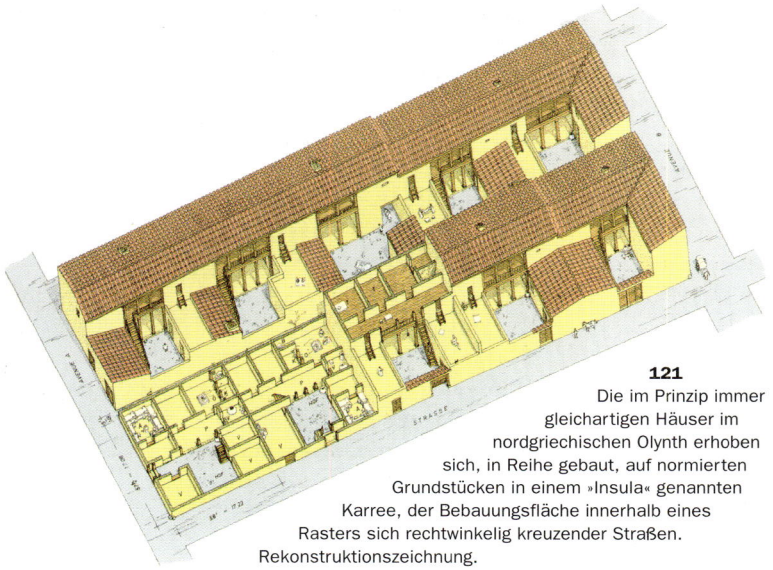

121
Die im Prinzip immer gleichartigen Häuser im nordgriechischen Olynth erhoben sich, in Reihe gebaut, auf normierten Grundstücken in einem »Insula« genannten Karree, der Bebauungsfläche innerhalb eines Rasters sich rechtwinkelig kreuzender Straßen. Rekonstruktionszeichnung.

erstrecken (120). Die ersten Paläste hellenistischer Könige im 3. Jh. v. Chr. waren vom Typus her nichts anderes als in ihren Ausmaßen gesteigerte Häuser dieser Art.

Die Erstellungs- und Unterhaltskosten griechischer Häuser konnten von Ort zu Ort erheblich variieren. Im nordgriechischen Olynth sind Inschriften gefunden worden, die Rückschlüsse auf Kosten, Kredite und das Katasterwesen insgesamt zulassen; aktuelle Besitzverhältnisse und Grundschulden waren Gegen-

stand kommunaler Archivtätigkeit. Ein Haus durchschnittlicher Größe kostete hier 1000–2000 Drachmen, also bei 1 Drachme Tagesverdienst 1000–2000 Tagelöhne (was in etwa unseren heutigen Verhältnissen entspricht). Häuser wurden in der Regel ohne Tür und Dachziegel veräußert, diese gehörten als bewegliches Gut zum Hausrat. Vermietung war immer vertraglich geregelt und relativ preiswert; Inschriften aus Delos (3./2. Jh. v. Chr.) berichten von 50 Drachmen Jahresmiete.

Attische Grabreliefs: Die Welt der Bürger im Bild

Waren in der ›kollektivistisch‹ geprägten demokratischen Gesellschaft des späten 6. und frühen 5. Jh. v. Chr. die Möglichkeiten für individuelle Repräsentation, für eine öffentliche Inszenierung des einzelnen oder einer Sippe durch allseits akzeptierte Normen, bisweilen sogar durch Gesetze klar begrenzt, so änderte sich dies, wenn auch zögerlich, in den Jahren nach 440 v. Chr. Gestalt und Aufwand der Grabdenkmäler, in erster Linie die vom Kerameikos, dem großen Friedhof Athens, sind Indikatoren dieser Veränderung. Die üppig-aufwendigen Grabmäler der Aristokratie, die im 6. Jh. v. Chr. das Erscheinungsbild der Friedhöfe prägten, enden in Athen zeitlich genau mit der Verfassungsreform des Kleisthenes. Von nun an dominierten Staats- und Kollektivgräber für die in der Schlacht Gefallenen, im Privatbereich hingegen eher unauffällige Grabmarkierungen, etwa in Gestalt skulpierter, marmorner Grabvasen. Seit 440 v. Chr., besonders dann nach dem Ende des Peloponnesischen Krieges, finden sich gehäuft reliefierte Stelen mit vermeintlich individuellen Bildern, zunächst in bescheidenem Format, später dann im Kontext immer aufwendigerer Grabdenkmäler, ja kompletter Grabbauten. Im Laufe des 4. Jh. v. Chr. nahm die Konkurrenz, sich mittels solcher Prestige-Denkmäler zu verewigen, derart zu, daß im Jahr 317 v. Chr. in Athen der Grabaufwand per Gesetz radikal eingeschränkt wurde.

122 Grabbezirk auf dem Kerameikos in Athen. Auf kleinstem Raum standen hier die Denkmäler mit ihren Reliefs dicht beieinander.

Die attischen Marmorgrabstelen der Spätklassik mit
ihren feingearbeiteten, zunächst flachen, später bis fast
an die Grenze zur Freiplastik gehenden hohen Reliefs,
ihren nuancenreichen Bemalungen und filigran gestalteten Figurenszenen sind immer wieder als erstrangige
Kunstwerke des ›reichen Stils‹ gewürdigt worden. Diesem Kunstbegriff entsprach eine individualisierende
Auslegungspraxis seitens der Archäologie: Die traditionelle Archäologie ging davon aus, daß hier, meist in
heroisierter, zeitenthobener Darstellung, der jeweils
Verstorbene in einem besonders prestigeträchtigen
und individuell aussagekräftigen Szenario abgebildet
war. Genaue Betrachtungen der Denkmäler haben aber
gezeigt, daß es sich bei den Reliefs ganz offensichtlich
um Serienprodukte gehandelt hat, um zumindest im
groben Umriß vorgefertigte und dann feilgebotene
Gebrauchsartikel, die in einem zweiten Arbeitsschritt
dann im Detail bildhauerisch ausgestaltet wurden;
zudem wurden diese Reliefs mehr als einmal verwendet. Wenn etwa der ursprünglich inschriftlich doku-
mentierte Name des Toten auf dem Rahmen der Stele
getilgt und durch einen anderen ersetzt worden war,
wenn zudem das Relief mit der Darstellung einer Frau
inschriftlich als ein Männergrab bezeichnet ist, dann
stellt sich erneut die Frage, was diese Grabreliefs
eigentlich bezeugen sollten.

Diese Fragen können nur in Hinblick auf die Auf-
stellungsorte dieser Denkmäler beantwortet werden:
Sie standen alle in unmittelbarer Nähe zueinander auf
einem eng begrenzten Friedhofsareal, bildeten also
eine zueinander eng in Beziehung stehende Denkmal-
gruppe. Einzelne Bildmotive wie etwa der Mann auf
der Jagd, der Reiter in Kriegsaktion, Männer im
Gespräch, die Hausfrau mit Dienerin(nen) und den
Wertsachen des Hausstandes, Männer mit ihren Sklaven und viele derartige Motive mehr zeigten Ausschnitte aus dem gesamten, Privatheit wie Öffentlichkeit umfassenden Lebensspektrum der *oikía,* der attischen Haus-, Hof- und Bürgergemeinschaft – Ausschnitte attischer Lebenspraxis, die sich in steter Wie-

123 Grabstele des
Hieron und der Lysippe;
um 320 v. Chr.; Athen,
Nationalmuseum. Das
aus Rhamnous in Attika
stammende Grabrelief,
einst die Schauseite
einer architektonisch
ausgebildeten Ädikula,
zeigt als Hochrelief
Mann und Frau ins
Gespräch vertieft; die
Handreichung der beiden
meint nicht ›trauernde
Verbundenheit im Tode‹,
sondern Bekräftigung
der Ehe als Lebens- und
Wirtschaftgemeinschaft.

derholung, Ergänzung und Variation erst in der puren Masse der Bilder zu einem Gesamteindruck verdichteten. Die attischen Grabreliefs lassen sich gerade wegen ihres ausschnitthaften Charakters nicht als isolierte Kunstwerke verstehen. Als kohärentes Denkmal-Ensemble veranschaulichen sie die Werte und Normen der Bürgergemeinschaft; sie bildeten ein sich gegenseitig ergänzendes und kommentierendes System von Bildern, bei dem die Aussage des einzelnen Bildes den Sinnzusammenhang bestärkte, für sich genommen aber keine individuelle Aussagequalität besaß. Gerade in dieser Konstellation, in der die Ebene der bildlichen Darstellung weitgehend egalisiert war, bestand im gestalterischen Aufwand der Denkmäler die einzige Möglichkeit, individuelle Repräsentation zu betreiben, individuellen Wohlstand und Sozialprestige zu versinnbildlichen. Und so ist es nicht weiter verwunderlich, daß gerade zu dem Zeitpunkt, als private Freiräume einen Wettlauf der Sippen und Familienverbände um aufwendige Statusrepräsentation freisetzten, eine neue staatliche Reglementierung diesen Grabluxus einzudämmen suchte.

124 Grabstele, 1829 auf Salamis gefunden; um 430 v. Chr.; Athen, Nationalmuseum. Ein junger Mann präsentiert Vogel (und Vogelbauer) sowie eine Katze als häusliche Prestigeobjekte; in bedeutungsvoller Verkleinerung ist der ebenfalls zum Hausstand gehörige Sklavenknabe abgebildet.

Das Individuum im Kollektiv: Die Entstehung des Porträts

Während in der römischen Kunst das auf Wiedererkennbarkeit angelegte, mit individuellen Zügen ausgestattete Bildnis einer bestimmten und bestimmbaren Person in unterschiedlichen Medien und Bildzusammenhängen weit verbreitet, ja regelrecht selbstverständlich war, dominierten in der griechischen Kunst über Jahrhunderte hinweg Darstellungsweisen, die auf solche Sichtbarmachung individueller Wesenszüge verzichteten. Dieser Sachverhalt ist kein Zufall und läßt auch keine kunstimmanente Begründung zu, sondern läßt sich nur aus dem Selbstverständnis der griechischen Polis-Gesellschaft ableiten. Sie verstand sich, mindestens seit dem späten 6. Jh. v. Chr., als ein Kollektiv, in dem der einzelne zwar durchaus von Bedeutung war und auch Würdigung erfuhr, nicht jedoch auf

125 Ein ungelöstes Problem für die Porträtforschung ist der sog. Themistokles aus Ostia. Diese spätrömische Version eines Bildnisses des athenischen Feldherren ist in ihrer Abbildhaftigkeit und Datierung in der Forschung umstritten; Ostia, Archäologisches Museum.

126 Römische Kopie des um 435 v. Chr. entstandenen Strategenbildnisses des Perikles; Berlin, Antikensammlung. Die in verschiedenen Kopien überlieferte Skulptur, deren Exemplar im Britischen Museum in London die Beischrift »Perikles« trägt, ist weniger Bildnis der Person als vielmehr typisierte Darstellung des Amtes, das die Person bekleidete.

127 Der physiognomisch individualisierte Alexander d. Große mit den Attributen des Herakles (Fell, Keule) als beispielgebende Herrscher-Autorität. Münze des 4. Jh. v. Chr.

individualisierende oder gar persönliches Prestige steigernde Art, sondern nur als Typus.

Öffentliche und offizielle Statuen zu Ehren Einzelner blieben Ausnahmen. Ein Beispiel sind die Tyrannentöter Harmodios und Aristogeiton, die ihr nur z. T. geglücktes Attentat auf die Tyrannen Hippias und Hipparchos 514 v. Chr. in Athen mit dem Leben bezahlen mußten; sie wurden fortan als ›Freiheitskämpfer‹ in Gestalt einer Statuengruppe **(45)** auf der Agora geehrt, wobei aber ihre Gesichtszüge entindividualisiert und formelhaft gestaltet waren, so daß man hier nicht von Porträts im modernen Sinne reden kann. Gleiches gilt für die Epheben- und Siegerstatuen des 5. und 4. Jh.; auch hier sind zwar durchaus einzelne Individuen gemeint (und mittels Inschrift auch bezeichnet worden), im Bild tritt dem Betrachter aber nur der Typus des Siegers entgegen.

Wichtiger als die Darstellung der Person war die Darstellung der durch diese Person exemplarisch gelebten Werte und Normen, ihrer Eigenschaften. Das berühmte Bildnis des Perikles **(126)** ist allein durch seine Inschrift individualisiert und mitnichten ein Porträt. Es folgte strikt dem Typus des Strategenbildnisses mit korinthischem Kriegshelm, das in dieser Art jedem Amtsinhaber zustand; es war ein Abbild des Amtes, nicht der dieses Amt ausübenden Person. Auch ein posthumes Prominentenbildnis wie die um 450 v. Chr. auf der Akropolis aufgestellte Statue des Dichters Anakreon (Schaffenszeit: Mitte 6. Jh. v. Chr.) stellte kein Abbild der realen Person des Dichters dar, sondern war, wie die raumgreifende Gestik und das labile Standmotiv zeigen, eine aus verschiedenen Bildmustern zusammengesetzte Visualisierung seiner Dichtung bzw. seiner Tätigkeit als Dichter **(128)**.

Die ›Individualisierung‹ der Polis-Gesellschaft am Beginn des 4. Jh. v. Chr. löste die Prinzipien eines als Kollektiv verfaßten Gemeinwesens zunehmend auf. Bildnisse von Dichtern und Denkern wie Homer, Aischylos, Sophokles oder Sokrates **(129)** blieben weiterhin posthume Phänomene, die in bildhafter Form die jeweilige Dichtung oder Philosophie formulieren, rückten nun aber immer enger an die Lebenszeit der Dargestellten heran. Der karische Fürst Maussolos (reg. 377–353 v. Chr.), für den Kollektivität im altgriechischen Verständnis nun beileibe kein Wert an sich war, ließ für sein Maussoleion, ein gewaltiges Grabdenkmal in Harlikarnassos an der kleinasiatischen Küste, Statuen von sich und seiner Gemalin Artemisia konzipieren, die erstmals erkennbar individuelle Züge aufwiesen.

War dies vielleicht noch eine egozentrische Extravaganz eines ionischen Lokalherrschers, so konstituierte sich im makedonischen Reich mit den Bildnissen Alexanders des Großen gegen Ende des 4. Jh. v. Chr. das Prinzip des Individual-Porträts – ebenfalls im Sinne einer Überwindung des griechischen Kollektivgedankens. Das Urbild der Alexander-Porträts entstand gegen fürstliche Bezahlung unter den kundigen Händen des prominenten griechischen Bildhauers Lysipp. Alexander legte dabei Wert auf eine ganz konkret definierte Darstellungsweise, und so zeigen alle erhaltenen Alexander-Porträts beileibe kein ›Foto‹ des Herrschers, sondern ein vom ihm gelenktes und bestimmtes Image, allerdings mit hohem Wiedererkennbarkeitswert. Die feuchten Augen (*hygróttes*) und das aufgewehte Stirnhaar (*anastolé*) wurden ebenso zum ›Markenzeichen‹ Alexanders wie die Adaption verschiedener, das Bildnis abrundender Götterattribute **(127)**. Das Alexander-Bildnis geriet so zum Prototyp nicht allein des hellenistischen, sondern des Herrscherporträts schlechthin: Römische und byzantinische Kaiser, mittelalterliche Könige, absolutistische Regenten wie auch gegenwärtige Potentaten haben niemals ein Porträt als ein realistisches Abbild aufgefaßt, sondern – bei aller Bestrebung nach Wiedererkennbarkeit und Individualität – als ein Mittel zur Visualisierung von Normen, Ansprüchen und Ambitionen.

Die griechische Philosophie

Der Begriff Philosophie, die »Liebe« (*philía*) zur »Weisheit« (*sophía*), bezeichnet in Griechenland erst im

128 Römische Kopie der um 450 v. Chr. auf der Athener Akropolis aufgestellten Statue des Dichters Anakreon, gefunden in einer antiken Villa bei Antium südlich von Rom; Kopenhagen, Ny Carlsberg Glyptotek. Der labile Stand, der Abwesenheit signalisierende Gesamteindruck, das verrutschte Gewand und das schwankende Halten der (zu ergänzenden) Lyra sind insgesamt eine Metapher auf den alkohol- und musenberauschten Dichter von Trinkliedern.

129 Römische Kopie des Bildnisses des Philosophen Sokrates (470–399 v. Chr.); Neapel, Archäologisches Nationalmuseum. Das kurz nach seinem Tod entstandene Bildnis zeigt Sokrates in der Art der Silen-Bilder (Knollennase, lange Ohren, listig blinzelnde Augen); Sokrates erscheint hier in seiner Eigenschaft als anstößiger wie Anstoß erregender, ungewöhnlicher Philosoph.

130 Epikur (342–270 v. Chr.). Die Epikuräer sahen im Seelenfrieden das höchste Ideal; der entspannte, fast versunken wirkende Gesichtsausdruck sollte dies verdeutlichen; Rom, Kapitolinische Museen.

Zusammenhang mit dem Entstehen der großen Philosophenschulen des 4. Jh. v. Chr. eine systematisch angelegte Form der Erkenntnisgewinnung, eine Wissenschaft von den göttlichen und menschlichen Dingen und deren Ursachen. Zuvor wurde darunter jede höhere künstlerische Tüchtigkeit, jede intellektuelle Bildung verstanden. Die noch heute gültige systematische Unterteilung der antik-griechischen Philosophie in drei Kategorien geht auf Aristoteles zurück, der im späten 4. Jh. v. Chr. zwischen einer theoretischen Naturphilosophie (Metaphysik, Kosmologie, Astrologie, Theologie), einer praktischen Ethik (Lehre vom Ziel des Handelns und vom Verhältnis der Menschen untereinander, Ökonomie, Staatslehre) und der Logik (Beweismethoden, Dialektik, Rhetorik) unterschied.

Zentrale Bedeutung für die Ausprägung dieser drei Fachgebiete kommt Sokrates aus Athen zu (470–399 v. Chr.; **129**). Nicht zu Unrecht subsumiert man heute die Gruppe der vor ihm tätigen Philosophen des 6. und frühen 5. Jh. v. Chr. als ›Vorsokratiker‹. Bereits in der Antike selbst wurden diese überwiegend in Kleinasien (Thales, Pythagoras, Anaximander, Demokrit, Heraklit) und Unteritalien (Parmenides, Zenon, Xenophanes, Empedokles) beheimateten Naturphilosophen trotz erheblicher Unterschiede in den philosophischen Subsystemen als eine Einheit angesehen, ihre Protagonisten, zu denen auch der Athener Anaximander zählte, deshalb insgesamt als *physikoi* bezeichnet. Sokrates habe, wie Cicero einmal gesagt hat, »die Philosophie vom Himmel zu den Menschen geholt«, und hat die Naturphilosophie mit ihrer eigentümlichen Mischung aus spekulativen und rationalen Tendenzen überwunden. Sokrates gilt als der Begründer der Ethik, die später sein Schüler Platon, dessen Werk die Philosophie des Sokrates überliefert, noch um die Logik ergänzt hat. Elemente der Naturphilosophie finden sich jedoch noch in den meisten auf dem Gedankengut des Sokrates basierenden, späteren Ethiken. Sokrates wurde zur zentralen Figur der griechischen Philosophie; seine Anhänger und deren Schüler avancierten durchweg zu

Gründern eigener philosophischer Systeme, die der
›sokratischen Aufklärung‹ verpflichtet blieben.

Von größter Bedeutung und Auswirkung auf spätere
Philosophien waren unter den in der Sokrates-Nachfol-
ge entstandenen Philosophenschulen die Akademie
und der Peripatos in Athen (131). Die von Platon
gegründete Akademie mit ihrer festgefügten Organisationsform war bis zu ihrer Auflösung (529 n. Chr.)
knapp ein Jahrtausend lang der offizielle Erb- und
Sachwalter der Philosophien des Sokrates und des
Platon; letztere kann man als eine Mischung aus
Ideenlehre, elitärer und antidemokratisch gesonnener
Staatsphilosophie und logischer Rhetorik charakteri-
sieren. Ein später Höhepunkt war im 3. und 5. Jh.
n. Chr. der hier entstanden Neuplatonismus (Plotin,
Iamblichos, Porphyrios, Proklos). Eine Abspaltung der
Akademie war der im Jahr 335 v. Chr. vom Platon-
Schüler Aristoteles (132) gegründete Peripatos, der im
3. Jh. n. Chr. dann aber im Neuplatonismus der Aka-
demie aufging. Die Ausstrahlung auf nahezu alle
Bereiche der Naturwissenschaften, Literatur- und Kulturgeschichte sowie auf die Staatslehre machte den
Peripatos zu einer besonders in hellenistischer Zeit
modischen und vielbesuchten Einrichtung.

131 Raffaels »Schule
von Athen«, 1509–1511
als Fresko in den Stan-
zen des Vatikan entstan-
den, versammelt grie-
chische Geistesgrößen
wie Sokrates, Platon und
Aristoteles in einer an
römische Thermen erin-
nernden, von Bramante
inspirierten illusioni-
stischen Architektur.
Bezeichnend für die
›Wiedergeburt‹ der An-
tike in der Renaissance
war, daß das römische
Altertum eher die ding-
liche Welt (Bauten und
Bilder) repräsentierte,
während für die Rezep-
tion ideeller Werte (Phi-
losophie und Literatur)
mehr auf die griechische
Antike Bezug genommen
wurde.

Gleichfalls aus dem Schülerkreis des Sokrates hervorgegangen sind die Stoiker (Zenon), die Kyniker (Antisthenes, Diogenes), die Megariker (Eukleides, Eubulides) sowie die Kyrenaiker (Artistippos, Aristippos). Auf die atomistische Naturphilosophie des Demokrit griffen die Epikuräer zurück; Epikur **(130)** gründete seine von Sokrates unabhängige Schule in Athen im Jahre 306 v. Chr. Von einiger Bedeutung waren schließlich die einer schriftlich fixierten Doktrin anhängenden Skeptiker (im 3. Jh. v. Chr. gegründet) und die Pythagoräer, die im 2. Jh. v. Chr., lange nach dem Tod des Pythagoras, dessen Naturphilosophie zu einem beinahe religös zu nennenden Sektierertum umformten und später zu einer wichtigen Wurzel des Neuplatonismus wurden.

Die griechische Philosophie blieb in allen ihren Aspekten und auch in ihrer römischen Wandlung von großer Wirkungsmacht auf das abendländische Denken seit dem Mittelalter – ein gewichtiger Grund für die reiche Überlieferung antiker philosophischer Schriften. Praktisch alle Philosophen der Moderne haben auf die antiken griechischen Denker und ihre Schulen zurückgegriffen, ihre Ideen variiert, kombiniert oder ergänzend aktualisiert; nicht nur Weltentstehungs- und Erklärungslehren, sondern alle modernen Wissenschaften sind geprägt durch die Erkenntnistheorien und Beweisverfahren der antiken griechischen Philosophie.

132 Aristoteles (384-322 v. Chr.). Römische Kopie des Porträt-Kopfes von einer Statue, die Alexander der Große zu Ehren seines berühmten Lehrers errichten ließ; Wien, Kunsthistorisches Museum.

Bauwesen und Bautechnik im antiken Griechenland

Verschiedene, z. T. fast vollständig erhaltene Inschriften aus dem späten 5. und dem 4. Jh. v. Chr. geben detaillierte Aufschlüsse über Organisations- und Verfahrensfragen des griechischen Bauwesens – Inschriften, die einst ausschließlich Dokumentations- und Abrechnungszwecken dienten. Ungewiß ist, inwieweit eine Rückübertragung der hier sichtbaren Praktiken in das 6. und 5. Jh. v. Chr. möglich ist. Wenigstens die Rahmenbedingungen des Bauwesens werden sich jedoch weitgehend unverändert bis ins 4. Jh. v. Chr.

tradiert haben, so daß prinzipielle Rückschlüsse durchaus legitim erschienen.

Bereits die Errichtung eines vergleichsweise kleinen Bauwerks wie des inschriftlich gut dokumentierten Asklepios-Tempels von Epidauros im 4. Jh. v. Chr. war eine komplexe Anforderung an Planer und ausführende Handwerker. Form und Gestalt des Bauwerks wurden von der Priesterschaft oder der Stadt als dem Bauträger, bisweilen in langwieriger und kontroverser Debatte, festgelegt. Der Architekt wirkte hier nicht als autonomer Baukünstler, sondern sein von diesen Vorgaben abhängiger Bauplan bildete die Grundlage für die Verwirklichung des Bauwerks. Für diese organisatorische Aufgabe trug der Architekt gemeinsam mit einem städtischen oder priesterlichen Gremium (für die Kontrolle der Termine und Kosten) die Verantwortung. Das Bauvorhaben wurde in verschiedene, z. T. sehr kleine, z. T. überaus umfangreiche Arbeitsabschnitte zerlegt; diese Kontrakte wurden im Sinne moderner Werkverträge an einzelne Handwerker oder Betriebe vergeben. Waren im 6. und 5. Jh. v. Chr. überwiegend Kleinbetriebe in großer Zahl mit einem Tempelbau befaßt, finden sich im 4. Jh. v. Chr. zunehmend Großfirmen, die nicht selten Teile ihres Kontraktes an Sub-Unternehmer weitergaben. Bei sehr großen, zeitlich schwer überschaubaren Bauprojekten kam es seit

133 Darstellung verschiedener Techniken zum Heben von Architekturteilen. Hebebossen, stehengelassene Vorsprünge, um die Seile gelegt werden konnten, wurden später meist abgemeißelt und sind an unvollendet gebliebenen Bauten z.T. bis heute noch gut erkennbar. Mit unerhörter Präzision wurden die Steinquader am Bau justiert und anschließend verklammert.

134 Transport eines tonnenschweren Steinquaders mittels wiederverwendbarer Holzräder – eine Erfindung, die den im 6. Jh. v. Chr. am archaischen Artemision von Ephesos tätigen Architekten Chersiphron und Metagenes zugeschrieben wird; Rekonstruktionszeichnung.

135 Muster-Werkstück für das korinthische Kapitell des Rundtempels (*thólos*) im Asklepion-Heiligtum von Epidauros, der zwischen 360 und 310 v. Chr. erbaut wurde. Das *parádeigma*, nach dem alle Marmorkapitelle in serieller Kopie gefertigt wurden, ist nach Vollendung des Bauwerks wie ein Grundstein neben dem Bau vergraben worden; Epidauros, Museum.

etwa 300 v. Chr. auch zur Einrichtung dauerhaft tätiger Bauhütten, in Kleinasien etwa am hellenistischen Apollon-Tempel von Didyma bei Milet.

Die Kontraktnehmer waren für die korrekte Durchführung der übernommenen Arbeitsabschnitte verantwortlich, besonders aber für die Einhaltung der zuvor festgelegten Termine. Sie hatten einen Bürgen zu stellen und im Verzugsfall erhebliche Konventionalstrafen zu leisten; daß dies häufig passierte, läßt sich daraus schließen, daß solche Konventionalstrafen nicht selten in die Kostenkalkulation des Bauträgers einflossen. Eine Überschreitung der Kostenkalkulation ging ebenfalls allein zu Lasten der Kontraktnehmer; vereinbart waren Festpreise. Im Gegensatz zur eigentlichen Handarbeit an der Baustelle war die Beschaffung von Baumaterial ausgesprochen teuer; für den Asklepios-Tempel von Epidauros mußte das Material von weither, z. T. mit Schiffen, herantransportiert werden. Wenn hingegen, wie dies für das Erechtheion auf der Athener Akropolis bezeugt ist, ›Teams‹ von fünf bis sieben Steinmetzen für die Kannelur einer Säule bis zu zwei Monate Arbeitszeit benötigten, war dies unter dem Gesichtspunkt der Gesamtkosten ein zu vernachlässigender Faktor: Der Arbeitslohn betrug pro Person eine Drachme pro Tag, was ausgesprochen billig war; er wurde an Freie wie auch an Sklaven (in diesem Falle an ihre Besitzer) in gleicher Höhe gezahlt.

Der Materialtransport machte spezielle Vorrichtungen wie Walzen, Rollen, Karren, Stemmhebel und mobile Kräne erforderlich **(134)**. Denn es war üblich, die einzelnen Bauteile bereits im Steinbruch annähernd in ihre Endform zu bringen. Quader wurden hier ebenso vorgefertigt wie Säulentrommeln, dabei jedoch leicht überdimensioniert, um eine später abzumeißelnde Schutzschicht für eventuelle Transportschäden zu besitzen. Nach einem Vorbild (*parádeigma*) wurden dann die exakten Formen der Bauglieder, etwa der Kapitelle (135), in serieller Kopie direkt an der Baustelle ausgemeißelt und mittels Flaschenzügen oder Hebeln versetzt (133). Um Beschädigungen der Bauglieder, vor allem derjenigen aus sprödem Marmor oder Kalkstein, zu vermeiden, wurden mittels *anathyróse* (136) die Kontaktflächen der Bauteile minimiert. Wand- und Krepis-Quader wie auch Gebälkteile wurden dann mit Bronzeklammern fest verbunden, Säulentrommeln fest verdübelt. Erst dann wurde die letzte Marmorschicht am Bau entfernt, die Säulen kanneliert und das Ganze schließlich mit grell-bunten Farben bemalt (vgl. Abb. 39, 84).

Daß die Architektur der griechischen Antike weitgehend aus marmornen oder kalksteineren Säulen- und Quaderbauten, also aus Tempeln, Hallen etc. bestanden hat, ist ein heute gängiges Klischee, das vor allem der relativ guten Erhaltung und damit Sichtbarkeit der Reste solcher Bauwerke zu verdanken ist. Tatsächlich aber war die Mehrzahl griechischer Bauten aus vergänglichen Materialen wie Holz und Lehm gefertigt. Von solchen Bauwerken haben sich meist nur noch Reste der massiven Fundamente und Sockel oder Verfärbungen im Erdreich (Pfostenlöcher), selten hingegen aufgehendes Mauerwerk erhalten; Teile der Stadtmauer von Athen (137) zeigen indessen aber eindrucksvoll, daß die massive Lehmbautechnik nicht nur bei unscheinbaren Hütten und Stallungen, sondern auch bei großen Repräsentations- und Wehr-Architekturen gang und gäbe war.

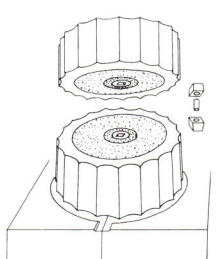

136 Das Minimieren der Kontaktflächen bei der Aufschichtung von Säulentrommeln oder dem Aneinanderlegen von Quadern (*anathyróse*), das für ein präzises Bauen unerläßlich war, wurde durch Aushöhlung der Stoßflächen erreicht, so daß sich am Ende nur noch die Randzonen der Werkstücke berührten. Mit Bronzedübeln wurden die Säulentrommeln fixiert.

137 Lehmziegel-Mauer, die einem stabilen Sockel von Steinquadern aufgesetzt wurde: Die Stadtmauer von Athen am Kerameikos, Zustand um 1900.

Der »Hellenismus« als Epochenbegriff

Daß mit der griechischen Niederlage gegen die Makedonen bei Chaironeia 338 v. Chr. eine Epoche, nämlich die der griechischen Stadtstaaten, zuende gegangen war, war bereits den damaligen Zeitgenossen bewußt. Doch erst in der weltgeschichtlichen Rückschau der Historiker entstand das Problem, die auf diese Niederlage folgenden Jahrhunderte überhaupt als eine Einheit zu erkennen und abzugrenzen. Denn vor dem normativ gesetzten Hintergrund der Klassik konnte nur eine Dekadenzeit folgen, die charakterisiert war von Monarchien östlich-despotischer Art, verwirrenden Verschmelzungen griechischer und orientalischer Kultur- und Religionsvorstellungen sowie schließlich mannigfachen Interferenzen mit der sich in Italien etablierenden neuen Großmacht, dem Imperium Romanum. Diese gegenüber der ›Reinheit‹ der Klassik mit negativen Vorzeichen gewichteten Phänomene wurden seit dem 17. Jh. mit dem Begriff »hellenistisch« belegt. Primär bezeichnete dieser Begriff die in dieser Epoche entstandene Mischsprache des Bibelgriechischen.

Die historische Epoche des »*Hellenismus*« bezeichnet seit dem 19. Jh. die Zeitspanne vom Beginn der Regentschaft Alexanders des Großen 336 v. Chr. bis zur Seeschlacht von Actium 31 v. Chr., in der Augustus die Flotte Marc Antons besiegte **(138)**. Dieses Ereignis bedeutete zugleich das Ende des letzten verbliebenen hellenistischen Staates, des ägyptischen Ptolemäer-Reiches, wie auch den Beginn der Weltherrschaft eines monarchisch regierten Imperium Romanum. Der Begriff »*Hellenismus*« wie auch die zeitliche Eingrenzung gehen auf den Historiker Johann Gustav Droysen (1808–1884; **139**) und seine zwischen 1836 und 1843 erschienene dreibändige »Geschichte des Hellenismus« zurück. Droysen erkannte die charakteristische Verschmelzung der damaligen Kulturen zu einem großen Ganzen und auch die geographische Randlage, in die das alte Griechenland während dieses Prozesses geriet, sah hier jedoch einen insgesamt positiv zu bewertenden, weil griechisch dominierten Vorgang, der am Ende zu einer Gräzisierung der ganzen Welt geführt habe.

Unter Hellenismus wird heute indessen mehr als eine bloß historisch definierte Epoche verstanden, und auch Droysens Idee einer damit verbundenen Hellenisierung der Welt wird differenzierter gesehen. Neben dem historischen Epochenbegriff hat sich innerhalb der Forschung ein religions- und kulturgeschichtlich geprägtes Verständnis von Hellenismus etabliert, das eben dem Phänomen der Vermischung und Verschmelzung einzelner Teilkulturen zu einer Weltkultur große Bedeutung zumißt (vgl. S. 135ff.) und dabei auch die Kulturen des westlichen Mittelmeerraumes mit einbezieht. Dabei zeigt sich im Kleinen wie im Großen, daß diese neue, im 3. Jh. v. Chr. entstandene Weltkultur beileibe nicht griechisch dominiert war, sondern – im Gegenteil – sogar eine sehr erhebliche Orientalisierung des Okzidents zur Folge hatte, auch wenn die Amtssprache in den hellenistischen Reichen in der Regel Griechisch war.

Der Hellenismus mit seinen integrativen Kräften erweist sich aus dieser Perspektive als ein kultureller Gegenentwurf zum beinahe autistisch auf sich selbst bezogenen, immer auf strikte Ausgrenzung des kulturell Anderen bedachten klassischen Griechentums. Nichts macht dies deutlicher als der ›Export‹ der griechischen Götterwelt in den Orient, der nicht nur zu einer Hellenisierung östlicher Religionen, sondern gerade auch zu einer komplexen Orientalisierung des griechischen

Persien/Syrien: (Seleukiden)
312–281 v. Chr.
Seleukos I. (Nikator, »der Siegbringer«)
281–261 v. Chr.
Antiochos I. (Soter, »der Retter«)
261–246 v. Chr.
Antiochos II. (Theos, »der Gott«)
223–187 v. Chr.
Antiochos III. (»der Große«)
187–175 v. Chr.
Seleukos IV. (Philopator, »der Vater-Liebende«)
175–164 v. Chr.
Antiochos IV. (Epiphanes, »der Erschienene«)
125–96 v. Chr.
Antiochos VIII. (Gryphos, »der Krummnasige«)

138 Das nach der Seeschlacht von Actium (griech.: Aktion) in Nordwest-Griechenland nahe der aus Anlaß des Sieges von Augustus gegründeten Stadt Nikopolis (»Siegesstadt«) errichtete Denkmal integrierte die bronzenen Rammsporne der unterlegenen Schiffe. Mit dieser Seeschlacht fiel das letzte hellenistische Reich an Rom – historisch wie symbolisch das Ende des Hellenismus. Rekonstruktion der Ausgräber.

139 Der Historiker Johann Gustav Droysen (1808–1884) beschrieb als erster den Hellenismus als eine kohärente historische Epoche.

Mythos geführt hatte. Wenn Zeus nun im Gewand des Ammon, des Baal oder gar in Gestalt eines Herrschers in Erscheinung trat, bedeutete dies weit mehr als nur eine Veränderung der traditionellen Ikonographie, nämlich den Beginn synkretistischer Religionsvorstellungen, die sich bis weit in die nachchristliche römische Kaiserzeit tradiert haben. Hellenismus als religions- und kulturgeschichtlicher Begriff überschreitet folglich die historische Epochendefinition zeitlich wie räumlich, umfaßt jüdisch-christliche Phänomene des Ostens ebenso wie kulturelle Assimilationsvorgänge im Gebiet des westlichen Mittelmeers.

Alexanders Feldzüge: Die kurze Geschichte eines Riesenreiches

Auch wenn der gerade 20jährige Alexander unmittelbar nach der Ermordung seines Vaters Philipp II. (336 v. Chr.) vom makedonischen Heer als Thronfolger proklamiert und wenig später von den Griechen als legitimer Hegemon anerkannt wurde, so blieb doch der Verdacht gegen Alexander bestehen, in dieses Attentat verwickelt gewesen zu sein. In Blitzaktionen ließ Alexander, als herrschaftssichernde Maßnahme, alle potentiellen Thronkonkurrenten hinrichten. Und umso notwendiger wurden nun militärische Großtaten, die der Bestätigung der Herrschertugenden des neuen Königs, aber auch der Beruhigung der griechischen Stadtstaaten dienen sollten.

140 Das Alexander-Mosaik zeigt den Moment der Entscheidung in einer Schlacht zwischen Makedonen und Persern: In rasender Fahrt flieht mit seinem Streitwagen, die eigenen Söldner überrollend, der

Wie kein zweiter verstand es Alexander, in Aufwand, Wirkung und Folgen genau kalkulierte Militäraktionen als Machtdemonstrationen zu nutzen und diese propagandistisch zu verwerten. Die ersten Feldzüge (142) dienten der Absicherung der eigenen Herrschaft. Triballer, Thraker und Illyrer im Norden und Westen Makedoniens wurden besiegt (335 v. Chr.) und dabei die makedonische Einflußsphäre bis an die Donau vorangetrieben; mit brutaler Gewalt wurde

zudem der Versuch der mittelgriechischen Stadt Theben, sich an die Spitze einer antimakedonischen Widerstandsbewegung zu stellen, unterdrückt. Theben, schon seit den Perserkriegen mit dem Makel des Verräters behaftet (vgl. S. 59f.), wurde als eine

Warnung an alle anderen Griechen geplündert, zerstört und seine Bewohner wurden versklavt.

Danach, gewissermaßen als Konzession an das alte Griechenland, besann sich Alexander auf die gemeinsame Grundlage griechisch-makedonischer Identität, nämlich auf den gemeinsamen Feind Persien. Mit einem vergleichsweise kleinen Kontingent, das aber wegen seiner taktischen Disziplin und den mit Lang-Lanzen bewaffneten, deswegen besonders tiefgestaffelten Schlachtreihen **(141)** überaus schlagkräftig war, überquerte er den Hellespont, zerrieb ein persisches Heer bei Granikos, besetzte Lydien und die Städte der kleinasiatischen Westküste, verkündete in dramatischer Inszenierung und in bester griechischer Tradition die »Freiheit der Griechenstädte Kleinasiens«, erwies sich, wo immer möglich, als Förderer griechischer Kultur, drang immer weiter ins Persergebiet ein und besiegte schließlich in der berühmten Schlacht bei Issos den Perserkönig Dareios III. **(140)** vernichtend (333 v. Chr.). Das Angebot des Geschlagenen, das halbe Perserreich gegen einen Friedensschluß zu übernehmen, lehnte Alexander ab und erhob seinerseits Ansprüche auf den Achämenidenthron. Er besetzte – nach langer Belagerung von Tyros 332 v. Chr. – Syrien und Phönizien, übernahm Ägypten 331 v. Chr. kampflos (wo er zum Pharao ausgerufen wurde und die nach ihm benannte Stadt Alexandria gründete), stieß dann über Euphrat und Tigris vor und schlug eine letzte, siegreiche Schlacht gegen

141 Die tiefgestaffelten makedonischen Schlachtreihen waren mit Lang-Lanzen *(saríssa)* gerüstet und auf diese Weise eine kaum zu überwindende Barriere für jeden Gegner - eine auf Distanzhaltung ausgerichtete Gefechtsstellung, die auch dem »Schiefen Keil« der Thebaner (vgl. Abb. **113**) überlegen war.

Perserkönig Dareios III. (re.) vor dem heransprengenden Alexander (li.). Römische Mosaik-Kopie des 2. Jh. v. Chr. nach einem verschollenen Gemälde des späten 4. Jh. v. Chr., 1831 in Pompeji gefunden. Neapel, Nationalmuseum.

142 Der Verlauf der Eroberungszüge Alexanders des Großen und das Alexanderreich am Ende des 4. Jh. v. Chr.

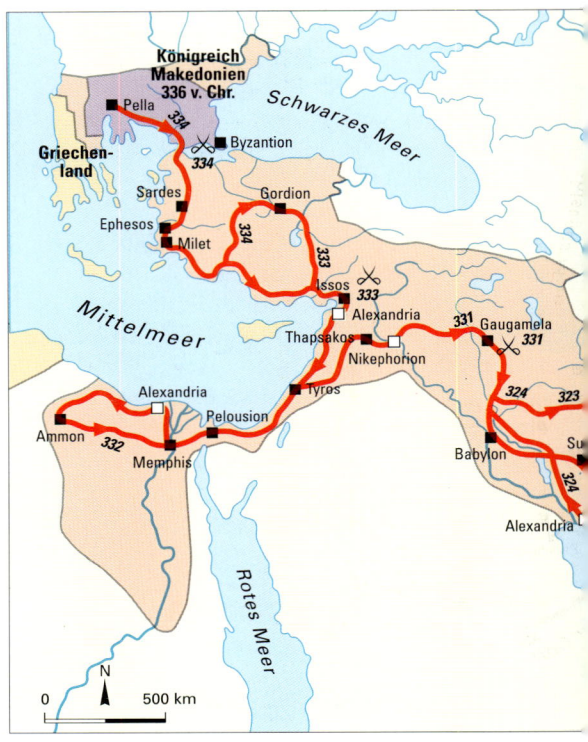

die Perser bei Gaugamela (330 v. Chr.). Alexander, nunmehr in Besitz des kompletten Perserreiches, des unermeßlichen Staatsschatzes und des begehrten Königstitels, erklärte den Krieg für beendet. Er war jedoch fortan laufend mit Unruhen und Aufständen in dem wie im Zeitraffer gewonnenen Riesenreich und zudem mit einer innermakedonischen Opposition befaßt. Der letztendlich sinn- und ergebnislose Indienfeldzug (327 v. Chr.), der das Heer unter großen Verlusten bis an den Indus und in die Nähe des Ganges führte, war ein letzter Versuch Alexanders, mit Militäraktionen von den bestehenden politischen und administrativen Schwierigkeiten abzulenken.

Auch wenn Alexander bestrebt war, das persische Statthalter-System als einzig effektvolle Verwaltungsstruktur für ein solches Großreich zu übernehmen

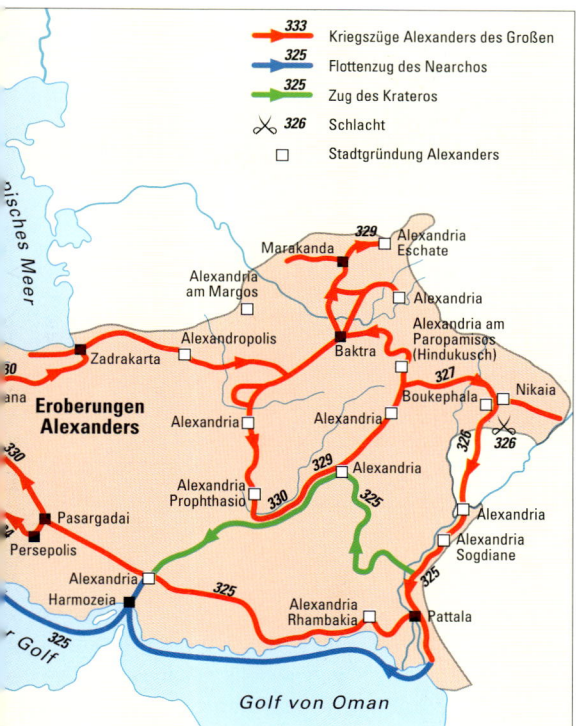

	333	Kriegszüge Alexanders des Großen
	325	Flottenzug des Nearchos
	325	Zug des Krateros
✕	326	Schlacht
☐		Stadtgründung Alexanders

und er sich bemühte, in eroberten größeren Städten zur Stabilisierung seiner neuen Herrschaft mindestens eine kleine Anzahl von Griechen anzusiedeln, so haben doch die militärischen Erfolge des Makedonenkönigs mitnichten zur wirklichen Eroberung Persiens geführt. Ganz wie bei dem zunächst von Sieg zu Sieg stürmenden Napoleon Bonaparte, der sich selbst übrigens als historisch ebenbürtiger Nachfolger des Alexander verstand, war der eroberte Raum viel zu groß, um ihn wirklich zu beherrschen. Nach dem Tode Alexanders (323 v. Chr.) zerfiel das Reich zunächst in vier Teile: Makedonien unter der Herrschaft des Generals Antigonos, Thrakien unter der des Lysimachos, Ägypten, Phönizien und Syrien unter der Herrschaft des Generals Ptolemaios und das riesige, außerordentlich instabile Gebilde des ehemaligen Perserreichs, vom General Seleukos mehr recht als schlecht beherrscht; Abspaltungen wie z. B. das Reich von Pergamon (vgl. S. 140) ließen nicht lange auf sich warten.

Die makedonischen Königsgräber von Vergina

143 Der große Goldkasten (griech. *lárnax*) aus dem Philipp-Grab von Vergina, in dem Asche und Knochen des Toten verwahrt waren. Vergina, Museum.

144 Das sog. »Große Grab von Lefkadia« in Makedonien. Aquarell mit der ursprünglichen Farbgebung und der Reliefdekoration der Fassade.

Ein wichtiges Mittel der Repräsentation innerhalb der makedonischen Adelsgesellschaft war das prunkvoll inszenierte Begräbnis; neben einer mit demonstrativem Reichtum ausgestatteten Residenz und der traditionellen Freigiebigkeit bei Gastmählern war dies der geeignete Anlaß, Vermögen und Status der Mitwelt vor Augen zu stellen. Die meisten der erhaltenen prunkvollen Gebrauchsgegenstände wie goldene Kränze und Kisten **(143)**, Elfenbeinschnitzereien, metallene Waffen, Truhen, Throne und Klinen **(145)** mit kostbaren Beschlägen, bunt gewebte, z. T. sogar mit Goldfäden versetzte Stoffe und Hausrat aller Art haben sich als Grabbeigaben gefunden. Und auch die Grabanlagen selbst konnten sich mit dem Prunk der Beigaben messen: Unter einem Hügel verschüttet wurden komplette Steinhäuser mit mehreren Räumen, die meist von einem den Erddruck ableitenden Gewölbe überdacht waren – Grabkammern, deren Fassaden durch bemalte Stein- oder Stuckreliefs architektonisch präzise gegliedert **(144)** und deren Interieurs oft durch figürliche oder ornamentale Fresken ausgeschmückt waren.

Derartige Gräber wurden in Nordgriechenland so zahlreich aufgefunden, daß sie innerhalb der archäologischen Forschung fast zum Symbol der makedonischen Kultur geworden sind, einer Kultur, auf die der hier ersichtliche Bestattungsprunk ein markantes Licht wirft. Während die Griechen ihre Toten traditionell mit allenfalls ein paar wenig wertvollen Gerätschaften bei-

setzten und den Ort der Bestattung mit einer Reliefstele markierten, wurde in Makedonien bei aufwendigen, mehrtägigen Leichenfeiern regelmäßig ein sehr erheblicher materieller Wert dem profanen Leben entzogen. Aus Holz nachgebaute Wohn- und Repräsentationskulissen dienten als Scheiterhaufen für die Leichenverbrennung und wurden später als Schüttmaterial in den Grabhügel (*tumulus*) integriert. Die Aufschüttung des Hügels selbst war eine immens aufwendige, viele Arbeitstage umfassende Angelegenheit; seine jeweilige Größe kennzeichnete verläßlich den sozialen Status des Bestatteten. Zusammen mit den wertvollen Beigaben und der kostbaren Ausstattung der Grabbauten mußte

dies auf den Nicht-Makedonen den imposanten Eindruck einer verschwenderischen ›Einweg-Kultur‹ machen, in der das organisiert-rituelle Vernichten von materiellen Werten und Arbeitsressourcen offenbar eine bedeutsame Stil- und Statusfrage war.

In ihrem Typus ähneln sich die makedonischen Gräber untereinander bis ins Detail: Ein steinerner, im Grundriß üblicherweise axialsymmetrischer Grabbau mit Vor- und Hauptkammer wurde von einem halbrunden Keilsteingewölbe überspannt (das an diesen Bauten erstmals Eingang in die griechische Architektur fand); nur Gräber aus der Zeit vor ca. 350 v. Chr. sind mit großen Platten flach gedeckt (»Kistengräber«). Die Kammer imitierte ein Haus, der Raum mit der eigentlichen Bestattung bildete gewissermaßen ein ›ewiges

145   Makedonischer Grabluxus: Die 1987 entdeckte »Grabkammer der Eurydike« in der Nekropole von Vergina. Den vor einer architektonisch gegliederten Innenwand plazierten, reich dekorierten hölzernen Thron ziert auf der Rückenlehne eine Enkaustik-Malerei mit Hades und Persephone im Viergespann.

146 Das Philipp-Grab von Vergina: Modell des 1977 angetroffenen Ausgrabungsbefundes.

Prunkzimmer‹ des Toten. Nach Abschluß der Leichenfeiern wurde die Kammer mit einer Steintür fest verschlossen, danach massiv verschüttet und nur sehr selten für eine neuerliche Bestattung geöffnet und genutzt.

Die meisten dieser wegen ihrer markanten Hügel leicht in der flachen nordgriechischen Landschaft zu ortenden Gräber sind im Laufe der Jahrhunderte ausgeraubt worden; mindestens Edelmetallgeräte bilden deswegen, obwohl einst in fast jedem Grab vorhanden, heute ein seltenes archäologisches Fundgut. Um so größer war die Sensation, als im November 1977 bei den von dem griechischen Archäologen Manolis Andronikos geleiteten Ausgrabungen eines großen Grabhügels am Rande der Nekropole von Aigai/Vergina gleich drei weitestgehend intakte, aus verschiedenen Zeiten stammende Grabkammern entdeckt wurden. Dies war bereits an sich ein sensationeller, auf eine königliche Familiengruft hindeutender Befund, denn in der Regel war innerhalb eines Hügels nur eine einzige Kammer verschüttet worden. Und auch der Hügel selbst, der mit einem Durchmesser von annähernd 100 und einer einstigen Höhe von gut 20 m eher wie ein natürlicher Berg in der Landschaft als wie ein künstlich errichteter Tumulus wirkte, war in seinen Dimensionen derart exzeptionell, daß schnell die – in der Tat schwer zu entkräftende – Idee des Ausgräbers von einem Königsgrab Verbreitung fand.

Von besonderer Pracht, aber auch von besonderer Erhaltung war neben dem an Funden von Edelmetallen reichen Prinzengrab und dem höchst sorgfältig ausgemalten Grab der Persephone das mutmaßliche Grab von König Philipp II., des 336 v. Chr. in Aigai ermorde-

ten Vaters Alexanders des Großen. Der mit 10 x 4,5 m
fast bescheiden dimensionierte, aber mit architektonisch reich gestalteter Fassade versehene Grabbau
aus zwei Kammern **(146)** lag im Zentrum des Tumulus,
war also wohl der einstige Mittelpunkt der Anlage; die
Fassade zierte eine detailreiche Malerei mit Jagdszenen.
Das Innere war bei seiner Öffnung mit Kleinodien geradezu überfüllt. Prunkvoll dekorierte Holzmöbel und
vergoldetes Bronzegerät fanden sich, ferner Schilde,
Lanzen und ein Paar ungleich lange Beinschienen.
Antike Quellen berichten, daß Philipp II. aufgrund
einer körperlichen Versehrtheit ungleich lange Beine
hatte, woraus man heute schließt, daß dieses Grab das-
jenige des Königs ist. Zahlreiche Silbergefäße wurden
geborgen, des weiteren ein reich dekorierter Brustpan-
zer mit Goldbesatz, Alabasterflakons, filigran gefloch-
tene Kränze aus Golddraht, ein goldener Köcher, Stoffe,
Lederkleidung, schließlich – verdeckt in der Nische
eines Tisches – ein Goldkästchen mit kostbarem Tuch
darin, in das die Asche des Toten eingeschlagen war.

147   Die »Tyche von
Antiochia«. Die auf
einem Felsen thronende
Frau mit Mauerkrone auf
dem Kopf ist ganz in
griechischer Art gewan-
det, setzt aber im Stile
eines orientalischen
Despoten ihren Fuß auf
den Fluß Orontes (einst
in Gestalt eines Schwim-
mers; hier verloren) –
ein orientalischer Unter-
werfungsgestus, der auf
die widerspenstige Natur
des Flusses gemünzt ist.
Stark verkleinerte rö-
mische Kopie; Florenz,
Nationalmuseum.

Die »Hellenistische Koiné«: Eine Weltkultur entsteht

Griechische Plastik, Architektur, Malerei, Töpferei und
künstlerische Metallbearbeitung waren bis weit in das
4. Jh. v. Chr. hinein von regionalen Stil- oder Motiv-
Merkmalen geprägt. Dorische Tempel fanden sich etwa
mehrheitlich im griechischen Kerngebiet und in den
westlichen Kolonien, ionische hingegen überwiegend
auf den Ägäis-Inseln und in Kleinasien; in der
Vasenmalerei konkurrierten die in Stil und Technik markanten attischen Erzeugnisse mit zahlreichen, nicht minder charakteristischen Produkten anderer Regionen. Immer war gerade
deshalb auch bei kleinen, über weite
Strecken hinweg transportierbaren Gegen-
ständen wie etwa Schmuck oder Gefäßen
klar ersichtlich, in welcher Region des
Mittelmeer-Raums sie erzeugt worden waren.

Ein wesentliches Charakteristikum des Hellenismus in der Folge des Entstehens des Alexander-

148 Malerei in der Lünette der Grabkammer von Sveštari bei Razgrad/Bulgarien, Ausschnitt. Fünf Frauen tragen Prozessionsgerät für einen im Krieg siegreichen, zurückkehrenden Reiter heran (links); die linke Frau auf der Rampe überreicht mit ausgestrecktem Arm den Siegeskranz.

Reiches ist das Verschmelzen verschiedenster, auch nicht-griechischer Regionalkulturen zu einer Weltkultur – ein Vorgang, der sich in praktisch allen Bereichen des Lebens gleichermaßen niedergeschlagen hat. Daß dies bisweilen ganz absichtsvoll als eine gesteuerte, Integration bezweckende Maßnahme geschah, zeigen demonstrative Handlungen Alexanders während seines Feldzuges nach Osten, etwa bei seinen mythisch-religiösen Inszenierungen, die griechische und orientalische Religionsvorstellungen effektvoll miteinander kombinierten oder die Massenhochzeit von Susa, wo griechische und orientalische Lebensgewohnheiten miteinander vereinbart werden sollten.

So nimmt es nicht wunder, daß schon bald nach 300 v. Chr. eine hellenistische Kunst entsteht, die eben diese Verschmelzung unterschiedlichster Wurzeln zu einem neuen Ganzen par excellence zeigt: die Kunst der hellenistischen *koiné* (von griech. *koinós* = »gemeinsam«). Dieser Vorgang ist nun nicht, wie lange angenommen wurde, als eine Gräzisierung der Welt, als ein griechischer Einfluß auf die unterschiedlichen, Griechenland angegliederten Fremdkulturen zu verstehen, sondern als ein Prozeß gegenseitigen Austauschs. Die silbernen Rhyta, einem Horn nachempfundene Trinkgefäße, waren als Gefäß-Typus fester Bestandteil des Prunkgeschirrs wohlhabender Schichten sowohl in Griechenland wie auch im Orient; die getriebene Dekoration auf diesen Rhyta folgte nach 300 v. Chr. zunehmend häufig einem universellen Misch-Stil, der eine Zuordnung zu einer bestimmten Erzeuger-Region unmöglich machte. Auch Goldschmuck, der etwa in Kertsch auf der Krim gefunden wurde, konnte überall in der hellenistischen Welt entstanden sein. Wie selektiv aber zugleich dabei mit griechischem Formengut umgegangen wurde, zeigen thrakische Gräber im Gebiet des heutigen Bulgarien; hier entstanden durchweg im griechischen Stil gehaltene Malereien, die jedoch in ihrer Motivik lokalen, aus griechischer Sicht ›fremden‹ Bedürfnissen angepaßt und entsprechend umgeformt waren (**148**). In der Architektur artikulierte sich diese neue Formensprache nicht nur in der zunehmenden Vermischung der Bauordnungen, sondern auch in einer Vermischung einstmals strikt voneinander geschiedener Baumuster (**149**); durch gezielt ausgewählte Kombination bekannter Formen und Strukturen entstand gänzlich Neues.

Bei bedeutenden öffentlichen Denkmälern konnte diese Vermischung von Formen und Motiven unterschiedlichster Herkunft darüber hinaus regelrecht programmatische Züge annehmen. Nach der Neugründung der Stadt Antiochia am Fluß Orontes 301 v. Chr. (heute: Antakya/Türkei) entstand unter den Händen des Bildhauers Eutychides von Sikyon eine repräsentative Skulptur, die die aus verschiedenen Ethnien bestehende Stadtgemeinschaft symbolisch vergegenwärtigen sollte – die »Tyche von Antiochia« (**147**). Die weibliche Gestalt mit Mauerkrone auf dem Kopf sollte zum Urbild aller späteren Stadt-Personifikationen werden. Sie kombiniert, wie der Archäologe Burkhard Fehr nachgewiesen hat, ganz gezielt griechische und orientalische Bild-Traditionen und ermöglichte auf diese Weise beiden Bevölkerungsgruppen, die in der Stadt miteinander lebten, eine Identifikation mit diesem Bild-Symbol.

149 Die Skene, die Schauseite des Bühnengebäudes des Theaters von Tyndaris auf Sizilien, zeigt die für den Hellenismus charakteristische Kombination verschiedener Baumuster des 6. und 5. Jh. v. Chr. (dorische Gebälk-Ordnung, Säulen) mit zeitgenössischen Neuerungen (Bogen-Architektur; gerahmte Fenster, krönende Giebel) zu einer universellen, fast reliefartigen Fassadenarchitektur. Rekonstruktion.

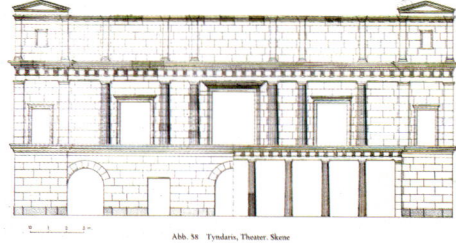

Abb. 58 Tyndaris, Theater. Skene

Griechische Münzen

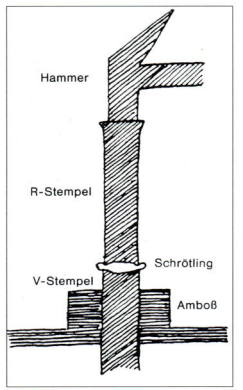

150 Schematische Darstellung der Ausprägung eines Schrötlings mit Hammer, Amboß, beweglichem und unbeweglichem Stempel.

Hammer

R-Stempel

Schrötling

V-Stempel

Amboß

»Alles beim Tausch muß vergleichbar sein. Als Mittel dazu ist das Geld bestimmt; das Geld ... wird in gewissem Sinne zu einer Mittlerinstanz, denn alles läßt sich daran messen ... So ist auf Grund einer Übereinkunft das Geld der Stellvertreter des Bedürfnisses geworden. Und es trägt die Bezeichnung ›Geld‹ (griech. *nómisma*), weil es nicht natürlichen Ursprungs ist, sondern ›geltend‹, als bestimmend gesetzt ist (von griech. *nómos* = »Gesetz, Regel«). Es liegt an uns, ob wir Geld verändern oder entwerten wollen.« (Aristoteles, »Nikomachische Ethik« 1133 a 19–31)

Diese modern und aufgeklärt klingenden, überdies noch beiläufig die Herkunft des Begriffes Numismatik (»Münzkunde«) erläuternden Worte des Aristoteles betreffen ein beileibe nicht selbstverständliches Phänomen: das Prinzip der Geldwirtschaft, d. h. vermittels eines universellen Äquivalents die Tauschwirtschaft zu ersetzen und einen über den bloßen Warentausch hinausweisenden Wertmesser, ein Wertaufbewahrungsmittel zu schaffen. Nicht Griechenland, sondern Kleinasien ist Geburtsort der Geldwirtschaft. Erste Münzen seien nach Aussage des griechischen Historikers Herodot am Hof des sagenhaft reichen Lyderkönigs Kroisos (von ihm leitet sich unser Wort »Krösus« ab) um die Mitte des 6. Jh. v. Chr. geprägt worden, tatsächlich entstanden sie aber wohl schon um 600 v. Chr. in Westanatolien.

Zunächst aus Elektron, einer in Kleinasien vorkommenden Silber-Gold-Mischung, später aus purem Gold oder Silber und bald darauf bereits aus unedlen Metallen oder veredelten Legierungen geschaffen,

151 Eulenmünze aus Athen, um 440 v. Chr. Tetradrachmon (Vier-Drachmen-Stück) aus Silber.

152 Die Quellnymphe Arethusa, von Delphinen umschwommen. Tetradrachmon, Silber, aus Syrakus, um 400 v. Chr.; am oberen Bildrand der Rest der Signatur des Stempelschneiders Kimon. Syrakus, Archäologisches Nationalmuseum.

Griechische Münzen

153 Tetradrachmon des Demetrios Poliorketes (»der Städteeroberer«), Rückseite. Die Darstellung der Siegesgöttin Nike auf dem Bug eines Kriegsschiffes macht beredt auf den militärischen Ehrgeiz des Prägeherren aufmerksam. Um 300 v. Chr.; London, Britisches Museum.

wurden Münzen in einem Prägestock (150) geschlagen und dabei mit Inschrift und Bild hoheitlich bezeichnet. Wenn etwa Athens Münzen eine Eule zierte und zusätzlich die Beischrift AΘE auf die Stadt verwies (151), war dies ein Garant des Münzwertes. Dies konnte aber nicht verhindern, daß es in Griechenland mit seiner Unzahl an Kleinstaaten bis in den Hellenismus hinein ein permanentes Währungschaos gegeben haben muß. Obwohl gerade die Möglichkeit zur Diversifizierung und Verflechtung ökonomischer Aktivitäten eigentlich der Hauptvorteil der Geldwirtschaft war, muß die Vielzahl der Währungen den Handel erheblich erschwert haben. Garant des Wertes in internationalem Sinne war allein das Gewicht des verwendeten Edelmetalls. Und hier hatte beinahe jede griechische Polis ihr eigenes Gewichtssystem: Eine Drachme oder ein Stater aus Ägina war deshalb anders zu bewerten als eine entsprechende Münze aus Athen, Milet oder Korinth. Griechische Geldwirtschaft war mit erheblicher Bürokratie verbunden: Aufsichtsgremien kontrollierten die Münzemissionen, Marktbehörden hielten offizielle Umrechnungsmaßstäbe vor, Geldwechsler erledigten den Münztausch. Sogar regelrechte Banken entstanden, meist verbunden mit einem Tempel oder einem Heiligtum, also denjenigen Orten, an denen sich im Laufe der Zeit die größten Vermögen akkumuliert hatten.

Bereits um die Mitte des 5. Jh. v. Chr., also gut 100 Jahre nach Beginn der griechischen Münzprägung, finden sich erste kunstvoll geschnittene Münzstempel mit Bildmotiven, die weit über die als Währungsgarant notwendige bloße Hoheitsbezeichnung hinausgingen; fortan werden die Bildmotive, die sich über das Medium Münze schnell und weit verbreiteten, zu propagandistisch genutzten Markenzeichen der Städte. Herausragend waren die Münzen der griechischen Westkolonien auf Sizilien und in Unteritalien; nicht selten finden sich, etwa in der Münzprägung der Stadt Syrakus, die bildreichen Münzen sogar von Stempelschneidern signiert (152). Athens Eule, der »Syrakusaner« mit dem von einem Delphin gesäumten Kopf der Quellnymphe Arethusa, der dreizackschleudernde Poseidon auf den Münzen von Poseidonia/Paestum, der Adler auf dem Geld aus Akragas/Agrigent wurden so zu Piktogrammen mit erheblicher Signifikanz für das Image der Städte.

154 Der Burgberg von Pergamon mit dem unterhalb der Athena-Terrasse in die natürliche Hangneigung eingefügten Theater des 2. Jh. v. Chr. Die 1878 begonnenen deutschen Ausgrabungen dauern bis heute an und haben für eine Fülle von historisch-archäologischen Erkenntnissen, aber auch für eine gute touristische Infrastruktur des Ausgrabungsplatzes gesorgt.

Pergamon: Aufstieg und Ende eines hellenistischen Königreichs

Die Stadt Pergamon im Nordwesten Kleinasiens, inmitten der Kaikos-Ebene auf einem ca. 300 m hohen, schwer zugänglichen Berg gelegen (154), kam 282 v. Chr. schlagartig zu weltgeschichtlichem Ruhm, als der hier residierende Statthalter und Schatzmeister des Makedonenkönigs Lysimachos, Philetairos, mitsamt der Kasse zu Seleukos I. überlief, der Kleinasien und Persien beherrschte. Die Konflikte der Diadochen um die Herrschaftsnachfolge des Alexander-Reichs waren auf ihrem Höhepunkt, und es war typisch für die Unwägbarkeiten dieser Zeit, daß Philetairos' Wechsel auf die seleukidische Seite beileibe keine Unterwerfung unter Seleukos I. mit sich brachte, sondern – wegen der beträchtlichen finanziellen Potenz – zu einer erheblichen Unabhängigkeit führte. Unter Eumenes I., dem Nachfolger des Philetairos (reg. 263–241/240 v. Chr.), besonders dann aber 240 v. Chr. nach der Annahme des Königstitels durch Attalos I. (reg. 240–197 v. Chr.) war dem vergleichsweise kleinen Fürstentum eine bedeutende Herrscherdynastie entwachsen, die im Konzert der Großen fortan geschickt mitzuspielen wußte.

In idealer Weise läßt sich hier verfolgen, wie sich die Etablierung einer Herrschaft aus dem Nichts, ohne irgendeine Tradition und Legitimation, vollzog, welche symbolisch-repräsentativen, aber auch militärisch-machtpolitischen Handlungen hier zu einer Legitimationspolitik verschmolzen, die dieses Manko überspielen sollte. Philetairos agierte zunächst keineswegs wie der Begründer einer eigenen Herrscherdynastie, sondern ließ Vorsicht walten. Formell dem Seleukos untertan, verzichtete er darauf, die üblichen Würden und Titel eines Königs zu beanspruchen. Statt dessen kultivierte er in der Außendarstellung seines Regimes geschickt eine schlichte Lebensführung, die, durch eine sensible Diplomatie sowie die verfügbaren Finanzmittel noch zusätzlich gestützt, Pergamon aus den zahlreichen Konflikten der Jahre nach 280 v. Chr. heraushielt. Eine ideale Folie, bürgerliches Image und zugleich Traditionsbezeugung zu verknüpfen, war der explizite Rückbezug auf die Werte des klassischen Athen, der unter Philetairos seinen Anfang nahm und zu einem durchgängigen Motiv der pergamenischen Kultur- und Repräsentationspolitik wurde. Philetairos baute Pergamon zur glanzvollen Residenzstadt aus; auf der Spitze des Burgbergs, unmittelbar als Annex des Palastes, entstand – ganz in der Tradition Athens – ein Athena-Heiligtum mit einem damals völlig unüblich gewordenen, aber an Altes symbolträchtig anknüpfenden Tempels in dorischer Ordnung – ein kaum zu übersehender Verweis auf den Parthenon und die Athener Akropolis. Darin wurde ein im Design höchst altertümliches, tatsächlich aber nagelneues Athena-Bild verwahrt, dessen Aussehen mittels Abbildungen auf Münzen weiteste Verbreitung erfuhr und sich bewußt an das hölzerne Xoanon der Athena Polias auf der Akropolis anlehnte.

Eumenes I. fügte sich in diese Politik ein und verzichtete auf den Königstitel, sogar nachdem er sein Reich mit einem Sieg über den Seleukiden Antiochos I. (262 v. Chr.) auch formell in die Eigenständigkeit geführt hatte. Als Mäzen und Stifter in Griechenland

155 Ein Gallier, erkennbar an Haar- und Barttracht, tötet sich und seine Gefährtin. Statuengruppe aus einem in Pergamon anläßlich der Vernichtung der Gallier durch Attalos I. aufgestellten Siegesdenkmals. Das Motiv des in völliger Verzweifelung sich selbst mordenden Gegners bildet eine prägnante Überhöhung der Allmächtigkeit und der herrscherlichen Gewalt des pergamenischen Siegers. Marmorkopie aus römischer Zeit; Rom, Thermenmuseum.

(u. a. finanzierte er große Hallenbauten in Delphi und Athen), aber auch in bezug auf die ihm zuteilwerdenen bzw. von ihm initiierten Ehrungen orientierte er sich immer unverkennbarer an den Standards der großen hellenistischen Monarchen. Auf Athen nahm die Errichtung einer großen Bibliothek und Kunstsammlung bezug. Hier konnten die »Alten Meister« bewundert werden; eine später hinzugefügte Kopie der Athena Parthenos (vgl. Abb. **94**) sollte schließlich als Schirmherrin dieses kulturelle Tradition suggerierenden Ensembles figurieren.

Ein Geschenk des Himmels war schließlich der Galliereinfall nach Kleinasien. Dieses Ende einer Auswanderungswelle, die in Nordwesteuropa ihren Anfang genommen hatte, bot den Anlaß zu einer Demonstration militärischer Stärke. In den 30er Jahren des 3. Jh. gelang es Attalos I., durch eine Schlacht diesen Gallierzug zu stoppen – ein Ereignis, das sofort als Sieg der Zivilisation über die Barbaren

156 Der Zeus-Altar von Pergamon. Der Kampf zwischen Meeresgöttern und Giganten am Nord-Risalit verschmilzt mit der architektonischen Struktur der Anlage, wo die Relief-Figuren die große Freitreppe regelrecht hinaufzustürmen scheinen. Berlin, Pergamon-Museum.

heroisiert und in die unmittelbare Nachfolge der Persersiege Athens gerückt wurde **(155)**. Nun nahm Attalos I. den Königstitel an, feierte den Sieg daheim wie in Athen in pathetischen und anspielungsreichen Denkmälern; nun wurde Pergamon zur nicht nur gleichberechtigten, sondern sogar zur stabilisierenden Größe im ewigen Wettstreit der hellenistischen Monarchien. Mit welcher Selbstverständlichkeit Pergamon zugleich das alte Griechenland vereinnahmte und darauf seinen Machtanspruch gründete, zeigt der nach seiner Auffindung im späten 19. Jh. nach Berlin verbrachte Pergamon-Altar, einst dem Zeus geweiht und auf dem Burgberg von Pergamon errichtet **(156)**. Seine klobigen Reliefs schildern die Götter in der Schlacht gegen die Giganten; der detailliert dargestellte Sieg über diese Feinde der Zivilisation war eine unverbrämte Inanspruchnahme der Ideale des alten Griechenland durch Pergamon, das sich fortan erfolgreich als neue Hauptstadt Griechenlands ins Gespräch brachte.

Die stets auf das Eigenwohl bedachte Außenpolitik Pergamons setzte sich nach diesen Ereignissen unvermindert fort, führte zu freundschaftlichen Beziehungen gegenüber dem erstarkenden Rom (das im 2. Jh. v. Chr. zunehmend in Verstrickung mit dem hellenistisch-griechischen Osten geriet) und schließlich dazu, daß der letzte Herrscher Pergamons, Attalos III., 133 v. Chr. sein Reich testamentarisch an Rom vererbte. Pergamon wurde auf diese Weise zum Kern der römischen Provinz *Asia* und zu einem wichtigen Eckstein im Ausbau des römischen Machtgefüges; daß Pergamon in der späteren römische Kaiserzeit einer der wichtigsten und bevorzugtesten Orte Kleinasiens blieb, wundert daher kaum.

Kunst für den Augenblick: Zeremonial- und Festarchitektur

Was der zur Zeit des Augustus lebende Diodor in seiner aus verschiedensten Quellen zusammengestellten »Weltgeschichte« überliefert (s. unten), beschreibt ein

Die Bestattung Alexanders des Großen

»Arrhidaios, der die Bestattung Alexanders zu leiten hatte, traf die Vorbereitungen zur Überführung, sobald der Wagen fertiggestellt war, mit dem die Leiche des Königs (quer durchs Reich, vom Sterbeort Babylon zum Bestattungsort Alexandria, Anm. Ch. Hö.) transportiert werden sollte … Zunächst war für den Leichnam ein Sarg aus getriebenem Gold gefertigt worden, und diesen füllte man dazwischen mit Spezereien, die dem Leichnam zugleich Wohlgeruch und Dauerhaftigkeit verliehen … Den Sarg verschloß man mit einem goldenen Deckel. Darüber lag eine golddurchwirkte Decke, neben der man Alexanders Waffen aufstellte, um einen Anblick von seiner Tatkraft zu erzeugen … Dann wurde der Wagen gebracht, der das alles tragen sollte … Auf diesem war oben ein mit Edelsteinen besetztes Gewölbe errichtet. Um das Ganze herum lief ein Kranzgesims …; daran waren Tierköpfe mit goldenen Ringen … An diesen hingen verschiedenfarbige Binden. Außen befanden sich Quasten, daran beträchtlich große Glocken, so daß schon aus der Ferne der Klang des Wagens zu vernehmen war. An den Ecken des Gewölbes stand an jeder Seite eine goldene Siegesgöttin. Das Gewölbe war von goldenen Säulen ionischer Ordnung umgeben; dazwischen hingen an goldenen Schnüren vier Bildtafeln. Die erste zeigte Alexander als Heerführer mit Szepter auf einem Wagen, umgeben von Makedonen, die zweite Elefanten in Kriegsausrüstung, die dritte die Reiterei und die vierte die Flotte … Am Eingang in das Gewölbe standen vier goldene Löwen, … auf dem Gewölbe erhob sich eine Fahne aus Scharlachtuch. Der Wagenkasten hatte zwei Achsen mit vier persischen Rädern, deren Felgen und Speichen vergoldet waren …« (Diodor 18, 26–28).

157 Der Leichenwagen Alexanders. Rekonstruktion des Archäologen Heinrich Bulle von 1906; nach Diodor 18, 26–28.

158 Das Nilschiff des Ptolemaios IV.; Rekonstruktion des Archäologen Friedrich Caspari von 1916; nach Athenaios 5, 203e–206a.

an hellenistischen Königshöfen weit verbreitetes Phänomen: Die Anhäufung aufwendig gestalteter Gerätschaften sowie die Errichtung von Zeltbauten oder hölzernen Palästen, die den Betrachter in ihrem überbordenden Reichtum förmlich blenden sollten. Da all diese Pracht nicht zur dauerhaften Verwendung bestimmt war, war dieser verschwenderische Umgang mit Gold und Geld ausschließlich Ausweis der *luxuria*, des prunkvollen Wohlstands des Herrschers. Archäologisch sind diese Dinge nicht nachweisbar, allenfalls aus überlieferten Beschreibungen wie der Diodors rekonstruierbar. Was Diodor beschrieben hat, war keineswegs nur ein einfacher Leichenwagen für den Sarg Alexanders. Es handelte sich vielmehr um einen fahrbaren Grabbau, der überdies mit äußerstem Aufwand und mit viel Raffinesse dekoriert war: Bildwerke, Skulpturen und Ornamente nahmen in Stil, Motivik und Aussage auf die kulturellen Traditionen derjenigen Regionen bezug, in denen dieser Prunkwagen eingesetzt wurde, als Propaganda-Wagen bot er ein mehrsprachiges Bildprogramm, das Alexanders ruhmvolle Taten jeweils passend visualisierte **(157)**.

Das prunkvolle Zelt als temporäre und gleichwohl repräsentative Behausung des Herrschers oder als Ort aufwendiger Festlichkeiten geht auf orientalisch-

159 Das Festzelt des Ptolemaios II.; Rekonstruktion des Archäologen Franz Studniczka von 1914; nach Athenaios 5, 196a–197c.

persische Vorbilder zurück. Alexander machte von einem solchen mobilen Palast ausgiebig Gebrauch und griff die Idee des Prunkzeltes in seinem berühmt gewordenen großen Festzelt von Susa auf. Auf diesen demonstrativen Gestus des Alexander bezog sich Ptolemaios II. (reg. 285–246 v. Chr.), als er, ganz im Stile eines ägyptischen Pharaos, ein riesiges, mehrstöckiges Festzelt errichtete, von dem der römische Unterhaltungsschriftsteller Athenaios (3. Jh. n. Chr.) eine ausführliche Beschreibung überliefert hat **(159)**.

Dieser Aufwand gipfelte in dem ebenfalls bei Athenaios beschriebenen Nilschiff des Ptolemaios IV. (reg. 222–204 v. Chr.). Der schwimmende Palast aus vergoldetem Holz war mit allem erdenklichen Prunk **(158)** ausgestattet, wurde in aufwendigen Zeremonien auf dem Nil bewegt und einer staunenden Bevölkerung präsentiert.

160 Einen nicht minder repräsentativen Kontrast zu den auf momentane Wirkung bedachten Prunkarchitekturen stellten in der hellenistischen Architektur gigantisch konzipierte, jedoch selten einmal wirklich realisierte Landschaftsmodellierungen dar. Der Architekt Deinokrates hatte, wie antike Quellen berichten, Alexander dem Großen vorgeschlagen, den gesamten Berg Athos zu einem Thronbildnis des Herrschers umzugestalten. In den Händen sollte Alexander eine Stadt halten; Phantasierekonstruktion des antiken Projekts durch Johann Bernhard Fischer v. Erlach, 1721.

Zwischen Diplomatie und Gewalt: Rom erobert Griechenland

Auf vielfältige und komplexe Weise verwickeln sich seit dem späten 3. Jh. v. Chr. die Geschicke des antiken Griechenland mit denen der aufsteigenden Weltmacht Rom – mit dem Ergebnis, daß Griechenland schließlich, sei es durch Krieg, Diplomatie oder persönliche Bindungen militärisch-politischer Protagonisten, zu einem Teil des Imperium Romanum wurde. Es ist kaum möglich, diesen im einzelnen hochkomplizierten Prozeß von der ›objektiven‹ Warte eines Historikers her zu beschreiben, denn allzu sehr differieren hier die Sichtweisen von den Ereignissen. Die Griechen auf der südlichen Balkan-Halbinsel waren im geographischen wie auch im kulturell-politischen Sinne in hellenistischer Zeit längst aus dem Zentrum der Welt an deren Rand gerückt. Das in hohem Maße juristisch geprägte Denken der Römer hat, wie der Historiker Walter Eder einmal schrieb, »Geschichte nie als eine Abfolge von Konflikten begriffen, sondern als eine, die unter dem generellen Zeichen der Eintracht (*concordia*) stand. Auch die außenpolitische Wahrnehmung war derart definiert: Jeder besiegte Gegner mußte integriert werden ... Ein Außen, das unkalkulierbar war, bedeutet für Rom immer eine Bedrängnis. Deshalb war die Schwelle für das, was als Gefahr wahrgenommen wurde, äußert niedrig, deshalb war auch der römische Imperialismus prinzipiell grenzenlos.« Militärische Aktion war dabei immer die *ultima ratio*, die letzte Möglichkeit: Verbündung und Diplomatie war der meist zuerst beschrittene Weg.

Auf der Grundlage dieses Mechanismus vollzog sich im 3. Jh. v. Chr. zunächst die Eingliederung Süditaliens und Siziliens, des einstigen Westens der griechischen Kultur, in den römischen Staatsverband. Die Eroberung Siziliens (241 v. Chr.) war dabei ein Meilenstein. Das rapide wachsende römische Territorium bedurfte einer diesem Umstand Rechnung tragenden administrativen Struktur: Sizilien wurde zur ersten, von einem Statthalter regierten römischen Provinz.

Roms Versuche, sich aus den Unwägbarkeiten permanenter Scharmützel und Kleinkriege zwischen den hellenistischen Monarchien des Ostens herauszuhalten, führten zum genauen Gegenteil, nämlich in eine Verstrickung in immer unübersichtlicher werdende Kriegsszenarien. Die Kriege gegen Pyrrhos von Epiros waren kaum mehr als ein Vorbote des Kommenden. Vor allem Antiochos III. und Philipp V., in einem den Römern unliebsamen Bündnis vereint, entwickelten sich zu Erbfeinden Roms. Nach langen diplomatischen Verwicklungen, in deren Verlauf es Rom gelang, weite Teile Griechenlands auf seine Seite und damit gegen Makedonien zu bringen, wurde Krieg geführt, wobei erstmals Roms in den Punischen Kriegen aufgerüstete, schlagkräftige, ja alsbald übermächtige Flotte zum wesentlichen Machtfaktor in der Ägäis wurde. Im thessalischen Kynoskephalaia wurde Philipps Heer 197 v. Chr. vernichtend geschlagen; der römische Feldherr Titus Quinctius Flamininus erklärte 196 v. Chr. in einer pathetischen Rede Griechenland für befreit vom Joch der Makedonen, verschwieg seinen Zuhörern jedoch, daß fortan Rom die Geschicke Griechenlands zu bestimmen gedachte.

Der militärische Rückzug der Römer aus Griechenland führte indessen bald darauf zu neuen innergriechischen Kriegshandlungen und deren Resultate dann zu einem neuerlichen militärischen Eingreifen Roms. Der folgende Krieg zwischen Rom und dem König Perseus von Makedonien (171–168 v. Chr.) darf im nachhinein als weltgeschichtliche Zäsur gesehen werden: Der römische Konsul Lucius Aemilius Paullus **(161)** vernichtete das makedonische Heer und damit auch den Makedonischen Staatsverbund am 22. Juni 168 v. Chr. in einer weniger als einstündigen Schlacht vor den Toren der Stadt Pydna am Fuße des Olymp **(162)**.

161   Der in hellenistischer Art gestaltete Reliefpfeiler des Aemilius Paullus in Delphi ist ein Siegesmonument, dessen unmittelbar nach 168 v. Chr. entstandener Fries in mythischer Überhöhung den Kampf Roms gegen die Makedonen darstellt. Delphi, Archäologisches Museum.

162   Heute ein friedlicher Obsthain: Das antike Schlachtfeld bei Pydna nahe dem Olymp.

Ein letztes Mal rückte Griechenland im Jahr 31 v. Chr. in den Brennpunkt der nun von Rom bestimmten Weltpolitik. Nahe dem Ambrakischen Golf in Westgriechenland gelang Augustus in einer Seeschlacht bei Aktion der entscheidende Sieg über den »Verräter« Marc Anton und damit auch der entscheidende Sieg über das letzte griechisch-hellenistische Reich – das der mit Marc Anton verbündeten ägyptischen Ptolemäer unter Königin Kleopatra. Ein monumentales Denkmal und eine neugegründete, aus den umgebenden Gemeinden zwangsbesiedelte Stadt namens *Nikopolis* (»Siegesstadt«) wurden zu Symbolen einer nunmehr als ewig gedachten römischen Präsenz im alten Griechenland.

Wiederum zog sich Rom militärisch zurück, ohne das faktisch eroberte Territorium formell annektiert zu haben, — nun aber unter Hinterlassung zahlreicher mit Rom verbündeter Parteigänger in den griechischen Städten, die alsbald nach Kräften begannen, das Land zu ihren Gunsten auszuplündern. Not und Elend machten sich in jenen Jahren nach 168 v. Chr. breit. Erst nachdem es im Zuge dieser Entwicklung erneut zu Aufständen und Revolten, zu Anarchie und politischen Usurpationen kam und Rom binnen kurzer Zeit zum dritten Mal in Griechenland intervenieren mußte, machte man Nägel mit Köpfen: Makedonien wurde besetzt und als römische Provinz in den Staatsverband eingegliedert (148 v. Chr.); das aufständische Griechenland wurde ebenfalls besetzt. Alle Aufständischen, derer man habhaft werden konnte, wurden hingerichtet; die Stadt Korinth – als eine drastische Warnung an alle, die Rom weiterhin nicht zu folgen gedachten – wurde im Jahr 146 v. Chr. in einem spektakulären Blutbad und einer anschließenden mehrtägigen Zerstörungsorgie durch Truppen des Lucius Mummius dem Erdboden gleichgemacht; Griechenland wurde schließlich als Provinz *Achaia* 146 v. Chr. ebenfalls in das System der römischen Provinzen eingegliedert – nach einem Urteil des Historikers Hermann Bengtson senkte sich über Hellas nun der »Frieden eines Kirchhofs«.

Rom baute seine Herrschaft nun im griechisch-hellenistischen Osten kontinuierlich aus, hier jedoch eher auf diplomatischem Wege: Per Testament fiel das pergamenische Reich 133 v. Chr. an Rom, wurde zur Keimzelle der Provinz *Asia* und damit zum Zentrum römischer Präsenz in Kleinasien. Brutale Gewalt blieb indessen ein berüchtigtes und probates Mittel römischer Politik, auch im kulturell so hochverehrten Griechenland. Einem Umsturz in Athen, das sich in dieser Situation von Rom lossagte, folgte 86 v. Chr. eine Belagerung durch Truppen des Feldherrn Sulla. Der Schriftsteller Plutarch (2. Jh. n. Chr.) beschrieb die weiteren Vorgänge in seiner Biographie des Sulla

(Kap. 11): »Sulla ... brach um Mitternacht, Entsetzen erregend, in die Stadt ein, und mit wildem Geschrei ergoß sich das Heer, zu Raub, Mord und Schändung losgelassen, mit gezücktem Schwert durch die Gassen, so daß die Erschlagenen überhaupt nicht gezählt werden konnten, sondern die Menge bis heute nur nach dem Raum, den das vergossene Blut einnahm, geschätzt wird ... Allein das Gemetzel am Markt überflutete den Raum bis zum Dipylon-Tor mit Blut ...«

Strategien römischer Aneignung: Kunstraub, Kopistenwesen und mythologische Konstrukte

»Derselbe Prätor Verres hat uralte Baudenkmäler und Kunstwerke, die teils die Könige zum Schmuck den Städten gestiftet hatten, teils unsere Feldherren nach unseren Siegen den sizilischen Städten schenkten, geraubt, gestohlen, geplündert. Und er tat dies nicht nur bei Statuen und Kunstwerken, sondern er hat auch die Tempel beraubt. Überhaupt hat er den Sizilianern keinen Gott, der ihm von einigermaßen geschickter Hand und aus alter Zeit zu sein schien, zurückgelassen.« Mit solch harschen Worten führte der prominente Jurist Marcus Tullius Cicero 70 v. Chr. die Anklage im Prozeß gegen Verres, der 73–71 v. Chr. Statthalter Siziliens war (»Gegen Verres«, 14).

Doch vom ›Fall Verres‹ sollte man sich nicht täuschen lassen und etwa glauben, Cicero beklage hier den Kunstraub an sich. Im Gegenteil: Der Raub griechischer Kunstwerke, das Verpflanzen von Skulpturen und Reliefs nach Rom, nach Italien, war im 2. und 1. Jh. v. Chr. ein sehr probates Mittel, sich die als vorbildhaft empfundene griechische Kunst, den ›griechischen Geist‹, anzueignen. Es war lediglich verpönt, diese Dinge zu privatisieren und sich persönlich daran zu bereichern, wie Verres dies getan hatte; üblich war es, griechische Kunst, sei es als triumphal inszenierte Kriegsbeute, sei es als eher nebensächliches ›Mitbringsel‹ von einem Feldzug, in Rom öffentlich zu präsentieren, sie zugänglich zu halten im Sinne eines

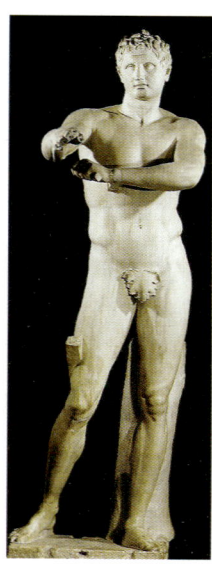

163 Der Apoxyomenos, der sich vom Sand der Palästra befreiende Athlet, war ursprünglich ein um 320 v. Chr. entstandenes Bronzewerk des Lysipp, erhalten nur noch in Gestalt römischer Marmorkopien. Rom, Vatikan.

164 Römische Ideal-plastik: Ein Kopf in der Art des ›Strengen Stils‹ der Zeit um 460 v. Chr., ein ›klassischer‹ Körper der Jahre um 420 v. Chr., das Ganze um 30 v. Chr. entstanden und als Bron-zeleuchter ausgeformt. Neapel, Archäologisches Nationalmuseum.

165 Die Sibyllengrotte von Cumae ist über die Änaeas-Legende ein wichtiges Bindeglied zwischen griechischer Sagenwelt und rö-mischem Staatsmythos. Die hier entstandenen »Sibyllinischen Bücher der Weisheit« wurden wie ein Staatsschatz gehütet.

Besitzes für die Allgemeinheit. Gegen diesen Kodex hatte Verres verstoßen; vorgehalten wurde ihm nicht der Tatbestand des Kunstraubs an sich, der gang und gäbe war, in jenen Jahren in großem Stil stattfand und griechische Städte und Heiligtümer massiv betroffen hatte.

Die römische Kultur der späten Republik und der frühen Kaiserzeit fußte in hohem Maße auf der Hoch-schätzung griechischer Kunst und Kultur, hatte sie zum Vorbild, ja zum Ideal erklärt. Im Zuge der rö-mischen Eroberung Griechenlands wurde es schnell zu einer regelrechten Mode innerhalb der römischen Oberschicht, griechische Kunst auch privat zu besitzen und Kunstwerke in Haus oder Garten aufzustellen. Da gerade dieser exklusive Umgang mit den zahlenmäßig vergleichsweise wenigen Originalen nicht möglich war, ersann man eine Alternative: die Kopie **(163)**. Massen-haft wurden nun griechische Skulpturen kopiert. Dies erlaubte nicht nur, schwer transportierbare Kunstwerke oder solche, die vor Ort verbleiben mußten, verfügbar zu machen, vor allem ermöglichte dies die serielle Reproduktion beliebter Werke in praktisch unbegrenz-ter Stückzahl. Eine große Anzahl an zwischen 100 v. und 150 n. Chr. geschaffenen Kopien haben sich – im Gegensatz zu den im Mittelalter meist verschollenen griechischen Bronze-Originalen – erhalten und kön-nen deshalb wichtige Aufschlüsse über die griechische Plastik besonders des 5. und 4. Jh. v. Chr. geben, die praktisch ausschließlich in Form römischer Marmor-kopien überliefert ist. Die Kopistentechnik ähnelte durchaus heutigen Methoden: Die Originale wurden mit Hilfe von Modeln abgeformt, daraus wurde dann ein Duplikat (meist aus Gips) erzeugt, das dann als Vorlage mittels eines Meßverfahrens in Marmorplastik umgesetzt wurde. Bei Baiae am Golf von Neapel fan-den sich zahlreiche Fragmente antiker, direkt von den Originalen stammender Gipsabformungen. Meister-werke sehr großen Formats wurden, wie etwa im Falle der berühmten, 12 m hohen Gold-Elfenbein-Statue der Athena Parthenos im Parthenon auf der Akropolis von

Athen (vgl. Abb. **94**), entweder auf handliche Dimensionen verkleinert oder aber nur in bestimmten Auszügen (z. B. Einzelszenen der Reliefs vom Schild der Göttin) kopiert.

Dieser auf freie Verfügbarkeit abzielende Umgang mit Werken griechischer Künstler hatte nun für das damalige Verständnis von Kunst erhebliche Folgen. Erst der vereinnahmende Zugriff der Römer schuf das Image der alt-ehrwürdigen griechischen Kunst, die im Kontext ihrer Entstehung bekanntlich weniger Kunst als vielmehr funktionaler Bestandteil der Polis gewesen war (vgl. S. 92ff.). Erst die private Inbesitznahme griechischer Werke seitens der Römer bahnte einem individualisierenden, auf Einzeldenkmäler und ihre Urheber bezogenen Kunstbegriff den Weg. Ein Interesse an griechischen Künstler-Biographien, an Werk-Katalogen und Künstleranekdoten entstand – und damit ein Kunstbegriff, wie er uns heute selbstverständlich und auch zeitlos erscheint, der dem antiken Griechenland aber fremd war. Eine logische Folge des römischen Kopistenwesens war schließlich das Verändern, das Umbilden, das Einpassen der griechischen Bildwerke in neue Gegebenheiten und Repräsentationsformen. Die »Römische Idealplastik«, wie man dieses Phänomen heute nennt, ist auf durchaus sehr eigenwillige Weise geprägt von einer versatzstückhaften Zitation griechischer Bildformen und deren Vermengung mit römischen Elementen (**164**). So erstaunt es nur Unkundige, ein greises Männerporträt auf einem athletischen, jugendlich-idealisch gebildeten ›griechischen‹ Körper zu erblicken – ein bisweilen absurd-kurioser Anblick, der aber höchst sprechend die Normativität griechischer Ideale verdeutlicht.

Griechenland in Italien: Der römische Klassizismus

Die materielle Adaption griechischer Kultur seitens der Römer betraf nicht allein den Bereich der Skulptur, sondern griff darüber weit hinaus. Waren Kunstraub und das Kopieren originaler griechischer Plastik Optionen eines unmittelbaren, jeweils konkrete Einzeldenkmäler

Der ›Olymp‹ in Rom

In welch umfassender Weise sich die römische Kultur der griechischen Welt bemächtigt hat, zeigt ein Blick auf Strukturen und Elemente des römischen Staatsmythos. Zahlreiche Göttersagen wurden, selbst wenn sie ursprünglich im etruskisch-altitalischen Pantheon beheimatet waren, in direkter Analogie zur griechischen Götterwelt umgedeutet bzw. fortgeschrieben: Jupiter/Zeus, Juno/Hera, Neptun/Poseidon, Minerva/Athena, Diana/Artemis, Äskulap/Asklepios, Mars/Ares – fast alle griechischen Olympier fanden auf diese Weise ihre Entsprechung in der römischen Götterwelt. Und auch die Heldensagen der Griechen wurden nahtlos adaptiert und ins Römische übersetzt: Die Sage von Änaeas, in der Zeit des Augustus zum offiziellen Staatsmythos verklärt und von dem Hofdichter Vergil in bereinigter Fassung für alle Zeiten verbindlich formuliert, schließt sich direkt an das Epos vom Trojanischen Krieg an und bezieht italische Schauplätze in das Sagengeflecht mit ein (**165**).

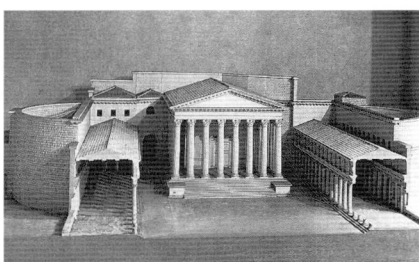

166   Das Augustus-Forum in Rom, Modell-Ansicht.

in Beschlag nehmenden Zugriffs auf den begehrten Gegenstand, so war der in der römischen Kunst weit verbreitete Klassizismus zwar eine indirekte, aber um so nachhaltigere Vereinnahmung der griechischen Kultur.

Der Klassizismus erklärte alle Kunstformen der griechischen Klassik, also nicht nur Plastik, sondern auch Malerei und Architektur, zum vorbildlichen Ideal und zugleich zur verbindlichen Richtschnur eigener künstlerischer Produktivität. Nicht nur das Kopieren, sondern ein darauf aufbauendes, umfassendes Nachahmen von Formen war das erklärte Ziel. Klassizismus war in diesem Sinne nicht ausschließlich eine Stilphase des 18. und 19. Jh., sondern, ganz im Sinne des Klassik-Begriffes, ein zu allen nachklassischen Zeiten mehr oder minder ausgeprägtes Phänomen der Klassik-Rezeption (vgl. S. 72ff. und 165ff.). Zu Recht stellt der Archäologe Paul Zanker die Frage, wie es denn zwischen 100 v. Chr. und 200 n. Chr. zur nahezu totalen Dominanz »einer solchen, fast ausschließlich aus Nachbildungen, Paraphrasen und Zitaten früherer Kunstepochen bestehenden Bildersprache« kommen konnte. Zanker fand in seinem vielbeachteten Essay über die »Nachahmung als kulturelles Schicksal« die Antwort in dem Umstand, daß, wenn einmal die Kunst einer vergangenen Epoche als unüberbietbares, vollkommenes Ideal anerkannt war, es jedenfalls nach römischem Kulturverständnis »keine Alternative zur ständigen Weiterführung des Nachahmens gab, denn jedes Abgehen von den großen Vorbildern hätte Verfall angezeigt«. Vielfach entstand nun auf italischem Boden ein ›Griechenland im Kleinen‹. Mitten in Rom, auf eigens aus der Privatschatulle erworbenem Baugrund, ließ Augustus ein repräsentatives Forum errichten: ein von Portiken und Exedren gerahmter Platz mit einem großen Podiumstempel im Zentrum (166). In höchst anspielungsreicher Form vermittelten Statuen,

167   Säulen und Kapitelle vom kleinen Monopteros für Roma und Augustus, in der Regentschaft des Augustus auf der Athener Akropolis nahe dem Parthenon errichtet, kopieren die klassischen Architektur-Formen des Erechtheion.

Inschriften und Reliefbilder das umfassende Selbstverständnis augusteischer Politik: Genealogische Kon-
strukte führten die *gens iulia*, das Geschlecht der Julier,
dem Augustus angehörte, bis in die mythische Frühzeit eines Änaeas zurück und adelten zugleich die
Gegenwart, die Regentschaft des Augustus als ein
»Goldenes Zeitalter« ewiger Glückseligkeit. Architek-
turornamentik und Skulpturenausstattung dieses
Augustus-Forums griffen in umfassender Weise auf
die griechische Klassik zurück, die dabei nun ihrerseits
als ein vorbildliches »Goldenes Zeitalter« verklärt
wurde. Die Fassaden des Obergeschosses der Säulenhallen etwa zierten eine Serie kopierter Mädchenfiguren, geschaffen nach dem Vorbild der Korenhalle des
Erechtheion auf der Athener Akropolis (vgl. Abb. **93)**;
sogar die Säulenbasen des Tempels nahmen Bezug auf
athenisch-griechische Vorbilder. Das gleiche Motiv der
Erechtheion-Kore findet sich in der Villa des Kaisers
Hadrian wieder, die im frühen 2. Jh. n. Chr. bei Tivoli
in Latium entstand **(168)**. Hier säumten die Karyatiden, mit verschiedenen anderen Statuen zu einer Art
Gartenportikus umfunktioniert, einen Wasserkanal im
ägyptischen Stil. Als ein Miniatur-Modell der im Imperium Romanum vereinigten Kulturen stiftete Hadrians
Villenanlage eine eklektizistische Einheit. Sogar in
Griechenland orientierte man sich am vorbildlichen
Formenvorrat der Klassik: Gleich neben dem Parthenon auf der Akropolis entstand in augusteischer Zeit
ein kleiner Monopteros, des-
sen ionische Säulen diejenigen des nahen Erechtheion
nachbildeten **(167)**.

168 Der Kanopos der
Villa Hadriana in Tivoli:
eine Gartenanlage mit
Kopien der Erechtheion-
Koren.

In den eingangs zitierten
Überlegungen von Paul Zanker schwingt als kritischer
Unterton die Idee von der
grundsätzlichen Unselbstän-
digkeit und einer damit
begründeten Zweitklassigkeit
der auf Griechenland fixierten

römischen Kultur mit. Diese Sicht entspringt eher einem modern-klassizistischen Verständnis antiker Kultur als einer vorbehaltlosen Würdigung antiker Realitäten. Gewiß ist die römische Bildsprache in ihrem Vokabular der griechischen Kunst entnommen, doch die vermittels dieses Vokabulars erzeugte ›Textur‹ hatte durchaus eigenständige, innovative Züge. Die Umfunktionierung griechischer Skulptur zur dekorativen Staffage, die Umbildung plastischer Formen zu Repräsentationsbedürfnissen, die Verschmelzung griechischer Architekturmuster mit römischen Baustrukturen und -techniken bilden Leistungen mit ganz eigenem Wert. Gerade das Prinzip, aus imitierten griechischen Formen versatzstückhaft neue Motive oder Arrangements zu schaffen, kann als das eigentliche Wesen römischer Kunst der spätrepublikanischen, der frühen und mittleren Kaiserzeit verstanden werden – ein durchaus konstruktiver Zug also, der aktuell an die Postmoderne-Debatte erinnern mag und dabei zugleich zeigt, daß selbst so moderne Visionen von Eklektizismus ihrerseits antike Wurzeln und Vorbilder haben.

Es mag heute so erscheinen, als markiere die Abkehr von diesem Klassizismus im frühen 3. Jh. n. Chr. den Punkt eines beginnenden ›Verfalls‹ der römischen Kultur. Tatsächlich aber entstand an der Wende zur Spätantike eine neue Bildersprache, deren ›Vokabular‹ lediglich neuen ›Texten‹ angepaßt worden war, – eine Bildersprache, die in ihrer formelhaft-zeremoniellen Statik mit den veränderten gesellschaftlichen Rahmenbedingungen eines absolut gesetzten Gott-Kaisertums bedingungslos einherging und die bis ins Mittelalter wirksam blieb. Erst hier hatte sich das antike Rom von Griechenland emanzipiert, hatte eine auch formal eigenständige römische Kunst hervorgebracht, dies war das genaue Gegenteil von ›Verfall‹.

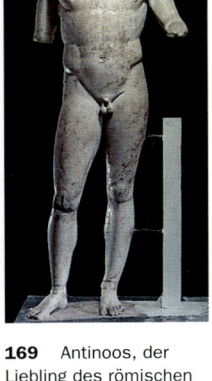

169 Antinoos, der Liebling des römischen Kaisers Hadrian. Die zahlreichen Statuen zu Ehren des jung Gestorbenen zitieren Elemente der klassischen Plastik. Nach 130 n. Chr.; Delphi, Museum.

»Griechische Kultur«: Die Verklärung Griechenlands in römischer und byzantinischer Zeit

Nicht nur auf der dinglich-materiellen Ebene künstlerischer Produktion von Plastik, Malerei und Baukunst,

sondern auch hinsichtlich anderer kultureller Erscheinungsformen war das antike Griechenland in römischer und später in byzantinischer Zeit Vorbild: Theater und Sportwettkämpfe, Literatur, Philosophie, vor allem aber die Bereiche von Bildung und Ausbildung blieben in hohem Maße griechisch geprägte Institutionen. Wenn von Kaiser Nero (reg. 54–68 n. Chr.) verschiedentlich bizarre Theaterauftritte oder seine Ambitionen als Rhapsode überliefert sind, dann standen diese Spektakel in einer entsprechenden griechischen Tradition und dürfen als Versuch gelten, sich als Mensch griechischer Kultur zu profilieren. Am eindrucksvollsten manifestierten sich Grundzüge eines frühen Philhellenismus bei dem römischen Kaiser Hadrian (117–138 n. Chr.), der während seiner Regentschaft Griechenland in ausgedehnten Reisen erkundet hatte. In Rom wie in seiner Villa bei Tivoli in Latium versammelte er zahlreiche Zeugnisse griechischer Kultur (**168**) und rührte mit seiner öffentlich ausgelebten Homosexualität an inzwischen tabuisierten Vorbildern griechischer Kultur. Hadrians 130 n. Chr. im Nil ertrunkener Geliebter Antinoos wurde mannigfach in Statuen und Bildern verehrt (**169**) und wurde im Volksmund mit milder Ironie *Graeculus* (»der Grieche«) genannt.

Während der Regentschaft des Hadrian hatte die römische Gräkophilie erhebliche Rückwirkungen auf Griechenland selbst, das in dieser Zeit zu neuer Blüte kam. Die große Vergangenheit erlebte etwa in Athen nun eine förmliche Wiederauferstehung. Neue Stadtteile wie die »Hadriansstadt« entstanden in jenen Jahren. Und schon zu Zeiten des Cäsar und Augustus war ein neuer Kaufmarkt in Athen eingerichtet worden, dessen Bauten in Form und Stil auf die griechische

170   Das dorische Propylon zur römischen Neustadt in Athen, laut Inschrift in der Amtszeit des Archonten Nikias (10/9 v. Chr.) erbaut.

Antike des 5. und 4. Jh. v. Chr. intensiv zurückgriffen; das Markt-Tor etwa folgte in für damalige Verhältnisse höchst altertümlicher Weise der dorischen und nicht der üblichen ionisch-korinthischen Bauordnung **(170)**. Hadrian ließ sich, als Gönner Athens und weiterer griechischer Städte, von den jeweiligen Stadtverwaltungen allzu gerne mit Ehrungen überhäufen, die daraus ihrerseits Illusionen einer der Vergangenheit adäquaten Bedeutung abzuleiten suchten. Gemeinsam delektierte man sich an Aufführungen griechischer Klassiker im Theater, pflegte die dafür notwendigen baulichen und archivarischen Enrichtungen wie etwa Bibliotheken, errichtete für Dichterlesungen und Rezitationen sogar völlig neue Gebäude wie etwa das von dem reichen Mäzen Herodes Atticus (»Herodes der Attische«), einem Zeitgenossen und in Hinblick auf die Gräkophilie Seelenverwandten des Hadrian, gestiftete Odeion am Südhang der Akropolis von Athen.

Das Image von Griechenland als einem Hort musealer Bildung wurde in der römischen Kaiserzeit besonders durch populäre, vielgelesene Schriftsteller wie Pausanias und Plutarch gefördert; ihre im 2. Jh. n. Chr. entstandenen Werke bilden dabei eine exorbitant wichtige Grundlage für jedwede moderne Kenntnis des antiken Griechenland überhaupt. Pausanias verfaßte, wohl um 170 n. Chr., eine weit verbreitete Reisebeschreibung Griechenlands in zehn Büchern – eine Art antiker Kunstreiseführer, der Griechenlands Städte und Heiligtümer bisweilen mit akribischer Genauigkeit, bisweilen aber auch in sehr irriger Weise beschrieben und das Bild von Griechenland als einem riesigen Freilichtmuseum, wie es sich heute sogar noch in Asterix-Comics wiederfindet **(171)**, entscheidend mitgeprägt hat. Und Plutarchs nicht minder weitverbreitete vergleichende Lebensbeschreibungen ›großer‹ Griechen und Römer überliefern der Nachwelt nicht nur unzählige Details der griechischen Antike, sondern zementierten gerade in der Gegenüberstellung der Biographien in besonderem Maße das verklärende römische Bild eines idealen griechischen Altertums.

Nicht minder umfassend griff die byzantinische Kultur auf ihre griechischen Wurzeln zurück. Das im Hellenismus ausgeprägte Koiné-Griechisch war Amtssprache. Zahlreiche griechische Denkmäler, teils aus Rom und Italien, teils aus Griechenland stammend, wurden nach Konstantinopel verbracht und dort in den kaiserlichen

Palästen, in den Gärten oder auf öffentlichen Plätzen präsentiert. Konstantinopel – in dieser Hinsicht bald wirklich eine *Nea Roma* (»Neues Rom«) –, muß ein wahres Kunstmuseum gewesen sein, dessen Werke bei der zerstörerischen Eroberung und Plünderung der Stadt im Verlaufe des Vierten Kreuzzuges im Frühjahr 1204 entweder zugrunde gingen oder als Kriegsbeute in alle Welt verstreut wurden. Byzanz pflegte einen äußerst intensiven Rückgriff auf die griechische Kultur und zwar auf eine Weise, die das pagane Griechenland mit dem byzantinischen Christentum kompatibel machte. Erstmals entstand hier, gefiltert und zugleich exklusiv, ein Kulturbegriff, der sich auf die griechische Sprache, auf die Lektüre griechischer Autoren sowie auf die Praxis griechischer Wissenschaften bezog und entsprechend ausgerichtete antike Schriften weiterverbreitete: Schriften, die aus christlicher Perspektive die negativen Aspekte der heidnisch-griechischen Kultur ausblendeten bzw. nicht thematisierten. Auf diese Weise entstand ein ›gereinigtes‹, zugleich idealisiertes und stilisiertes Griechenlandbild, das bis in den Klassizismus der Neuzeit fortgewirkt hat.

171   Römischer Tourismus auf der Athener Akropolis – so mag es gewesen sein. Abbildung aus dem Comic »Asterix bei den Olympischen Spielen« (1968).
© Les Éditions Albert René/Goscinny-Uderzo

Die Reisenden der Grand Tour und ihre Berichte

Mit der Teilung des Römischen Reiches im Jahr 395
fiel Griechenland an Ost-Rom, später dann an das
byzantinische Reich. Schnell geriet die südliche Balkanhalbinsel ins Abseits, wurde, wie der Historiker
Michael W. Weithmann es einmal treffend bezeichnete, zur »Randprovinz«. Die slawischen Wanderungen,
die im 6. Jh. einsetzten, hatten in mehreren Wellen zu
einem weitgehenden Bevölkerungsaustausch geführt
und alle bis dahin tradierten antiken Lebensformen in
Vergessenheit geraten lassen.

Mit der Eroberung von Konstantinopel durch venezianische Truppen im Verlaufe des Vierten Kreuzzugs
(1204) wurde das byzantinische Reich schwer erschüttert; Griechenland geriet für über 200 Jahre unter fränkisch-lateinische Fremdherrschaften. Verschiedene
Clans herrschten hier nun in tyrannisch-depotischer
Art – allein darauf bedacht, das Land nach Kräften auszuplündern. Alle geographischen und sozialen Zentren der Antike hatten sich im Laufe der Zeit verschoben: Das einstmals strahlende Athen war zu einem
Dorf herabgesunken, das weit ab der damaligen Verkehrswege lag; wichtige Siedlungen erstreckten sich
nun eher entlang der Küsten der Peloponnes, Euböas
und der Inseln; sie waren allesamt Stützpunkte und
Stationen auf dem Seeweg in den Orient. Nach 1450
wurde Griechenland, wie das byzantinische Reich insgesamt, sukzessive von den Osmanen erobert.
Während das antike Griechenland in der Nachfolge
dieses Ereignisses als Gegenstand klassisch-literarischer Bildung Allgemeingut blieb – in großer Zahl
las und kopierte man antik-griechische Texte –, versank die materielle Hinterlassenschaft des antiken
Griechenland nun rapide im Nebel der Vergessenheit.
Wenn in Mittelalter und Renaissance von Antike im
Sinne von Skulptur, Malerei oder Architektur die Rede
war, so war hier stets das antike Rom mit seinen noch
präsenten Monumenten gemeint. Das Vergessen des
antiken Griechenland ging gar so weit, daß im Jahr
1573 der Tübinger Professor für Klassische Literatur,

Martin Crusius, an befreundete Geistliche in Konstantinopel die Frage richten konnte, ob Athen denn überhaupt noch existiere – und alsbald die niederschmetternde Antwort empfing, Athen bestünde zwar weiterhin, gleiche aber dabei einem Tier, von dem nur noch das Fell übriggeblieben, das Leben aber gänzlich gewichen sei.

Die Wiederentdeckung des antiken Griechenland war nicht allein wegen der relativen Unzugänglichkeit der unter osmanischer Kontrolle stehenden Region, sondern auch wegen des mangelnden Interesses des Westens an den materiellen Relikten der altgriechischen Kultur ein langwieriger Prozeß, der erst im 18. Jh. eine gewisse Eigendynamik entfaltete. Bereits im frühen 15. Jh. bereiste der italienische Kaufmann Cyriacus von Ancona zweimal Griechenland (1436 und 1447), fertigte Kopien von antiken Inschriften und einige Zeichnungen vom Parthenon in Athen an. Im späten 17. Jh. sorgten dann die Berichte und Zeichnungen zweier Expeditionen nach Griechenland für erhebliches Aufsehen in Europa: 1675 diejenige des Lyoneser Arztes Jacob Spon (zusammen mit Francis Vernon und den Engländern George Wheeler und Sir Giles Eastcourt), nur wenig später dann diejenige des Marquis de Nointel, der als französischer Gesandter Ludwigs XIV. in Konstantinopel ideale Bewegungsmöglichkeiten im Osmanischen Reich hatte – in seiner Begleitung befand sich Jacques Carrey, der in Athen zahlreiche detailgenaue Zeichnungen der Parthenon-Skulpturen fertigte (vgl. Abb. **175**).

Ein Wendepunkt in der Wiederentdeckungsgeschichte des antiken Griechenland war der Versuch des venezianischen Generalkapitäns Francesco Morosini, Teile Griechenlands zu erobern, nachdem die osmanische Expansion 1683 vor Wien einen entscheidenden Rückschlag erlitten hatte. Athen wurde belagert, und

1826
Fall von Messolonghi
1827
Erste griechische Regierung unter Jannis Kapodistrias
1830
Londoner Protokoll: Griechenland wird zum souveränen Staat
1834
Athen wird zur Hauptstadt erklärt; zahlreiche Neubauten in klassizistisch-antikisierendem Stil
1835–1862
Regentschaft von König Otto I. (›Bavarokratie‹)
1863
Anschluß der Ionischen Inseln an Griechenland
1913
Friede von Bukarest nach Balkan-Krieg; Kreta, Epiros, Makedonien und Thrakien fallen an Griechenland

172 Bombardierung und Explosion der Athener Akropolis am 21.9.1687. Illustration aus Francesco Fanelli, »Atene Attica…«, Venedig 1707, S. 308. Deutlich erkennbar ist das schlanke Minarett seitlich des zur Moschee umgewandelten Parthenon.

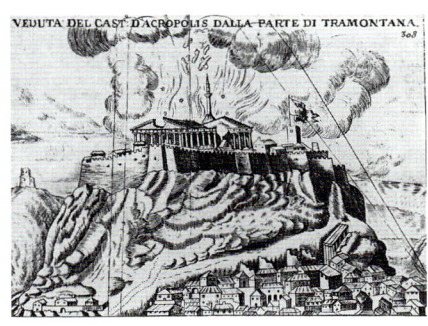

173   John Linton, »A Greek Couple«, Öl auf Leinwand, ca. 1860. Das antike Griechenland als Staffage einer romantisch-idyllischen Szenerie mit folkloristisch ausstaffierten Figuren; im Hintergrund: die Akropolis von Athen. Athen, Benaki-Museum.

am 21. September 1687 traf ein Kanonenschuß das Pulvermagazin im Parthenon, woraufhin der Bau explodierte; weite Teile der Akropolis wurden dabei verwüstet **(172)**. Das Ereignis, das allgemein bedauert wurde, avancierte zum Tagesgespräch in Europa, rückte erstmals die griechische Antike gelehrten Kreisen wieder ins Bewußtsein und vermittelte dank der von den heimkehrenden Soldaten mitgeführten Beutestücke erstmals auch genauere Vorstellungen von griechischer Plastik.

Im 18. Jh. entstand dann ein regelrechter Run auf die Relikte der altgriechischen Kultur – immer mehr Reisende begaben sich nach Griechenland, dehnten die zunächst traditionell auf Italien beschränkte Grand Tour auf die Balkanhalbinsel, die kleinasiatische und levantinische Küste aus. Daß hier zunächst die Engländer den Ton angaben, verwundert nicht, denn das Motiv für die Zuwendung zur altgriechischen Kultur lag in gesellschaftspolitischen Veränderungen Europas begründet, an deren Spitze England stand: Die Zeit des Absolutismus neigte sich dem Ende entgegen, ebenso die Zeit der päpstlich-katholischen Dominanz – und dies zuerst in England, etwas später erst in Frankreich, dann in Deutschland. Die römische Antike, Produkt eines allumfassenden, zentralistischen Kaisertums, war der Humus historischer Legitimationsabsichten von Päpsten und Kaisern gewesen. Die griechische Antike hingegen bot sich als idealer Gegenentwurf zu diesen alten Legitimationsmächten an: Pluralismus und Demokratie eines perikleischen Zeitalters ließen sich assoziieren; mit den sich locker und lässig räkelnden Göttern des Parthenonfrieses, mit der ungezwungenen Nacktheit der Statuen ließ sich politische Freiheit ebenso wie Freiheit vom Zwang höfischer Etikette symbolisch vereinnahmen – so wie Johann Gottfried Herder dies in seiner Abhandlung »Plastik« von 1778 auch ganz ungeschminkt zum Ausdruck brachte. Griechische Antike wurde im 18. Jh. insgesamt zum Symbol und Politikum zugleich – zum Symbol eines neuen Aufbruchs, zur Begleitfanfare der Überwindung des Absolutismus.

Im 18. Jh. wurden zunächst die griechischen Kolonien Unteritaliens zu einem erstrangigen Reiseziel der gesellschaftlichen Eliten; später dann wurde auch das Griechenland der Balkan-Halbinsel erschlossen, obwohl es immmer noch einzelne Verzagte gab, die sich dorthin entweder nicht zu reisen trauten oder aber der Meinung waren, es gäbe dort eigentlich gar nichts Neues zu entdecken: so z. B. das Urteil des Gründervaters der deutschen Klassischen Archäologie Johann Joachim Winckelmann **(174)** und das der Ikone deutscher humanistischer Bildung, Johann Wolfgang von Goethe. Waren die Reisenden des 18. Jh. noch von Entdeckergeist getrieben und hatten die Denkmäler der Antike in den Vordergrund gestellt, so änderte die Romantik der Zeit nach 1800 die Perspektive der Reisenden markant: Immer mehr Menschen pilgerten nach Alt-Hellas, nunmehr aber immer weniger auf der Suche nach konkreten materiellen Relikten einer vergangenen Kultur, als vielmehr auf der Suche nach einem Paradies, einem dem ›reinen Geist‹ geweihten Arkadien. Hölderlins 1797 erschienener Briefroman »Hyperion« mag dies ebenso bezeugen wie die zahllosen Reiseberichte, vor allem aber die Zeichnungen und Stiche der Zeit nach 1800, in denen die Relikte der griechischen Antike immer weiter in den Hintergrund rücken, immer mehr zur Staffage eines romantisch-bukolischen Landschaftsidylls werden **(173)**.

Zeichnen, Kopieren und Rauben: Griechenland als Beute des Abendlandes

Das Interesse an den materiellen Relikten der altgriechischen Kultur stieg mit der Wiederentdeckung und der im 18. Jh. nun zunehmend verbesserten Zugänglichkeit Griechenlands sprunghaft an. Wie bereits zu Zeiten des antiken Rom, so kam es auch nun zu einer

174 Johann Joachim Winckelmann (1717–1768) gilt als Gründervater der Klassischen Archäologie. Obwohl sein Interesse Italien und seiner Wahlheimat Rom galt, zeitigte sein kunsttheoretisches Wirken erhebliche Folgen für das Verständnis, aber auch für die Entstehung hartnäckiger Vorurteile und Klischees der antik-griechischen Kunst. In seiner »Geschichte der Kunst des Altertums« von 1764 fokussierte er den Blick auf die griechische Plastik. Seine Vorstellungen hierüber waren den römischen Kopien griechischer Meisterwerke entlehnt. Davon ausgehend, schuf er ein in Teilen bis heute gültiges kunsthistorisch argumentierendes Epochengerüst (s. S. 74). Von eminenter Auswirkung war darüber hinaus Winckelmanns idealistischer Schönheitsbegriff, der, auf die Phrase von der »edlen Einfalt und stillen Größe« reduziert, das 19. Jh. ideologisch dominierte. Gemälde von Anton Maron, 1768.

ungehemmten Inbesitznahme der griechischen Antike, die jetzt, am Ende einer jahrhundertelangen abso-
lutistischen Ära und zugleich am Beginn eines bürger-
lich-liberalen Zeitalters, erneut als Vorbild, als Ideal
empfunden wurde. Ein neuerlicher Klassizismus entstand – zweifelsohne anderen Motiven entsprungen als
derjenige der römischen Republik, aber mit sehr ver-
wandten Erscheinungsformen.

Ein erster Schritt in der Aneignung antik-griechischer Kunst war das genaue Studium ihrer Formen.
Die Expeditionen wie diejenigen von Spon und Wheeler oder des Marquis de Nointel, die im späten 17. und
frühen 18. Jh. nach Griechenland reisten, standen
zunächst ganz im Zeichen der Wißbegier. Beschreibungen und möglichst genaue Zeichnungen, aber
auch Gipsabgüsse wurden angefertigt, die heute, wie
etwa Skizzen des Malers Jacques Carrey vom Parthenon auf der Athener Akropolis **(175)**, von eminentem
wissenschaftlichen Wert sein können, weil sie Erhal-
tungszustände dokumentieren, die nur in seltenen Fällen noch gegeben sind.

Doch beim Kopieren und Studieren des begehrten
Gegenstands blieb man nicht stehen, und hier sind es
nun gerade die Denkmäler der Athener Akropolis, dem
glanzvollen Symbol der griechischen Antike, die alle
Stationen der Inbesitznahme griechischer Kunst seit
dem späten 17. Jh. dokumentieren. Carreys Parthenon-
Zeichnungen sind unmittelbar vor der Zerstörung des
Bauwerks durch das darin eingelagerte Pulvermagazin

175 Zeichnung vom
nördlichen Teil des West-
giebels des Parthenon
von Jacques Carrey,
1674. London, Bri-
tisches Museum.

im Jahr 1687 entstanden;
neben zahlreichen heute verlorenen Details der Bauplastik zeigen sie, wie wenig die
antiken Denkmäler eigent-
lich bis ins späte 17. Jh. hinein gelitten hatten und wie
sehr die Denkmäler eben
durch die moderne Besitzer-
greifung verändert, ausge-
plündert, ja regelrecht zer-

Die »Elgin-Marbles«

Als ein moderner Verres, als der Kunsträuber des Klassizismus schlechthin, ist der schottische Lord Elgin in die Annalen der Geschichte eingegangen, und dies wohl doch zu Unrecht. Als Lord Elgin im Alter von 33 Jahren 1799 nach Griechenland kam, war es sein Ziel, Zeichnungen und Gipsabgüsse der Parthenon-Skulpturen sowie von weiterer Bauplastik auf der Akropolis anfertigen zu lassen. Langwierige Verhandlungen in Konstantinopel – die Akropolis von Athen war, aus Sicht der Osmanen, hochsensibles Militärgebiet – führten schließlich dazu, daß Elgin erlaubt wurde, die ihn interessierenden Kunstwerke möglichst rasch zu demontieren und mitzunehmen. Elgin selbst schien an diese radikale, für die Besatzer der Akropolis indessen sehr praktische Idee nicht gedacht zu haben. 400 Arbeiter machten nun Tabula rasa. Alles, was irgendwie demontierbar war, wurde abgebaut und in Kisten verpackt: 14 der 92 reliefierten Metopen, 17 Giebelfiguren und fast genau die Hälfte des Frieses vom Parthenon, dazu vom Erechtheion eine komplette Säule sowie eine der Karyatiden, Platten vom Fries des Athena Nike-Tempels sowie verschiedene Inschriftensteine und Denkmäler aus der Unterstadt Athens. Nach einer jahrelangen Odyssee trafen die Kisten 1809 in England ein. Elgins Idee, durch Veräußerung der Skulpturen seine getätigten Investitionen von ca. 70.000 Pfund wiederzuerlangen, erwies sich indessen als Trugschluß; nach langwierigen Verhandlungen überließ Elgin schließlich das gesamte Expeditionsgut für 35.000 Pfund dem soeben gegründeten Britischen Museum – wo die »Elgin-Marbles« im Nu weltberühmt und vielbesucht wurden.

---

stört worden sind. Bereits Francesco Morosini, der 1687 nach der Parthenon-Explosion die Akropolis für kurze Zeit erobern konnte (und sie dann den Türken wieder überlassen mußte), wollte es seinen großen Vorfahren gleichtun und ein bedeutendes Beutestück mit in die Heimat bringen, das sich etwa neben den bei der Plünderung Konstantinopels 1204 geraubten, im Markus-Dom verwahrten Antiken sehen lassen konnte. Seine Wahl fiel auf die Mittelgruppe des Ostgiebels des Parthenon, die indessen bei der Demontage zu Boden stürzte und in tausende Fragmente zersprang, die heute spurlos verschwunden sind. Nur noch Carreys Zeichnungen geben einen Anhaltspunkt über das einstige Aussehen der Szene mit der Geburt der Athena aus dem Haupte des Zeus.

Museen wurden nun zu den Stätten, an denen die griechische Antike fortan präsentiert wurde; ein Wettlauf um die Bestände setzte ein und drängte die Antike Roms zunehmend in den Hintergrund. Bezeichnend sind die Erwerbungsumstände des Pergamon-Altars (vgl. Abb. **156**) durch die Berliner Museen im Jahr 1878: Der Ausgräber, Carl Humann, schrieb sofort nach dem Fund der Reliefs in einer Depesche: »... Die

176 Antonio Canova: »Drei Grazien«, 1817 nach antik-griechischem Vorbild gemeißelt. St. Petersburg, Eremitage.

Ara habe ich gefunden ... Doch nun zur Hauptsache! Wie kommt alles nach Berlin?«. Die moderne Debatte um die Rückführung solcher ›Beutekunst‹ mag moralisch opportun sein, man sollte indessen aber bedenken, daß letztlich jeder Versuch, Geschichte zu revidieren, zum Anachronismus gerät. Auch Verfall, Plünderung und Beraubung gehörten zur Geschichte der Denkmäler und seit jeher zur Geschichte der Beschäftigung mit der Antike

Neben zahlreichen, extra den Funden der griechischen Antike gewidmeten Museen und den seit dem späten 18. Jh. in großer Zahl entstandenen Abguß-Sammlungen antik-griechischer Plastik trieb der

177 James Stuart zeichnet das Erechtheion; Aquarell im Sinne eines Selbstporträts von James Stuart, 1751.

Klassizismus dieser Epoche weitere Blüten. Wie im antiken Rom wurden Denkmäler in maximaler Exaktheit kopiert. Immer wieder stieß hier das in Plastik und Architektur so vielschichtige Erechtheion von der Athener Akropolis auf die Vorliebe von Architekten und Bildhauern. Die St. Pancras-Kirche in London, von den Gebrüdern Inwood 1819–1822 nahe der Euston-Station erbaut, weist neben anderen Zitaten eine komplette 1:1-Kopie der Korenhalle auf **(178)**; die befremdlich-unelegant wirkenden Koren-Figuren waren dabei der von Elgin nach London verbrachten Karyatide nachempfunden, ohne dieser aber in Stil, Proportionierung und bildhauerischer Meisterschaft gleichzukommen. Der Imitation und der Verbesserung der Antike widmeten sich zahlreiche Bildhauer wie Antonio Canova (1757–1822) oder Bertel Thorvaldsen (1768–1844), die nicht nur Neues im Duktus des Alten meißelten **(176)**, sondern vorhandene Antiken intensiv ergänzten und veränderten: So bearbeitete etwa Thorvaldsen im Auftrag König Ludwigs I. die nach München verbrachten um 500 v. Chr. entstandenen Giebelskulpturen des Aphaia-Tempels von Ägina. Die Ent-Restau-

rierung dieser Skulpturen in den 70er Jahren des
20. Jh. war der Idee eines gesteigerten Authentizitäts-
bedarfs und eines kunsthistorischen Dogmas des
originalen Fragments geschuldet. Die sich daran
anschließende Debatte warf u. a. die Frage nach dem
Anachronismus dieser Revision und der damit verbundenen Tilgung der Wirkungsgeschichte auf.

Das antike Griechenland und der architektonische Klassizsimus

Bereits in der Renaissance war die Antike besonders in
der Architektur zum allgemeingültigen Vorbild erkoren worden. Die Wiederentdeckung einer frühbyzan-
tinischen Handschrift von Vitruvs »*De architectura libri
decem*«, einer zur Zeit des Augustus entstandenen, als
einzige vollständig erhaltene Originalschrift über antike Architektur (»Zehn Bücher über Architektur«), gab
im 14. Jh. die Initialzündung für antikisierendes Bauen
– ein Bauen, das indessen ganz in antik-römischer Tradition stand, denn das, was Vitruv beschrieben hatte
und das, was man an unverschütteten antiken Monumenten in Rom, Italien und Südfrankreich vorfand
und, mit dem Vitruv-Text in der Hand, studierte, war,
ohne daß man sich dessen zunächst wirklich bewußt
war, die römische Variante und nicht die klassische
Norm antiker Architektur. Leon Battista Alberti, An-
drea Palladio oder Vicenzo Scamozzi in Italien, Inigo
Jones und seine Nachfolger in England, Walther Ryff,
Hans Blum oder Wendel Ditterlin in Deutschland, in
Frankreich schließlich die gesamte Architektur-Akade-
mie fußten mit ihren Vorstellungen über die antiken
Säulenordnungen, mit ihren Gesamtentwürfen und
ihren architekturtheoretischen Ideen auf dieser Variation über antike Baukunst.

Umso größer war die Überraschung und auch die
Faszination, als um die Mitte des 18. Jh. authentisch-
griechische Architektur bewußt wiederentdeckt wurde:
Erst jetzt wurden die in der römischen Baukunst ver-
änderten und miteinander verschmolzenen originären
Säulenordnungen wirklich erkennbar, besonders die

178   Die Korenhalle
von St. Pancras in Lon-
don.

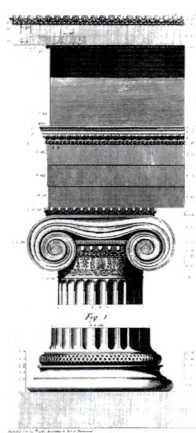

179 Säule und Gebälk des Erechtheions von der Athener Akropolis als Musterbeispiel der antik-ionischen Bauordnung. Aus James Stuarts und Nicholas Revetts »Antiquities of Athens« Band 2, erschienen 1787/1788.

im Römischen kaum mehr geläufige dorische Bauordnung mit ihrer strengen und schmucklosen, aber höchst eindringlichen Rhythmik (83). Von besonderer Bedeutung waren bei diesem Entdeckungsprozeß zwei Architekturkomplexe: Die klassischen Bauten der Akropolis von Athen und die archaisch-klassischen Tempel von Paestum in Süditalien. Immer wieder wurden diese Bauten nun zum Vorbild einer neuen Architektur erkoren. Im Nu avancierte das Griechische zum Ideal auch in der Baukunst, verbreitete sich über Europa bis in entlegene Gebiete Amerikas; »Greek Revival« war das allumfassende Schlagwort, mit dem diese neue Mode bezeichnet war.

Für den Prozeß der Aneignung dieser neuentdeckten Architekturformen spielten die zeichnerischen Unterlagen der verschiedenen Forschungsexpeditionen und ihre Veröffentlichungen in Büchern eine wichtige Rolle. Wie selten waren hier Forscher- und Wissensdrang untrennbar verknüpft mit dem Bedürfnis nach praktischer Anwendung dieses Wissens; die meisten dieser Forscher waren zugleich auch Architekten, befaßt mit zeitgenössischem Bauen. Einmal im Umlauf befindliche Zeichnungen und Risse von architektonischen Gesamtordnungen oder ihren Details wurden immer wieder kopiert, in immer neuen

»Greek Revival« in den USA

Einen indirekten, weniger klar auf das antike Griechenland bezogenen Weg ging die klassizistische Architektur der Zeit um 1800 in Amerika. Die engen Verbindungen der nach Unabhängigkeit strebenden englischen Überseekolonien zum vorrevolutionären Frankreich führten neben dem Interesse am Griechischen zu einer weitgehenden Adaption französisch-klassizistischer Architekturmuster, die wiederum das antike Rom sowie die Baukunst der italienischen Renaissance zum Vorbild erkoren hatten. Griechisches begann sich nun mit antik-römischen, aber auch mit der Renaissance entlehnten Formen zu einer eigentümlichen Mischung herauszubilden; das typisch amerikanische Kapitol zeigt eine im Detail exakt kopierte griechisch-dorische Säulenordnung, die auf einem palladianischen Unterbau ruht und kombiniert wird mit einer Renaissance-Kuppel, die vage auf das Pantheon in Rom verweist. Das Ganze war zudem häufig als ein römischer Podiumstempel mit großer Freitreppe an der Eingangsfront gestaltet. Vielfach ist im amerikanischen Klassizismus Holz als Baumaterial verarbeitet worden, was einen freien, von statischen Prämissen unabhängigen Umgang mit Bauordnungen und Baustrukturen ermöglichte. Nicht exakte Kopie eines Typus oder einer bestimmten Vorlage war hier das Anliegen, sondern die Kreation einer antikischen Anmutung, einer Aura von altehrwürdiger Tradition, an der es der jungen, auf republikanische Selbstfindung bedachten, amerikanischen Nation in jenen Jahren mangelte. Gefördert wurde das Greek Revival durch die wirtschaftliche Prosperität der USA in den Dekaden nach 1800.

Musterbüchern zusammengestellt und gerieten, besonders im Amerika des frühen 19. Jh., zu regelrechten Do-it-Yourself-Anleitungen für antikisierendes, ›edles‹ Bauen: Alt-Hellas wurde nun sogar im Wilden Westen wiedergeboren. Die Primär-Publikationen, von denen diese Musterbücher zehrten, waren indessen nicht allzu zahlreich: Die vier zwischen 1762 und 1816 mit großem zeitlichen Abstand herausgegebenen Bände der »Antiquities of Athens«, Prunk-Folianten, die die englischen Architekten James Stuart und Nicholas Revett im Auftrag der Londoner *Society of Dilettanti* in mühsamer Vor-Ort-Studie in den Jahren 1750–1753 erstellt hatten; dann das Werk »Les Ruines de plus beaux monuments de la Grèce« des Franzosen Julien David LeRoy, das 1758 erschien und das trotz vielfacher Schmähungen den Monumentalbüchern von Stuart und Revett nicht nur wegen seines früheren Erscheinens den Rang ablief, sondern als einbändiges Werk auch transportabler, billiger und damit in wesentlich höherer Auflage in Umlauf war. Unter den zahlreichen im 18. Jh. erschienenen Publikationen über die Tempel von Paestum ragten die Bücher von Thomas Major (»Ruins of Paestum«, 1768) und die sehr exakten Zeichnungen in Johann Joachim Winckelmanns »Anmerkungen über die Baukunst der Alten« (1762) heraus.

180 Fishmonger's Hall in London, restauriert 1831–1833; Edward Jermans Fassade kopiert gleichermaßen die Westfront des Erechtheion wie die Fassade von James Stuarts Lichfield House.

Die Zahl der in England im späten 18. und frühen 19. Jh. im Stile des Greek Revival errichteten Bauten ist unüberschaubar; die Bauten standen dabei, wie die gesamte Entdeckungs- und Wertschätzungsgeschichte der altgriechischen Kultur, in der Tradition liberaler Bürgerlichkeit, auch wenn es meist der Adel war, der so bauen ließ. James Stuart selbst, ob seines Faibles für die Antike »Athenian Stuart« (**177**) genannt, hat mannigfach Profit aus seinem Athen-Aufenthalt geschlagen: Die zeichnerisch präzise aufgenommene Bauordnung des Erechtheions (**179**) findet sich vielfach angewandt, z. B. an dem von Stuart 1764 errichteten Lichfield House am Londoner St. James Square, das die gesamte Westfront des Erechteion wiederholt (**180**).

181 Hellas in Amerika: Das Fluvanna County Courthouse in Palmyra, Virginia, 1831 von John Hartwell Cocke erbaut.

Auf völlig andere Bedingungen traf der architektonische Klassizismus in Deutschland: Nicht bürgerliche Freiheitlichkeit, liberale Ambitionen oder der Ausweis wirtschaftlicher Erfolge oder gar spielerische Komponenten finden sich in den Bauten eines Karl-Friedrich Schinkel oder Leo von Klenze, sondern statt dessen allein Staatlichkeit, militärische Zucht und Strenge. Ob in Bayern oder in Preußen – architektonischer Klassizismus gerann hier im früheren 19. Jh.

zum obrigkeitsstaatlichen Bekenntnis. Klenzes Walhalla, eine hoch über der Donau bei Regensburg erbaute Kopie des Parthenon, ist in ihrer national-chauvinistischen Funktion als »Ruhmeshalle« genau so ein Monument königlicher Omnipotenz wie die 1846–1862 erbauten Propyläen am Münchner Königsplatz (182). Formal weitgehend den mnesikleischen Propyläen, dem klassischen Eingangsbau zur Akropolis nachempfunden, waren Klenzes Propyläen ideologisch eindeutig als Denkmal zur Erinnerung an Bayerns Beitrag zur ›Befreiung‹ Griechenlands (vgl. S. 169) gedacht.

182 Leo von Klenze, Propyläen am Königsplatz in München. 1846–1862 nach Vorbild der Propyläen der Athener Akropolis errichtet, fungierte der Bau indessen nicht als Eingangstor zu einer Platzanlage, sondern als isoliert stehendes Denkmal zum Ruhme Ottos I. von Griechenland.

Antike als Symbol: Das antike Griechenland und der moderne Staat Hellas

In den Jahrzehnten um 1800 wäre vermutlich kein Einwohner der südlichen Balkanhalbinsel auf die Idee gekommen, er sei »Grieche« im Sinne der klassischen Antike, ein unmittelbarer Nachfahre eines Perikles oder eines Alexanders. Seit dem 16. Jh. hatte sich hier eine bäuerliche, balkanisch-osmanische Kultur etabliert, die die Mitglieder türkisch-osmanischer, griechischer, albanischer und jugoslawisch-bulgarischer Volksgruppen in vielfacher Hinsicht einte: nicht nur im Kaffee-Ritual oder beim Schmauchen der Tabakpfeife, sondern in zahllosen Sitten und Gebräuchen.

Griechenland und Bayern

Das Königreich Bayern unter Ludwig I. spielte bei der Gründung des modernen griechischen Staates eine bedeutende Rolle. Ludwig war schon zu seiner Kronprinzenzeit ein begeisterter Philhellene, unterstützte den griechischen Unabhängigkeitskampf, förderte Architekten wie Leo von Klenze und Friedrich von Gärtner sowie Philologen wie Friedrich Thiersch. Darüber hinaus ließ er München mit zahlreichen klassizistischen Architekturen und großen Museumsprojekten zu einem »Isar-Athen« ausbauen. Ludwigs Vater Max I. spottete zunächst lauthals über die »gräkischen Canaillen«, mußte dann aber anerkennen, daß Bayern auf diese Weise ein Machtfaktor in der Griechenlandfrage wurde: Die europäischen Schutzmächte Griechenlands erkoren im Mai 1832 den erst 17jährigen Otto von Wittelsbach zum griechischen Monarchen – nicht ohne Hintergedanken war beabsichtigt, eine unverfängliche Person aus einer gesamteuropäisch wenig ambitionierten Mittelmacht zu inthronisieren. Die 30 Jahre andauernde »Bavarokratie« (»Bayernherrschaft«), die sich von einer idealisierten Monarchie bald zu einer rigide ausgeübten Fremdherrschaft wandelte, nahm ihren Anfang. Stadtplanungskonzepte sowie zahlreiche klassizistische Bauten sollten an die große Vergangenheit anknüpfen und verliehen dem Provinznest Athen ein neues, hauptstädtisches Gesicht. Nicht zuletzt die bis heute vorhandene Tradition des griechischen Bierbrauens und Biertrinkens wird den Bayern verdankt. Sogar die heute geläufige Schreibweise des Freistaates geht auf die Griechenlandbegeisterung Ludwigs I. zurück: 1825 wurde per Dekret der Name *Baiern* in »Bayern« (mit klassizistisch-griechischem Ypsilon) geändert.

Die osmanische Dominanz, die sich de facto nur auf Verwaltung, Militär-Rekrutierung und Besteuerung erstreckte, ansonsten aber alles andere als ein ›Joch‹ war, wurde von den vielen Griechenlandbegeisterten aus Europa, die auf der Suche nach dem authentischen Hellas waren, als unangemessen empfunden. Der griechische Befreiungskrieg gegen das Osmanische Reich, der 1814 mit Aufständen seinen Anfang und 1830 mit der Gründung des modernen griechischen Staates sein vorläufiges Ende nahm, war auch das Werk dieser Philhellenen, die sich mit der Befreiung Griechenlands und der Rückführung des Landes zu alter Größe die Realisierung einer Utopie versprachen – der Utopie, das alte Hellas wiederbeleben zu können.

»Auf, auf, ihr tapferen Söhne der Hellenen«: So klangen die Parolen der europäischen Philhellenen – ideologisches Sperrfeuer, das auf die Bewohner Griechenlands nicht lange ohne Auswirkung blieb. Bald fühlte man sich unterdrückt, begann mit Operationen gegen die türkischen Besatzer – und wurde nun auch tatsächlich unterdrückt – die Logik einer Self-fulfilling Prophecy setzte ein. Die Klephten, einstmals schlicht-

183 Der verwegen dreinblickende Klephte, idealisiert zum patriotischen Freiheitskämpfer: Gouache von Carl Haag, 1861; Athen, Benaki-Museum.

184 Die Denkmäler auf dem »Friedhof der Helden« in Messolonghi erinnern an das Massaker bei der türkischen Erstürmung der Stadt 1826; der hier bereits 1824 gestorbene Lord Byron erscheint in heldenhafter Pose, dargestellt in Stil und Habitus eines antiken Redners.

weg Räuber und als Banden die Schrecken ganzer Regionen, wandelten sich nun zu heldenhaften griechischen Freiheitskämpfern (**183**); Guerillia-Taktiken avancierten zur heroischen Kriegskunst. Bald schon sahen sich die modernen Griechen selbst als unmittelbare Nachfahren der Antike und fühlten sich sogar dann noch ›befreit‹, als seit 1835 die junge griechische Nation von dem Wittelsbacher Otto I. regiert und erneut fremdbestimmt wurde. Wie tief diese Idee eines »neuen Griechentums« wirkte, zeigt nicht nur die Heroisierung eines Lord Byron (**184**), der 1824 keineswegs, wie in vielen Liedern besungen, auf den Barrikaden vor Messolonghi im Kampf, sondern im Bett an den Folgen seines exzessiven Lebenswandels gestorben war. Verdeutlicht wird dies vor allem auch durch die haßerfüllte Ablehnung, die (bis heute) Historikern wie Jacob Fallmerayer (1790–1861) entgegenschlägt; Fallmerayer hatte angesichts frühmittelalterlicher Wanderungsbewegungen slawischer Stämme bis nach Griechenland in seiner »Geschichte der Halbinsel Morea« (Morea = Peloponnes) 1830 schlichtweg konstatiert: »Das Geschlecht der Hellenen in Europa ist ausgerottet ... Nicht ein Tropfen edlen und ungemischten Hellenen-Blutes fließt mehr in den Adern der christlichen Bevölkerung des heutigen Griechenland.«

Der Bezug auf die Antike ist auf diese Weise zur Keimzelle der ideologischen Grundlagen, zum Kern des Selbstverständnisses des modernen griechischen Staates geworden; ein Humus, auf dem bis heute Konflikte auf dem balkanischen Festland und in der östlichen Mittelmeerregion gedeihen. Das alte Griechenland verstand sich als universal, und insofern kannten die Bestrebungen des neuen Griechenland, das eigene Staatsgebiet zu vergrößern, zunächst keinerlei Grenzen. Die heutigen Konflikte mit der Türkei, auf Zypern, aber auch mit Bulgarien, dem südlichen Jugoslawien und Albanien gehen auf die *megalé idéa*, die großgriechische Idee zurück, die zu Beginn des 20. Jh. die gesamte altgriechische und byzantinische Hemisphäre für das neue Griechenland beanspruchte. Entsprechend wurde Griechenland auch innenpolitisch durchgreifend reformiert: Schon bald nach der Staatsgründung wurde eine vom Altgriechischen abgeleitete Hochsprache, das *katharévousa*, neugeschaffen, die darüber hinwegtäuschen sollte, daß große Teile der ›neuen Griechen‹ seit Generationen Albanisch oder Aramounisch sprachen; zahlreiche slawische, venezianisch-italienische oder albanische Ortsnamen, die seit Jahrhunderten bestanden, wurden per Dekret abgeschafft und durch neue, von Altgriechenland hergeleitete griechische Namen ersetzt. Das über dem antiken Delphi erbaute Bauerndorf etwa hieß seit ewigen Zeiten Kastri, nicht aber – wie seit 1880 der heutige Ort – Delphi. Nichts bezeugt den völligen Abriß sämtlicher kultureller Bezüge zum alten Hellas deutlicher als der im Frühmittelalter eingetretene Verlust nahezu aller historischen Ortsnamen.

185 Ein 1955 von Exil-Griechen am Ort der historischen Schlacht bei den Thermopylen errichtetes Monumentaldenkmal (Ausschnitt) erinnert in martialisch-antikem Relief- und Skulpturenstil an den heldenhaften Tod des Spartaners Leonidas und seiner Streitmacht gegen die Perser im Jahr 480 v. Chr.

Bis heute spielt die Antike für das Selbstverständnis der Republik Griechenland eine entscheidende Rolle, wobei allerdings festzustellen ist, daß sich in jüngster Zeit ein Paradigmenwechsel vollzogen hat, der von erheblicher politischer Brisanz ist. Über lange Jahre der Nachkriegszeit war es die Athener Akropolis mit dem Parthenon, die die Nation symbolisch repräsentierte. Die Akropolis oder einzelne prominente archäologische Funde von hier oder aus dem weiteren Umkreis Athens zierten Geldscheine und Briefmarken; das Strategen-Bildnis des Perikles schmückte die 100-Drachmen-Münze; auch die großen Philosophen waren allgegenwärtig. Und auch Spartas Leistung wurde gebührend gewürdigt **(185)**. Bezugspunkt dieser Antiken-Vereinnahmung war die Klassik, die Epoche der griechischen Demokratie, die Zeit des Leonidas, des Perikles und des athenischen Seebund-Imperiums im 5. Jh. v. Chr.; keine andere historische Ära konnte die Klassik als normativen Rahmen nationaler Identität übertreffen.

186 Philipp II. von Makedonien als nordgriechische Identifikationsfigur: 1990 errichtetes Bronzedenkmal in Thessaloniki.

Mit der Entdeckung der makedonischen Königsgräber in Vergina 1977 ist jedoch ein einschneidender Perspektivenwechsel eingetreten: Immer mehr rückte nun das Makedonien Alexanders des Großen als historisches Leitbild in das öffentliche Bewußtsein, vor allem als im Zuge der Selbstauflösung des jugoslawischen Staatsverbandes 1991 sich die Region um Skopje herum als »Republik Mazedonien« von Jugoslawien lossagte und zugleich das makedonische Symbol der Sonnenscheibe (143) als Hoheitszeichen bei Staatsflagge, Geldscheinen und Briefmarken aufnahm. Eine beinahe bis zum Krieg führende Eruption nationalistischer Gefühle war auf griechischer Seite die Folge: »Makedonien ist unser« wurde zur allgegenwärtigen Parole; dem jungen Nachbarstaat wurde in Hinblick auf Staatsname und -symbole jegliche Legitimität abgesprochen. Sogar Forderungen nach einer notfalls gewaltsamen Ausdehnung des griechischen Territoriums auf den gesamten Bereich des antiken Makedoniens, das tatsächlich einstmals weit in den heute

187 Hellas als Fotomontage: Das nationalsozialistische Architektur- und Körper-Ideal. Standbild aus Leni Riefenstahls Film »Olympia – Fest der Nationen« von 1936.

slawisch besiedelten jugoslawischen Balkanraum hineinragte, wurden laut. Nichts zeigt deutlicher, wie sehr das antike Griechenland in den Köpfen der modernen Griechen auch heute noch lebendig ist: wohl weniger als kulturelle Norm, aber doch mindestens als Auslöser nationalistischer Gefühle und als politischer Sprengstoff.

Griechische Antike und Nationalsozialismus

»... Ich habe mich nun entschlossen, zur bleibenden Erinnerung an die Feier der XI. Olympiade 1936 zu Berlin die im Jahr 1871 begonnenen Ausgrabungen von Olympia wieder aufzunehmen und zum Ende zu führen ... Ich hoffe, daß dies mithilft, für alle Zeiten die Erinnerung wachzuhalten an die Feier der Olympischen Spiele des Jahres 1936.« (Adolf Hitler vor dem IOC am 1.8.1936)

188 Der Eingang zum Zeppelin-Feld in Nürnberg mit seiner symmetrisch gestalteten Pilaster-Fassade; Architekt: Albert Speer.

»Als der Führer ...(diese) Botschaft erließ, bedeutete das mehr als Stiftung und Förderung einer wissenschaftlichen Unternehmung ... Es entsprach der hohen Bedeutung der neuen Ausgrabungen, daß sie von einem eigens entsandten Vertreter des Reiches feierlich eröffnet wurden. Der Reichsminister ... Bernhard Rust weihte sie durch erste Schläge mit der Spitzhacke am 10.4.1937 ein ... Der Empfang, der den Vertretern des Reiches zuteil wurde, ließ erkennen, wie herzlich die Wiederaufnahme der deutschen Arbeit in Olympia (von Offiziellen des griechischen Staates) begrüßt wurde ... Olympia war festlich geschmückt, vom alten Grabungshaus her wehte die Hakenkreuzfahne ... Reichminister Rust (stieg) in die Grabung hinab. Um das Versprechen des Führers zu erfüllen, eröffnete er die Ausgrabung mit drei Hackenschlägen und sprach dabei die Weiheworte: ›... Wenden wir den Blick in die Zukunft. Wenn der Boden der Kampfbahn ... wieder sichtbar wird und die Strahlen der Sonne ihn wieder erleuchten, dann möge der olympische Geist, von dem heute die beste Jugend der Welt ergriffen ist, sieghaft werden. Mögen die kommenden Geschlechter im Ringen um diesen Geist den olympischen Sieg erfechten!‹. Mit den Worten ›Frisch ans Werk!‹ überreichte Rust die Spitzhacke dem Grabungsleiter.« (Walther Wrede, Archäologe und Erster Direktor des Deutschen Archäologischen Instituts, Abteilung Athen, in seinem Vorwort zum 1. Band der Publikation der neuen Olympia-Ausgrabungen von

189 Das national-sozialistische Körper-ideal im Gewand der Antike: Ivo Saligers 1939/40 entstandenes Gemälde »Rast der Diana«; Robert Scholz, zuständig für Bildende Künste im »Amt Rosenberg«, pries anläßlich der Großen Deutschen Kunstausstellung 1940 dieses Bild als eine »Feier hellenischer Hal-tungen und Tugenden«.

1937; Zusätze in Klammern von Ch. Hö.)

In umfassender Weise hat der Nationalsozialismus die griechische und römische Antike ebenso wie die ent-sprechenden Fachdisziplinen der Altertumswissenschaften vereinnahmt und für seine politischen Ziele umfunktio-niert. Dies kam nun vielfach keiner Vergewaltigung gleich, denn viele Altertums-wissenschaftler waren in ihrem elitären Selbstver-ständnis überaus empfäng-lich für nationalsozialistisches Hellas- und Germanien-Pathos und haben diesem später als »Unterwande-rung« bezeichneten Prozeß sogar aktiv Vorschub gelei-stet. Neben der Vor- und Frühgeschichte mit ihrem Forschungsschwerpunkt ›Germanen‹ waren besonders die Klassische Archäologie und das antike Griechen-land in diese Vorgänge unheilvoll involviert. Zwar beschworen zunächst durchaus nicht allein und in erster Linie Nationalsozialisten die ›griechische Wur-zel‹ germanisch-nordischer Kultur, doch kam dieser Sicht im Rahmen nationalsozialistischer Rassenlehre bald eine ganz neue Bedeutung zu: Nordische Einwan-derer arischen Blutes, »Indo-Germanen«, waren nun die Griechen, die in der Zeit der dorischen Wanderung um 1100 v. Chr. in Griechenland heimisch gewesen sein sollen und die zu Trägern altgriechischer Kultur stilisiert wurden. In idealer Weise ließ sich nun, auf vermeintlich wissenschaftlicher Grundlage, der ›arische Germane‹ als direkter Nachfahre der antiken Griechen proklamieren. Die »Aktion Ahnenerbe« des »Amts Rosenberg« war folgerichtig nicht nur im mittel-europäischen Raum, sondern auch im besetzten Grie-chenland gleichermaßen archäologisch wie ideologisch intensiv tätig; nicht minder aktiv war der unter Beteiligung prominenter deutscher Archäologen in Griechenland tätige »Kunstschutz«, dessen Aufgabe es war, unter dem Deckmantel eines beschönigenden Titels Antiken-Raub für deutsche Museen zu betreiben.

Doch auch wenn die griechische Antike und der darauf basierende humanistische Philhellenismus gerade auch im Hitler-Faschismus ideologisch in einem derart hohem Maße strapaziert wurden (187), daß die Amerikanerin Edith May Butler 1935 in einem Buch mit dem Titel »The Tyranny of Greece over Germany« diesen Umstand in harscher, aber keineswegs übertriebener Polemik auf den Punkt bringen konnte, so war doch der historische Bezug von Bauten und Skulpturen im Nationalsozialismus eher weniger auf das antike Griechenland als vielmehr auf das antike Rom ausgerichtet. Nur wenige Planungen des prominenten NS-Architekten Albert Speer (1905–1981) nahmen in Formen und strukturellem Bau-Typus zugleich Bezug auf das antike Griechenland. Üblich war hingegen, wie etwa bei Speers »Deutschem Stadion« auf dem Reichsparteitagsgelände in Nürnberg, der Rückgriff auf einen römischen Bautyp (hier auf den Typ des langgestreckten Circus); wie beim Eingang (188) und der Haupttribüne des Nürnberger Zeppelin-Felds konnte im Detail durchaus auch der Rückgriff auf die griechische Antike üblich sein, so z. B. in Form der Fassadengliederung mittels markanter Pilaster-Kolonnaden, die dem Baukonzept des Apollon-Tempels von Didyma bei Milet in Kleinasien entlehnt waren. Der Rückgriff auf die griechische Antike in NS-Bauten blieb aber insgesamt nur eines von vielen Versatzstücken, die sich bei diesen Bauten vermischten.

Auch in Malerei und Skulptur fand die griechische Antike einen quantitaiv zwar geringen, inhaltlich jedoch höchst aufschlußreichen Wiederhall im Nationalsozialismus: In Ivo Saligers Gemälde »Rast der Diana« (189) etwa verschmelzen nationalsozialistisches Körperideal und vorgeblich

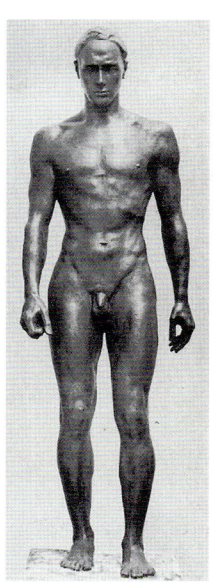

190 Faschistischer Kouros: Richard Scheibes Bronze-Skulptur »Der Denker«.

191 Paul Mathias Paduas »Leda und der Schwan« fand einen Platz in Hitlers Privatsammlung.

›griechische Nacktheit‹ im Rückbezug auf einen antiken Mythos zum unverhüllten Voyeurismus – eine
mythologische Verbrämung, die von Paul Mathias
Paduas »Leda und der Schwan« **(191)** sogar noch ins
Pornographische gesteigert wurde. Und Richard Scheibes »Denker«, eine lebensgroße Bronzeplastik **(190)**,
griff das Motiv des archaischen Kouros (vgl. Abb. **40,
42)** auf, um den Wahn der geistigen Überlegenheit der
arischen Rasse, aber auch die heroisch-tatkräftige
Anspannung und »Wehrkraft« des nationalsoziali-
stischen Menschenideals apellativ in die Massenideo-
logie seiner Gegenwart zu transportieren.

Griechische Antike und postmoderne Kultur

Die Medienwelt des späten 20. Jh. hat die griechische
Antike als eines von vielen dekorativ-anreizhaften
Motiven innerhalb einer nur noch in Versatzstücken
zitierten abendländischen Kultur verwendet. Dabei
wurden die jeweils verwendeten Motive der Antike,
etwa Architektur- oder Skulpturenformen, weitestgehend aus ihren einstigen Zusammenhängen heraus-
gelöst und in völlig neue Kontexte eingebettet. Am
deutlichsten erfahrbar wird dies in der postmodernen

192   Stuttgart, Staatsgalerie. Architekt: James
Stirling (1926-1992);
erbaut 1979-1984.

193 Die Londoner Erechtheion-Kore, zur Serie multipliziert, an der Fassade der Boutique »Hyper Hyper« an der Knightsbridge in London (1988).

Architektur, die die Baugeschichte der Jahre zwischen 1975 und 1990 dominiert hat. Auch wenn hier selten spezifisch Griechisches zitiert, vielmehr an die Antike insgesamt auch das antike Rom miteinbeziehende Sinne angeknüpft wird, so wird doch bisweilen der Bezug zur griechischen Baukunst wie auch zum Klassizismus des 19. Jh. überdeutlich, wenn etwa an James Stirlings Stuttgarter Staatsgalerie ein dorisches Portal innerhalb eines Kuppelsaals ohne Kuppel tief in den Boden versenkt erscheint, anstatt einen bedeutenden Eingang zu markieren **(192)**.

Welch enormen Impuls herausragende Antiken aus prominenten Museen am Ort ihrer Verwahrung auslösen können, läßt sich bei einem Streifzug durch das Zentrum von London exemplarisch beobachten. Die von Lord Elgin um 1800 von der Athener Akropolis entfernte und in das Britische Museum verbrachte Karyatide vom Erechtheion ist als klassizistischer wie postmoderner Dekor in vielen Verwendungszusammenhängen vertreten **(193)**.

Kitsch und Kunstgewerbe in griechischer Manier hat eine lange Tradition; bereits Joshua Wedgewoods charakteristisch blau-weißes Geschirr aus dem späten

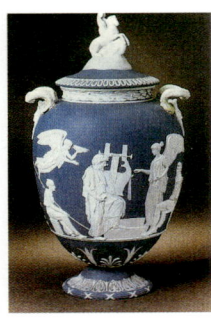

194 »Die Apotheose des Homer«. Gefäß aus der Fabrik von Joshua Wedgewood. Der Entwurf des berühmten Künstlers John Flaxman orientiert sich an Vasendarstellungen des 5. Jh. v. Chr.

195 Eine griechische Bronze-Statue erwacht zu neuem Leben: Der Krieger von Riace als Held eines Comics. Titelblatt von »Sukia – Amore Greco«, 1981.

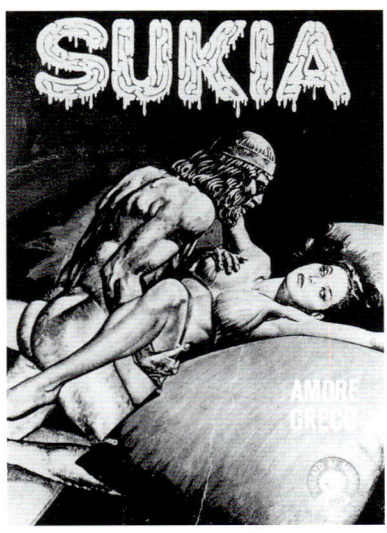

18. Jh., bis heute weiterhin nach den einstigen Entwürfen angefertigt, griff Themen und Bildmuster der griechischen Antike auf (194). Auch wenn diese Objekte bereits zu ihrer Entstehungszeit der Sphäre des großbürgerlichen Luxus zuzurechnen waren, so stehen dennoch, quasi als ›Statthalter‹ einer Antike fürs Wohnzimmer, die zahlreichen Souvenirs, die vor Ort in Griechenland käuflich sind, unmittelbar in dieser Tradition: mehr oder weniger gut gemachte Kopien und Imitate antik-griechischer Vasen, Tempelchen aus Kork oder einem Marmor imitierenden Kunststoff, Miniatur-Skulpturen, Porträts antiker Dichter und Denker. Und wenn heute Verweise auf die griechische Antike als nobilitierende Metapher, als Symbol für ›Unvergänglichkeit‹, als Inkarnation eines Wertes an sich ein beliebtes Motiv in der Werbung sind, so wird oft übersehen, daß auch dieses Phänomen eine lange Tradition hat: Als strahlendes Symbol erscheint die Akropolis von Athen bereits 1929 auf einem Prospekt der Reederei P&O – einer Werbung für eine Kreuzfahrt an den Nabel der Zivilisation (196).

Auch die Trivialkultur der Gegenwart hat der griechischen Antike ihre Rolle zugewiesen. Initiiert werden zeitgenössische Aktualisierungen der Antike ofmals durch spektakuläre archäologische Funde. Ein besonders bizarres Beispiel dafür folgte dem Fund der zwei Bronzekrieger im Meer bei Riace vor der kalabrischen Küste. Es handelte sich um eine archäologische Sensation, die den erhaltenen Bestand antik-griechischer Skulpturen aus Metall auf einen Schlag verdoppelt hat. Aufsehenerregend war die Restaurierung der Skulpturen, die anschließend in zahlreichen italienischen Museen der Öffentlichkeit präsentiert wurden, bevor sie in dem eigens dafür erweiterte Museum von

196   Werbung für die
Reederei P&O Cruises;
aus der englischen Zeit-
schrift »Punch«, 1929.

Reggio di Calabria ihre Heimat fanden. Wie groß das
Interesse an diesen Plastiken in Italien war, zeigt ein
Comic aus dem Jahr 1981 **(195)**: »Sukia – Amore
Greco« ist das Heft betitelt, und es zeigt in nicht
jugendfreier Darstellung (*Vietato ai Minori* – »für
Jugendliche verboten«), wie die beiden Riace-Krieger
als potente Sex-Athleten inmitten eines unterwürfigen
Umfelds ›offenherziger‹ Frauen agieren. Dies ist
nichts anderes als eine mit hohem Wiedererkennungs-
wert behaftete pornographische Aktualisierung des
Pygmalion-Mythos, einer plötzlich zum Leben erweck-
ten Statue.

Glossar

Abakus
Quadratische oder in Voluten endende Deckplatte des Kapitells

Ädikula
Von Säulen eingefaßte Nische zur Aufnahme einer Statue oder eines Gemäldes

Agon
Sportlicher, musikalischer oder dichterischer Wettkampf bei Festspielen

Agora
Marktplatz und Zentrum des öffentlichen Lebens in griechischen Städten

Akropolis
»Hochstadt«, von griech. *ákro* = »hoch« und *pólis* = »Stadt«. Hochgelegenes Heiligtum oder natürlich geschützte Siedlungsfläche griechischer Städte

Akroter
Ornamentale oder figürlich ausgeformte Dachbekrönung eines Gebäudes, meist eines Tempels

Andron
Männerraum; Ort des Symposions im griechischen Haus

Architrav
Steinerner Querbalken, der das -> Joch überspannt, auf dem der Abakus lagert und der weitere Teile des Gebälks (u.a. Fries und -> Geison) trägt.

Archon
Politisches Führungsamt, in Athen auf ein Jahr begrenzt

Bouleuterion
Oftmals langschiffiges Gebäude für die Ratssitzungen (*boulé*), meist an der -> Agora gelegen

Cella
Innenraum griechischer Tempel, oft weiter unterteilt in

Hauptraum, Vorhalle (Pronaos), nach außen offenen Rückraum (Opisthodom) bzw. nach innen offenen Rückraum (Adyton); vgl. Abb. **82**, S. 83

Chora -> Polis

Choregie
Prestigeträchtiges Ehrenamt in Athen; der für 1 Jahr gewählte Chorege ist für Finanzierung und Durchführung der Theaterveranstaltungen verantwortlich

Diadochen
»Nachfolger«; die Generäle Alexanders des Großen

Dipteros
Ringhallentempel mit doppeltem Säulenkranz

Dreifuß
Reich verzierter Metallkessel auf dreibeinigem Gestell; in der Archaik bedeutend als Weihgeschenk und Kampfpreis.

Echinus
Wulstförmiges Polster des Kapitells; das ›Kissen‹, auf dem der -> Abakus lagert

Eierstab
Gemaltes oder reliefiertes Ornamentband mit abwechselnd eiförmigen und spitzblattähnlichen Elementen

Entasis
Schwellung des Schaftes der dorischen Säule

Epheben
Volljährige junge Männer von 18-20 Jahren, die in der Bürgerliste verzeichnet waren und gerade Wehrdienst leisten

Ephoren
Die fünf Mitglieder der obersten spartanischen Behörde

Faszien
Reliefierte Profile am ->

Architrav ionischer und korinthischer Ordnung

Fries
Am dorischen Tempel das alternierende Gefüge von Metopen und Triglyphen oberhalb des Architravs; schmaler, figürlicher oder ornamentaler, gemalter, geritzter oder plastisch reliefierter Dekorstreifen

Geison
Kranzgesims; obere Abschlußleiste der antiken Säulenordnungen, das als Schräg- bzw. Giebelgeison an der Front, als Horizontalgeison an der Langseite eines Säulenbaus in Erscheinung tritt

Gesims
Waagerecht aus der Mauer hervortretender Streifen, der die horizontale Struktur (Geschosse) eines Baues gegeneinander absetzt und die Wand gliedert

Gymnasion
Gebäudeanlage für sportliches Training und literarisch-kulturelle Bildung in griechischen Städten, bestehend aus einer -> Palästra sowie daran anschließenden Wandelgängen, Säulenhallen und einer Laufbahn

Heloten
Von Sparta unterworfene Bewohner Lakoniens und Messeniens

Heroon
Erinnerungsbau für einen Heros; oft das fiktive Grabmal eines mythisierten Städtegründers, -> Kenotaph

Hetäre
Käufliche Frau, im Gegensatz zur üblichen Hure (*pornai*) meist mit erheblichem Bildungsniveau

Hippodrom
Bahn für Pferde- und Wagen-

Glossar

rennen, griechische Vorläuferform des römischen Circus

Hopliten
Schwerbewaffnete Fußsoldaten, meist in eine -> Phalanx eingereiht

Joch/Interkolumnium
Abstand zweier Säulenachsen im Säulenbau; demgegenüber bezeichnet das Interkolumnium den lichten Freiraum zwischen zwei Säulen auf Bodenniveau

Kannelur
Vertikale Einkehlung des Säulenschaftes; in spitzem Grat (dorisch) oder in einem abgeflachten Steg (ionisch, korinthisch) endend

Kenotaph
Leerer Grabbau, oft mit Denkmalcharakter, -> Heroon

Kline
Ruhebett und Speise-Sofa, auch als Totenbahre verwandt

Konsole
Aus der Mauer hervortretender Tragstein für Bögen, Gesimse, Figuren u.ä.

Krepis
Gestufter Sockel des griechischen Säulenbaus

Mäander
Kompliziert geschachteltes Ornament-Band; nach dem verschlungenen Verlauf des Flusses Mäander in Kleinasien benannt

Megaron
Hauptraum mykenischer Paläste sowie Zentralraum in der frühgriechischen Haus- und Tempelarchitektur

Metöken
Polis-Bürger ohne Bürgerrecht, meist in Handel und Gewerbe tätige ›Ausländer‹

Metope -> Fries

Naiskos
Kleiner Tempel ohne umlaufende Ringhalle

Naos
Kernbau des griechischen Tempels; synonym mit -> Cella

Nekropole
Totenstadt (von griech. *nékros* = »tot«; *pólis* = »Stadt«); große Friedhofsanlage

Oikia, Oikos
Bezeichnung für die Gesamtheit eines griechischen Haushalts inklusive Haus, Geräte, Landwirtschaft und Sklaven

Orchestra
Runder Tanz- und Spielplatz im griechischen Theater

Palästra
Architektonischer Teil des Gymnasions, bestehend aus einem meist annähernd quadratischen Hof und den ihn umgebenden Räumen. Die P. diente als Trainingsort für Ring- und Boxkämpfer

Peplos
Ärmelloses, gegürtet oder geheftet getragenes Frauengewand

Peripteros
Ringhallentempel mit einfachem Säulenkranz

Peristyl
Säulenhalle um einen Innenhof, um den sich Wohn- und Wirtschaftsräume gruppieren

Peristylhaus
Repräsentativer, ursprünglich griechischer, aber auch in der römischen Architektur häufiger Haustyp, bei dem die Elemente des Hauses um einen Säulenhof gruppiert sind

Phalanx
Geschlossene, tief gestaffelte Schlachtreihe aus -> Hopliten

Pilaster
Flacher Wandpfeiler mit Basis und Kapitell

Polis
Wirtschaftlich autarker und politisch autonomer griechischer Stadtstaat, bestehend aus Siedlung und wirtschaftlich genutztem Umland (Chora)

Poros
Weicher, leicht zu bearbeitender, grober Kalkstein, gerne verwandtes Baumaterial

Propylon
Torbau, repräsentativer Zugang eines Heiligtums

Satrap
Subordinierter Provinz-Herrscher; Statthalter des persischen Großkönigs

Skene
Bühnengebäude des griechischen Theaters

Stylobat
Standfläche der Säulen im antiken Säulenbau

Stoa
Langgestreckte Säulenhalle mit geschlossener Rückwand

Temenos
Abgegrenzter Bezirk für eine Gottheit, Heiligtum

Tholos/Tholosgrab
Steinernes, rundes Grabmonument in konischer Form aus mykenischer Zeit, später auch Rundtempel

Triglyphe -> Fries

Zahnschnitt
Ornamentband aus dem Gebälk der ionischen Säulenordnung

Historischer Überblick

3500–2500 v. Chr. Neolithische Sesklo-Kultur in Thessalien

2500–2000 v. Chr. Dimini-Kultur in Thessalien; Übergang vom Neolithikum zur Bronzezeit

2000–1200 v. Chr. Bronzezeit; achäisch-mykenische Kultur auf dem griechischen Festland (Mykene, Tiryns, Pylos)

2100–1400 v. Chr. Palast-Zeit auf Kreta. Um 1700 v. Chr.: Zerstörung der alten Paläste (durch Feuer nach Erdbeben) und Errichtung der neuen Paläste (Knossos)

1200–900 v. Chr. »Dark Ages«; Völkerwanderungen

um 800 v. Chr. Synoikismos von Sparta

800/750 v. Chr. Synoikismos von Athen; Zusammenschluß Attikas

776 v. Chr. Beginn der Olympioniken-Liste; vermutlich Gründung der Olympischen Spiele

754 v. Chr. Beginn der spartanischen Ephoren-Liste

um 750 v. Chr. Beginn der griechischen Kolonisation

um 730 v. Chr. Messenischer Krieg; Unterwerfung der Messenier durch Sparta (Heloten)

um 700 v. Chr. ›Große Rhetra‹ des Lykurg in Sparta als erste kodifizierte griechische Staatsverfassung

683/682 v. Chr. Beginn der athenischen Archonten-Liste (Jahres-Archontat)

650–585 v. Chr. Tyrannis des Kypselos und Periander in Korinth

660–640 v. Chr. Zweiter Messenischer Krieg Spartas

625/624 v. Chr. Gesetzgebung und Rechtskodifikation des Drakon in Athen

594/593 v. Chr. Gesetzgebung und Sozialreformen des Solon in Athen

566/565 v. Chr. Einrichtung der Panathenäischen Spiele in Athen

561–528 v. Chr. Tyrannis des Peisistratos in Athen

ca. 560–546 v. Chr. Regentschaft des Kroisos in Lydien/Kleinasien

um 550 v. Chr. Entstehung des Peloponnesischen Bundes unter der Führung Spartas

546 v. Chr. Eroberung Lydiens durch Kyros; Gründung des Perserreiches; die ionischen Griechenstädte geraten unter persischen Einfluß

538–527 v. Chr. Tyrannis des Polykrates auf Samos

528/527 v. Chr. Vererbung der Tyrannis des Peisistratos an seine Söhne Hippias und Hipparchos in Athen

514 v. Chr. Harmodios und Aristogeiton, die ›Tyrannentöter‹, ermorden Hipparchos

510 v. Chr. Sturz des Hippias in Athen

508/507 v. Chr. Reformen des Kleisthenes in Athen; Beginn der Demokratie

500–494 v. Chr. Aufstand der ionischen Griechenstädte gegen die persische Hegemonie; Zerstörung Milets durch die Perser

490 v. Chr. Erster Feldzug der Perser gegen Griechenland (unter der Führung von Datis und Arthaphernes); Sieg der Athener unter dem Kommando des Miltiades in der Schlacht bei Marathon

487/486 v. Chr. Verfassungsreform in Athen (Einführung des Ostrakismos; das Archontat wird zum Los-Amt); Flottenbau-Programm des Themistokles

480 v. Chr. Zweiter Zug der Perser gegen Griechenland unter Dareios I.; Niederlage der Spartaner (Feldherr: Leonidas) bei den Thermopylen; persische Eroberung Böotiens und Attikas; Seesieg der Griechen bei Salamis; Sieg der Griechen gegen die Karthager bei Himera/Sizilien

479 v. Chr. Griechischer Sieg in der Landschlacht bei Plätää; Seesieg bei Mykale/Kleinasien

478 v. Chr. ›Befreiung‹ der ionischen Städte von der persischen Hegemonie durch die griechische Flotte unter dem Kommando des Spartaners Pausanias. Bruch der griechischen Kampfgemeinschaft (hellenische Symmachie)

477 v. Chr. Gründung des Delisch-Attischen Seebundes unter der Führung Athens; Sitz des Bundes ist das Apollon-Heiligtum von Delos

470 v. Chr. Verbannung des Themistokles; Kimon, Sohn des Miltiades, wird Führer der Seebundflotte und setzt den Perserkrieg fort; Sieg am Eurymedon 468 v. Chr.

464 v. Chr. Aufstand der messenischen Heloten gegen Sparta, der in mühevollen und verlustreichen Feldzügen niedergeschlagen wird (bis 455 v. Chr., dritter Messenischer Krieg)

462/461 v. Chr. Verfassungsreform in Athen unter Ephialtes, ›radikale‹ Demokratie (Entmachtung des Areopags, des Adels-Rates)

461 v. Chr. Verbannung des Kimon, Ermordung des Ephialtes, Ära des Perikles (bis 429 v. Chr.)

457 v. Chr. Erste Kriegshandlungen zwischen Athen und Sparta bei

Historischer Überblick

Tanagra und Oinophyta, fünfjähriger Waffenstillstand (451 v. Chr.)

454 v. Chr. Verlegung der Kasse des Delisch-Attischen Seebundes von Delos auf die Akropolis von Athen

451 v. Chr. Neue Bürgerrechtsgesetzgebung in Athen; volles Bürgerrecht steht nur noch denjenigen zu, deren beide Elternteile Athener sind

449 v. Chr. Friedensvertrag zwischen Athen und Persien (»Kallias-Frieden«); offizielles Ende der Perserkriege

447 v. Chr. Unruhen im Delisch-Attischen Seebund; Abfall von Böotien, Phokis und Megara; Erhebung von Euböa.

446/445 v. Chr. 30jähriger Friede zwischen Athen und Sparta vereinbart

441/440–439 v. Chr. Athenische Belagerung und Eroberung von Samos nach dem Versuch, den Seebund zu verlassen.

434 v. Chr. Krieg zwischen Korinth und Kerkyra/Korfu; Athen ergreift Partei gegen das mit Sparta verbündete Korinth

432 v. Chr. Korinth unterstützt den Abfall seiner Kolonie Potideia (Chalkidike) vom Seebund; »Megarisches Psephisma« der Athener (Ausschluß Megaras von den Märkten Athens); Beschluß zum Krieg des Peloponnesischen Bundes gegen Athen auf Antrag Korinths in der Bündnerversammlung.

431–404 v. Chr. Der Peloponnesische Krieg reißt als ein innergriechischer Weltkrieg die gesamte südliche Balkanhalbinsel in den Abgrund. 431–421 v. Chr.: Archidamischer Krieg; 421–414 v. Chr.: Nikias-Frieden; 414–404

v. Chr.: Dekeleischer Krieg

429 v. Chr. Pest in Athen, Tod des Perikles

428/427 v. Chr. Belagerung und Eroberung des vom Seebund abgefallenen Lesbos durch die Athener

421 v. Chr. Friedensschluß auf 50 Jahre zwischen Athen und Sparta durch Initiative des Nikias

416 v. Chr. Die Insel Melos wird in den Seebund gezwungen; Melier-Dialog im Geschichtswerk des Thukydides

415–413 v. Chr. Sizilische Expedition der Athener unter Alkibiades; 413 v. Chr.: vernichtende Niederlage der Athener vor Syrakus; 414 v. Chr.: spartanische Besetzung der attischen Festung Dekeleia; erneuter Krieg zwischen Athen und Sparta

412 v. Chr. Persien ergreift im Peloponnesischen Krieg die Partei Spartas

411/410 v. Chr. Innere Unruhen in Athen; Alkibiades wird Stratege

409–406 v. Chr. Karthagische Truppen plündern und zerstören die sizilischen Koloniestädte Akragas (Agrigento) und Selinunt

407 v. Chr. Sturz und Verbannung des Alkibiades

406 v. Chr. Nach dem Sieg in der Seeschlacht bei den Arginusen-Inseln im Sund von Lesbos lehnt Athen Spartas Angebot zu einem Frieden ab.

405 v. Chr. Seesieg des Spartaners Lysander gegen die athenische Flotte vor Aigospotamoi

404 v. Chr. Belagerung und Kapitulation Athens. Die Mauern der Stadt werden geschleift, der Seebund aufgelöst, Athen von einer durch Sparta instal-

lierten aristokratischen Oligarchie regiert (»Herrschaft der 30 Tyrannen«)

403 v. Chr. Sturz des Lysander; Reorganisation der Demokratie in Athen

401 v. Chr. Schlacht bei Kunaxa (Tod des persischen Prinzen Kyros im Kampf gegen seinen Bruder Artaxerxes II.); »Zug der 10.000« (»Anabasis« des Xenophon)

399 v. Chr. Todesurteil gegen Sokrates

394 v. Chr. Seeschlacht bei Knidos; Ende der spartanischen Seeherrschaft

377 v. Chr. Gründung des zweiten Seebunds (Attischer Seebund)

377-353 v. Chr. Regentschaft des Maussolos in Karien/Kleinasien

371/370 v. Chr. Niederlage Spartas gegen ein thebanisches Heer bei Leuktra/Böotien; Besetzung Spartas durch Theben und Befreiung Messeniens (369 v. Chr.); Gründung von Megalopolis als Hauptstadt Messeniens (368 v. Chr.)

362 v. Chr. Der thebanische Feldherr Epaminondas fällt in der Schlacht bei Mantineia; Ende der thebanischen Hegemonie

359–336 v. Chr. Regentschaft des Philipp II. von Makedonien; kriegerische Konflikte mit Griechenland

357 v. Chr. Makedonische Eroberung von Amphipolis und Pydna

349/348 v. Chr. Belagerung und Zerstörung der mit Athen verbündeten Stadt Olynth/Chalkidike durch Philipp II.

340 v. Chr. Gründung des Hellenischen Bundes gegen Makedonien

338/337 v. Chr. Niederlage der griechischen Koalition gegen die Makedonen bei Chaironeia; Gründung des Panhellenischen Bundes unter der Führung Makedoniens; »Allgemeiner Frieden« (*kóinon eiréne*) in Griechenland; erneuter Perserkrieg

337 v. Chr.   Gründung des Korinthischen Bundes; Philipp II. von Makedonien wird zum Heerführer gewählt

336 v. Chr.   Ermordung Philipps II.; Alexander wird Thronerbe

335 v. Chr.   Theben wendet sich gegen Makedonien und wird nach kurzer Belagerung von Alexanders Truppen zerstört

334 v. Chr.   Beginn des Perserkrieges; Alexanders Herr überschreitet den Hellespont; Schlacht am Granikos

333 v. Chr.   Vernichtende Niederlage der Perser gegen makedonische Truppen bei Issos

331 v. Chr.   Sieg Alexanders über die Perser bei Gaugamela; Gründung von Alexandria in Ägypten

327–325 v. Chr.   Indienfeldzug Alexanders

323 v. Chr.   Tod des Alexander in Babylon; Aufteilung des Alexander-Reiches an die vier Generäle (Diadochen)

323–281 v. Chr.   Diadochenkriege; Lamischer Krieg (323/322 v. Chr.); Schlacht bei Ipsos (301 v. Chr.); Schlacht bei Kouropedion mit Tod des Lysimachos (281 v. Chr.)

280–275 v. Chr.   Pyrrhos von Epiros in Italien; »Pyrrhos-Sieg« 279 v. Chr. bei Ausculum (Ascoli Satriano, Süditalien)

227 v. Chr.   Sizilien wird zur ersten Provinz des Imperium Romanum

212 v. Chr.   Belagerung und Zerstörung von Syrakus durch römische Truppen, Tod des Archimedes

196 v. Chr.   Freiheitserklärung des Titus Quinctius Flamininus

168 v. Chr.   Sieg des römischen Heeres unter dem Kommando des Aemilius Paullus bei

Pydna gegen die Makedonen

148 v. Chr.   Makedonien wird römische Provinz

146 v. Chr.   Achäischer Krieg. Eroberung und Zerstörung Korinths durch römische Truppen; Ende des Achäischen Bundes; römische Zerstörung Karthagos im Dritten Punischen Krieg

133 v. Chr.   Das Königreich Pergamon geht nach dem Tod des Attalos III. testamentarisch an Rom über; Einrichtung der Provinz *Asia*

86 v. Chr.   Sullas Truppen erobern und plündern Athen

64 v. Chr.   Einrichtung der römischen Provinz *Syria*

31 v. Chr.   Seeschlacht bei Actium; die Flotte des Augustus schlägt diejenige des Marc Anton; Flucht des Marc Anton nach Alexandria

30 v. Chr.   Eroberung von Alexandria; Tod der Kleopatra; das letzte hellenistische Königreich fällt an Rom

Bildnachweis

Museen und historische Stätten

Wichtige Ausgrabungsstätten, Museen und Sammlungen zur griechischen Antike (Auswahl)

ÄGYPTEN
Alexandria Griechisch-Römisches National-Museum

ALBANIEN
Durres Archäologisches Museum
Pojan Antikes Apollonia: Tempel, Theater; Museum
Tirana Archäologisches Museum

BELGIEN
Brüssel Musée Royaux d'Art et d'Histoire

BULGARIEN
Kažanlak Thrako-griechisches Kuppelgrab des 4. Jh. v. Chr.
Plovdiv Reste der hellenistischen Stadt; Theater; Museum
Sofia Archäologisches Nationalmuseum

DÄNEMARK
Kopenhagen Nationalmuseum; Ny Carlsberg Glyptotek

DEUTSCHLAND
Berlin Pergamon-Museum (Pergamon-Altar)
Dresden Antikensammlung im Albertinum
Frankfurt/Main Liebighaus (Museum antiker Plastik)
Karlsruhe Badisches Landesmuseum
Kassel Antikensammlung in Schloß Wilhelmshöhe (»Kasseler Apoll«)
München Glyptothek (»Ägineten«); Staatliche Antikensammlung
Würzburg Martin-von-Wagner-Museum

FRANKREICH
Auxerre Musée Leblanc Duvernoy (»Dame von Auxerre«)

Paris Louvre (»Venus von Milo«; »Nike von Samothrake«); Cabinet des Médailles; Bibliothèque Nationale
Tours Musée des Beaux-Arts

GRIECHENLAND
Aigai/Vergina Hauptstadt der Makedonen im 4. Jh. v. Chr.; Palast und Theater, Königsgräber samt Funden in neueingerichtetem Museum
Ägina Tempel der Aphaia, um 510-490 v. Chr.; Museum, Funde -> München
Argos Heiligtum der Hera, Museum
Athen Ausgrabungsplätze: Akropolis, Kerameikos, Agora, jeweils mit Museum der Funde. Weitere Museen: Nationalmuseum; Epigraphisches Museum (Inschriften), Byzantinisches Museum; Münzkabinett; Benaki-Museum
Bassä -> Phigalia
Chalkis Museum
Delos Heiligtum des Apollon und Reste einer ausgedehnten spätklassisch-hellenistischen Siedlung; Museum
Delphi Heiligtum des Apollon; Heiligtum der Athena Pronaia; kastalische Quelle; Reste einer Siedlung; umfangreiches Museum
Dion Heilige Stadt Makedoniens am Fuß des Olymp; großflächige Ausgrabungen, Museum (Wasserorgel)
Dodona Zeus-Heiligtum; in römischer Zeit zur Arena umgebautes, riesiges Theater; Stadion; verschiedene Ruinen von Kultbauten
Eleusis Großflächige Ausgrabungen des antiken Mysterienheiligtums
Eleutherai -> Gyphtokastro
Eretria/Euböa Ausgrabungen des Daphnephorion

Gyphtokastro Antike athenische Festung Eleutherai; gut erhaltene Festungsmauern
Kassope Gut erhaltete Ruinen einer antiken Stadt des 4./3. Jh. v. Chr.
Korinth Großflächige Ausgrabung der nach der Zerstörung von 146 v. Chr. wiederaufgebauten römischen Stadt; griechischer Tempel des 6. Jh. v. Chr.; Museum
Kos Asklepieion; Museum
Kreta Ausgrabungen und Rekonstruktionen von Knossos; Nationalmuseum in Heraklion
Mykene Bedeutende Reste von Palast und Stadt des späten 2. Jt. v. Chr.
Naxos Apollon-Tempel des 6. Jh. v. Chr.; Marmorbrüche mit unvollendeten Skulpturen
Nemea Zeus-Tempel aus der Zeit um 330 v. Chr.
Oiniadai Gut erhaltene Festung, um 300 v. Chr.
Olympia Ausgrabungen des Heiligtums; Museum
Patras Museum (Rekonstruktion des Schildes der Athena Parthenos)
Pella Makedonische Hauptstadt seit 406 v. Chr.; luxuriöse Häuser mit Mosaiken, Agora, Palast, Museum
Phigalia Nahe dem modernen Ort Ruine des Apollon-Tempels aus dem späten 5. Jh. v. Chr.
Pleuron Hellenistische Bergfestung, nahe Messolonghi
Pylos Reste mykenischer Palastanlagen
Rhodos Akropolis von Lindos; Museum
Samos Großes Heiligtum der Hera, Tunnel des Eupalinos; hellenistisch-römische Stadt mit großer Therme bei Pythagoreion; Museum
Samothrake Reste eines Rundbaus für Arsinoe und

Ptolemaios aus der Zeit um 280 v. Chr.

Santorini (Thera) Vulkaninsel mit umfangreich ausgegrabener minoischer Siedlung.

Stratos Zeus-Tempel; Ruinen der antiken Stadt im freien Gelände

Sounion, Kap Heiligtum des Poseidon mit Tempel; Kultbauten in der Umgebung

Thassos Antike Stadt mit großem Heiligtum, Akropolis, Stadtmauer; Museum

Thermos Griechisches Heiligtum mit Resten frühgriechischer Tempelbauten; Museum (bemalte Terrakotta-Bauplastik)

Thessaloniki Ausgrabungen des Galerius-Palastes (Georgs-Rotunde; Galerius-Bogen); arch. und byzant. Museum

Tiryns Mykenische Burg

Vergina -> Aigai

Volos Archäologisches Museum; Funde aus Demetrias

GROßBRITANNIEN

Cambridge Fitzwilliam Museum

London Britisches Museum (Parthenon-Fries, sog. Elgin-Marbles, Bassä-Fries, Grabbau des Maussolos etc.); Sir John Soane-Museum (Rezeptionsgeschichte der griechischen Antike)

Oxford Ashmolean Museum

ITALIEN

Agrigento/Sizilien Ruinen der antiken Stadt Akragas mit zahlreichen gut erhaltenen Tempeln des 5. Jh. v. Chr.

Crotone Reste eines Tempels auf dem Capo Colonna, der antiken Stadt Kroton zugehörig

Cuma Ruinen der griechischen Kolonie Kymae, gegenüber von Ischia

Florenz Archäologisches Nationalmuseum

Imera/Sizilien Antikes Himera. Etwas außerhalb des Ortes: Ruine des nach 480 v. Chr. errichteten Nike-Tempels

Lecce Museo Provinciale

Metaponto Antikes Metapontion; Tempel, Stadtanlage, Reste der Flureinteilung des 6./5. Jh. v. Chr.

Neapel Museo Archeologico Nazionale (»Alexander-Mosaik«; »Tyrannen-Töter«; unteritalische Vasen)

Paestum Antikes Poseidonia; drei große Tempel; römische Überbauung; umfangreiches Museum (unteritalische Vasen)

Palermo/Sizilien Archäologisches Nationalmuseum

Reggio/Calabria Nationalmuseum (Bronze-Krieger aus Riace)

Rom Thermenmuseum, Vatikanische Museen/Belvedere (»Laokoon-Gruppe«, »Apollon-Statue«), Villa Giulia; in der Umgebung Roms bei Tivoli: Villa Hadriana

Ruvo Archäologisches Museum Jatta (unteritalische Vasen)

Segesta/Sizilien Unvollendeter dorischer Tempel, um 420 v. Chr.

Selinunte/Sizilien Antikes Selinus; großflächiges Ruinenfeld mit zahlreichen Ringhallentempeln; Befestigungsanlagen; Demeter-Malophoros-Heiligtum

Syrakus/Sizilien Altstadt mit zahlreichen Resten antiker Architektur; Steinbrüche; Kastell Euryalos; Archäologisches Nationalmuseum

Taranto Antikes Tarent; Museum

LIBYEN

Kyrene Ausgrabung der antiken Stadt; Museum

Tripolis Archäologisches Museum

NORWEGEN

Oslo Nationalgalerie; Antikensammlung

ÖSTERREICH

Wien Ephesos-Museum; Kunsthistorisches Museum

RUßLAND

Moskau Puschkin-Museum

St. Petersburg Staatliche Eremitage

SCHWEDEN

Lund Antikenmuseum

Stockholm Nationalmuseum

Uppsala Museum im Gustavianum

SCHWEIZ

Basel Antikenmuseum; Skulptur-Halle (Abgüsse der Bauplastik des Parthenon)

Genf Musée d'Art et d'Histoire

SPANIEN

Madrid Museo Arquelóigo Nacional; Museo del Prado

TÜRKEI

Assos Stadtmauer, Reste des Athena-Tempels, Agora

Balat Antikes Milet; großflächige Ausgrabungen der griechisch-römischen Stadtanlage

Bergama Ausgrabungen des antiken Pergamon; Museum

Bodrum Antikes Halikarnassos; die Reste des berühmten Mauseolums finden sich in -> London

Didyma Orakel- und Tempelbezirk, ca. 20 km von Milet/Balat entfernt. Imposante Ruine des hellenistisch-römischen Apollon-Tempels, ein ionischer Dipteros

Weiterführende Literatur

Ephesos -> Selçuk
Istanbul Archäologisches Museum
Izmir Antikes Smyrna; Archäologisches Museum
Labranda Ausgrabung eines zur Zeit des Maussolos (4. Jh. v. Chr.) angelegten Zeus-Heiligtums
Milet -> Balat
Priene Umfangreiche antike Stadtanlage des 4./3. Jh. v. Chr.
Selçuk Antikes Ephesos; großflächige Ausgrabun-

gen unter österreichischer Leitung; Museum; s. auch -> Wien, Ephesos-Museum

UNGARN
Budapest Museum der Bildenden Künste (»Tyche von Antiochia«)

USA
Baltimore Walters Art Gallery (Skulpturen und Vasen)
Boston Museum of Fine Arts (»Bostoner Thron«)

Cambridge/Mass. Fogg Art Museum (Vasen)
Malibu J.P. Getty-Museum (Vasen und Skulpturen)
New Haven Art Museum of Yale University (Vasen und Skulpturen)
New York Metropolitan Museum of Art (»New Yorker Kouros«, Euphronios-Krater)
Princeton Princeton University Art Museum (Vasen)

Weiterführende Literatur

Allgemeine Literatur:

Austin, M., Vidal-Naquet, P.: Gesellschaft und Wirtschaft im alten Griechenland, München 1984

Bremmer, J.: Götter, Mythen und Heiligtümer im antiken Griechenland, Darmstadt 1996

Burford, A.: Künstler und Handwerker in Griechenland und Rom, Mainz 1985

Cartledge, P.: Die Griechen und wir, Stuttgart 1998

Franke, P.R., Hirmer, M.: Die griechische Münze, München 1974

Gruben, G.: Die Tempel der Griechen, 3. Auflage, München 1980

Koch, H. (Hg.): Die griechische Tragödie in ihrer gesellschaftlichen Funktion, Berlin/DDR 1983

Lauffer, S. (Hg.): Griechenland – Lexikon der historischen Stätten, München 1989

Müller-Wiener, W.: Griechisches Bauwesen in der Antike, München 1988

Pappaioannou, K. (Hg.): Die griechische Kunst, Freiburg 1998

Samuel, A.E.: Greek and Roman Chronology. Calendars and Years in Classi-

cal Antiquity, München 1972

Scheibler, I.: Griechische Töpferkunst. Herstellung, Handel, Gebrauch antiker Tongefäße, München 1983

Scheibler, I.: Griechische Malerei, München 1996

Schneider, H.: Das griechische Technikverständnis, Darmstadt 1989

Schneider, L., Höcker, Ch.: Die Akropolis von Athen, Köln 1990

Schneider, L., Höcker, Ch.: Das griechische Festland. DUMONT Kunstreiseführer, Köln 1996

Settis, S. (Hg.): I Greci, Turin 1997 ff.

Simon, E.: Die Götter der Griechen, 3. Auflage, München 1985

Stein-Hölkeskamp, E.: Adelskultur und Polisgesellschaft, Stuttgart 1989

Stewart, A.: Greek Sculpture – an Exploration, New Haven 1990

Vogt, E. u.a.: Griechische Literatur, Wiesbaden 1981

Die Griechen und die frühen Hochkulturen (5000-900 v. Chr.)

Buchholz, H.-G.: Ägäische Bronzezeit, Darmstadt 1987

Castleden, R.: Minoans. Life in Bronze Age Crete, London 1990

Dickinson, O.: The Aegaean Bronze Age, Cambridge/MA 1994

Ekschmitt, W.: Kunst und Kultur der Kykladen, 2 Bde., Mainz 1986

Helck, W.: Die Beziehungen Ägyptens und Vorderasiens zur Ägäis bis ins 7. Jh. v. Chr., Darmstadt 1979

Orthmann, W.! Der alte Orient, Berlin 1985

Renfrew, C.: The Emerge of Civilisation. The Cyclades and the Aegaean in the 3rd Millenium B.C., London 1972

Schneider, L.: Kreta. DUMONT-Kunstreiseführer, Köln 1998

Vandersleyen, C.: Das alte Ägypten, Berlin 1985

Vom Gehöft zur Stadt – Die frühgriechische Welt (900-650 v. Chr.)

Coldstream, J.N.: Geometric Greece, London 1977

Deger-Jalkotzy, S. (Hg.): Griechenland, die Ägäis und die Levante während der »Dark Ages« vom 12. bis zum 9. Jh. v. Chr., Wien 1983

Graf, F.: Griechische Mythologie, München 1991

Kirk, G.S.: Griechische Mythen – Ihre Bedeutung und Funktion, Berlin 1980

Lang, F.: Archaische Siedlungen in Griechenland, Berlin 1996

Murray, O.: Das frühe Griechenland, Frankfurt 1987

Murray, O. (Hg.): The Greek City. From Homer to Alexander, Oxford 1990

Osborn, R.: Greece in the Making 1200-479 BC, London 1996

Snodgrass, A.: The Dark Ages of Greece, Edinburgh 1971

Snodgrdss, A.: Archaic Greece. The Age of Experiment, London 1980

Vernant, J.-P.: Mythos und Gesellschaft im alten Griechenland, Franfurt/M. 1987

Das aristokratische Griechenland der Archaik (650-480 v. Chr.)

Boardman, J.: Kolonie und Handel der Griechen, München o.J.

Burkert, W.: Griechische Religion der archaischen und klassischen Epoche, Stuttgart 1977

Burn, A.: Persia and the Greeks, The Defense of the West, Stanford 1984

Dover, K.: Homosexualität in der griechischen Antike, München 1983

Graham, A.J.: Colony and Mother City in Ancient Greece, Chicago 1983

Koch-Harnack, G.: Knabenliebe und Tiergeschenke. Ihre Bedeutung im päderastischen Erziehungssystem Athens, Berlin 1983

Maass, M.: Das antike Delphi, Darmstadt 1993

Maass, M. (Hg.): Delphi – Orakel am Nabel der Welt, Karlsruhe 1996

Mallwitz, A.: Olympia und seine Bauten, München 1972

Marinatos, N., Hägg, R. (Hg.): Greek Sanctuaries: New Approaches, London 1993

Pugliese-Carratelli, G. (Hg.): The Western Greeks. Classical Civilisation in the Western Mediterranean, London 1996

Reinsberg, C.: Ehe, Hetärentum und Knabenliebe, München 1989

Schneider, L.: Zur sozialen Bedeutung der archaischen Korenstatuen, 2. Beiheft Hamburger Beiträge zur Archäologie, Hamburg 1975

Shapiro, A.: Art and Cult under the Tyrants in Athens, Mainz 1998

Steuben, H. v.: Kopf eines Kouros. Liebighaus-Monographie 7, Frankfurt/Main 1980

Steuernagel, D.: Der »Gute Staatsbürger«: Zur Interpretation des Kouros, in: Hephaistos 10, 1991, 35-48

Hellas auf dem Gipfel? Die Klassik (480-431 v. Chr.)

Castriota, D.: Myth, Ethos and Actuality. Official Art in 5th Century B.C. Athens, Madison/WI 1992

Fehr, B.: Bewegungsweisen und Verhaltensideale. Physiognomische Deutungsmöglichkeiten der Bewegungsdarstellung an griechischen Statuen des 5. und 4. Jh. v. Chr., Bad Bramstedt 1979

Fehr, B.: Kosmos und Chreia. Der Sieg der reinen über die praktische Vernunft in der griechischen Stadtarchitektur des 4. Jh., in: Hephaistos 2, 1980, 155-185

Gehrke, H.-J.: Jenseits von Athen und Sparta. Das »Dritte Griechenland« und seine Staatenwelt, München 1986

Höcker, Ch., Schneider, L.: Phidias, Reinbek 1993

Hölscher, T.: Die unheimliche Klassik der Griechen, Bamberg 1989

Morris, I. (Hg.): Classical Greece – Ancient Histories and modern Archaeologies, Cambridge 1994

Morrison, J.S., Coates, J.F.: Die athenische Triëre, Mainz 1990

Schuller, W.: Die Stadt als Tyrann. Athens Herrschaft über seine Bundesgenossen, Konstanz 1978

Weitmann, P.: Die Problematik des Klassischen als Norm und Stilbegriff, in: Antike und Abendland 35, 1989, 150-186

Die Polis-Gesellschaft im Wandel der Spätklassik (431-336 v. Chr.)

Bergemann, J.: Demos und Thanatos. Untersuchungen zum Wertesystem der Polis im Spiegel der attischen Grabreliefs des 4. Jh. v. Chr., München 1997

Hoepfner, W., Schwandner, E.L.: Haus und Stadt im klassischen Griechenland, München 1994

Fittschen, K. (Hg.), Griechische Porträts, Darmstadt 1988

Mossé, C.: Der Zerfall der athenischen Demokratie, Zürich 1979

Ein Weltbild im Umbruch – der Hellenismus (336-31 v. Chr.)

Bichler, H.: Hellenismus – Geschichte eines Epochenbegriffs, Darmstadt 1993

Fehr, B.: Lectio graeca, lectio orientalis. Überlegungen zur Tyche von Antiochia, in: Visible Religion 7, 1990, 83-92

Gehrke, H.-J.: Geschichte des Hellenismus, München 1990

Hadas, M.: Hellenistische Kultur, Frankfurt/Main 1981

Hesberg, H. v.: Temporäre Bilder oder die Grenzen der Kunst, in: Jahrbuch des Deutschen Archäolo-

Weiterführende Literatur

gischen Instituts 194, 1989, 61-82

Rostovtzeff, M.: Gesellschafts- und Wirtschaftsgeschiche der hellenistischen Welt, Darmstadt 1955

Schalles, H.-J.: Untersuchungen zur Kulturpolitik der pergamenischen Herrscher im 3. Jh. v. Chr., Istanbuler Forschungen 36, Tübingen 1985

Stähler, K.: Alexanders Leichenwagen, in: Eikon. Beiträge zur antiken Bildersprache Bd. 2, 1993, 59-131

Stewart, A.: Faces of Power. Alexander's Image and Hellenistic Politics, Berkeley/CA 1993

Vickers, M.: Early Greek Coinage – A Reassessment, in: Numismatic Chronicle 145, 1985, 1-45

Hellas in der Fremde – Rom und Byzanz

Harris, W.V.: War and Imperialism in Republican Rome, Oxford 1979

Höcker, Ch.: Antikes Rom. DUMONT Schnellkurs Köln 1997

Landwehr, Ch.: Die antiken Gipsabgüsse aus Baiae, Berlin 1985

Lauter, H.: Zur Chronologie römischer Kopien nach Originalen des 5. Jh. v. Chr., Nürnberg 1969

Lomas, K.: Rome and the Western Greeks: Conquest and Acculturation in Southern Italy, London 1993

Neudecker, R.: Die Skulpturenausstattung römischer Villen in Italien, Mainz 1988

Ostrogorsky, G.: Geschichte des byzantinischen Staates, München 1965

Pape, M.: Griechische Kunstwerke aus Kriegsbeute und ihre öffentliche Aufstellung in Rom, Hamburg 1975

Ridgeway, B.S.: Roman Copies of Greek Sculpture, Michigan 1984

Runciman, S.: Geschichte der Kreuzzüge, 3 Bde., München 1957-1960

Zanker, P.: Klassizistische Statuen. Studien zur Veränderung des römischen Kunstgeschmacks, Mainz 1974

Zanker, P.: Augustus und die Macht der Bilder, München 1990

Griechenland als Ideal der Moderne

Adam, P.: Art of the Third Reich, New York 1992

Bernal, M.: Schwarze Athene – die afroasiatischen Wurzeln der griechischen Antike. Wie das klassische Griechenland »erfunden« wurde, München/Leipzig 1992

Canfora, L.: Politische Philologie. Altertumswissenschaften und moderne Staatsideologien, Stuttgart 1995

Constantine, D.: Early Greek Travellers and the Hellenic Ideal, Cambridge 1984

Etienne, R. und F.: Griechenland. Die Wiederentdeckung der Antike, Ravensburg 1992

Fehr, B.: Die Tyrannentöter oder: Kann man der Demokratie ein Denkmal setzen? Frankfurt/Main 1984

Flashar, H.: Inszenierung der Antike. Das griechische Drama auf der Bühne der Neuzeit, München 1991

Haynes, D.: Griechische Kunst und die Entdeckung der Freiheit, Frankfurt/Main 1982

Höcker, Ch.: Greek Revival America? Reflections on Uses and Functions of Antique Architectural Patterns in American Architecture between 1760 and 1860, in: Hephaistos 15, 1997, 197-240

Kennedy, R. G.: Greek Revival in America, New York 1989

Marchand, S.: Down from Olympus. Archaeology and Philhellenism in Germany, 1750-1970, Princeton/N.J. 1996

Mordaunt Crook, J.: The Greek Revival, London 1995

Näf, B.: Von Perikles zu Hitler? Die Athenische Demokratie und die deutsche Althistorie bis 1945, Bern 1986

Papageorgiou-Venetas, A.: Hauptstadt Athen – Ein Stadtgedanke des Klassizismus, München 1994

Scobie, A.: Hitler's State Architecture. The Impact of Classical Antiquity, Pennsylvania 1990

Settis, S. (Hg.): I Greci I. Noi e i Greci, Turin 1996

Snodgrass, A.: An Archaeology of Greece. The Present State and Future Scope of a Discipline, London 1980

Taplin, O.: Feuer vom Olymp. Die moderne Welt und die Kultur der Griechen, Reinbek 1991

Tsigakou, F.-M.: Das wiederentdeckte Griechenland, Bindlach 1987

Tournikiotis, P. (Hg.): The Parthenon and its Impact in modern Times, Athen 1994

Weithmann, M.W.: Griechenland, Regensburg 1994

Wünsche, R. (Hg.): Ein griechischer Traum. Leo von Klenze – der Archäologe. Ausst. Glyptothek München 1985/1986

Zangger, E.: Die Zukunft der Vergangenheit. Archäologie im 21. Jh., München 1998

Zintzen, Ch.: Von Pompeji nach Troja. Archäologie, Literatur und Öffentlichkeit im 19. Jh., Wien 1998

Personenregister

Personenregister